하버드 감성지능 강의

하버드
감성지능 강의

하버드 공개강의연구회 지음 | 송은진 엮음

하버드 감성지능 강의

초판 1쇄 발행 · 2022년 03월 25일

지은이 · 하버드 공개강의연구회
펴낸이 · 김승현
외주 디자인 · 유어텍스트

펴낸곳 · 도서출판 작은우주 | 주소 · 서울특별시 마포구 양화로 73, 6층 MS-8호
출판등록일 · 2014년 7월 15일(제2019-000049호)
전화 · 031-318-5286 | 팩스 · 0303-3445-0808 | 이메일 · book-agit@naver.com

정가 18,000원 | ISBN 979-11-87310-63-1

| 북아지트는 작은우주의 성인단행본 브랜드입니다. |

1636년에 개교한 하버드대학은 독립 국가로서 미국의 역사보다 반 세기가량 앞선 역사를 자랑한다. 명실공히 세계 최고의 명문인 이 대학은 지금까지 8명의 미국 대통령, 100명이 넘는 노벨상 및 퓰리처상 수상자, 그리고 수천 명에 달하는 비즈니스 엘리트를 세상에 내보냈다.

하버드대학은 어떻게 그처럼 많은 인재를 길러낼 수 있었을까? 그 성공적인 교육의 비결은 무엇인가?

하버드 학생들의 성공 요소를 지능, 교육 수준, 가정환경 등으로만 이야기할 수는 없다. 이런 것들은 기본 조건에 불과하며 그들의 성공을 설명하기에 충분하지 않다. 하루가 다르게 변화하는 미지의 세상에 사는 우리는 알 수 없는 것에 대처하고 제어하는 능력이 꼭 필요한데 그 능력이 바로 '감성지능'이다.

과거에는 지능이 그 사람 인생의 성취와 성과를 결정한다고 여겼다. 나중에 심리학자들은 인생을 결정짓는 또 하나의 중요한 요소로 '정서, 감정, 의지, 욕구좌절 인내성 측면에서의 개인 특성'을 제시하면서 이를 정서적 측면에서의 지능, 즉 '감성지능(정서지능)'이라고 불렀다.

미국 예일대학의 피터 샐로베이 교수와 뉴햄프셔대학의 존 메이어 교수는 감성지능을 다음의 세 가지 능력으로 정의했다.

- 자신 혹은 타인이 느끼는 감정을 분류하는 능력
- 자신 혹은 타인이 느끼는 감정을 조절하는 능력
- 감정 정보를 이용해 사고를 이끄는 능력

요컨대 감성지능이란 '스스로 감정을 관리, 평가, 표현하는 능력, 감정에 접근하거나 감정을 생성해 사고를 촉진하는 능력, 감정을 조절해 지적 발달을 돕는 능력'이다.

일반적으로 감성지능이 뛰어난 사람은 처세와 일 처리에 능하고 사교에 탁월하다. 큰 성공을 거둔 사람이 반드시 지능지수가 높지는 않지만, 감성지수가 높은 편인 것만은 분명하다. 실제로 사교성이 떨어지고 성격이 괴팍하나 IQ는 높은 사람보다 타인의 감정에 민감하고 자기감정을 잘 제어하는 사람이 더 나은 사회적 관계를 구축하고 성공할 가능성이 크다. 이것이 바로 감성지능의 위대한 점이다. 감성지능은 우리에게 성공으로 향하는 또 다른 길을 제시하며, 감정이 일과 생활에 얼마나 중요한 역할을 하는지 보여준다.

하버드대학 교수이자 저명한 심리학자인 대니얼 골먼은 세계적

베스트셀러인 저서 《EQ 감성지능》에서 한 사람의 성공을 촉진하는 요소 중 지능의 작용은 20%에 불과했지만, 감성지능의 작용은 80%에 달한다고 지적했다. 감성지능이 개인의 발전에 얼마나 중요한 작용을 하는지 보여주는 말이다.

감성지능이 이렇게 중요한 까닭에 우리는 이 책을 펴내면서 하버드대학의 수많은 감성지능 교육 관련 문서들을 꼼꼼히 검토하고, 이 분야의 다양한 사례를 수집했다. 더불어 국내외 유명 전문가들과 상담하고 의견을 청취했으며 다양한 기술과 방법을 정리했다. 이 책의 주요 목표는 독자들을 위해 감성 지능의 정확한 개념을 구축하고, 개선과 향상을 위한 길을 제안하는 데 있다.

목차

세 번째 수업

3

성공하기 위해 반드시 갖춰야 할
감성지능 소질

네 번째 수업

4

감성지능이 낮은 사람의 부정적 정서

감성지능

당신 인생의 궤적을 바꿔줄 강력한 긍정 에너지

Harvard Emotional Quotient Lecture

1

감성지능이
당신의 운명을
결정한다

감성지능이란
무엇인가?

과거에는 지능이 그 사람 인생의 성취와 성과를 결정한다고 여겼다. 나중에 심리학자들은 인생을 결정짓는 또 하나의 중요한 요소로 '정서, 감정, 의지, 욕구좌절 인내성(욕구가 충족되지 않은 상황에서의 좌절이나 불만을 견디는 능력-옮긴이) 측면에서의 개인 특성'을 제시하면서 이를 정서적 측면에서의 지능, 즉 '감성지능(정서지능)EI: Emotional Intelligence'이라고 불렀다.

감성지능과 관련해 재미있는 이야기가 있다.

1970년대 중반, 미국의 한 보험 회사가 영업 사원 5,000명을 고용해 직업 훈련을 제공했다. 당시 회사는 영업 사원 1인당 교육비로 3만 달러를 지출했다. 그들은 고용 첫해에 영업 사원의 절반가량이 회사를 그만두고, 4년 뒤에는 5분의 1도 남지 않을 줄은 전혀 예상하지 못했다.

당황한 담당자들은 서둘러 원인을 찾았다. 알고 보니 영업 사원들이 보험을 판매하는 과정에서 번번이 퇴짜를 맞으며 이 일을 계속할 인내심과 용기를 잃은 탓이었다.

회사는 이를 매우 심각한 문제로 보고 향후 채용에 도움이 되길 바라며 펜실베이니아대학의 마틴 셀리그먼Martin Seligman에게 조사를 부탁했다. 이 조사의 골자는 거절을 좌절이 아닌 도전으로 받아들이는 사람들이 영업 사원으로 성공할 가능성이 더 큰지를 확인하는 것이었다.

셀리그먼 교수는 인간의 감정이 성공에 미치는 영향을 주로 연구해 온 심리학자였다. 그에 따르면 낙관주의자들은 실패의 원인을 고정되어 극복할 수 없는 어려움이 아닌 자신이 바꿀 수 있는 무언가라고 여기므로 최선을 다해 현 상황을 개선해서 성공하고자 한다.

보험 회사의 요청을 받아들인 셀리그먼 교수는 신입 영업 사원 1만 5,000명을 대상으로 두 차례 테스트를 시행했다. 하나는 통상적인 지능검사 위주의 선별 테스트였고, 다른 하나는 직접 설계한 '낙관성 테스트'였다. 이후 셀리그먼은 이 신입 영업 사원들을 대상으로 추적 연구를 진행했다.

연구 대상 중에는 지능검사 위주의 선별 테스트를 통과하지 못했으나 낙관성 테스트에서는 '초낙관주의자'라는 결과를 얻은 사람들이 있었다.

후속 연구 결과, 이들은 회사에 계속 남아 일한 사람 중에서 업무 수행도가 가장 높은 것으로 나타났다. 첫해에 이들의 보험 판매 실적은 '일반 비관론자'보다 21% 높았고, 다음 해에는 57%나 높았다. 이후 셀리그먼의 낙관성 테스트 통과는 이 보험 회사의 영업 사원이 되기 위해 반드시 거쳐야 하는 필수 항목이 되었다.

셀리그먼의 낙관성 테스트는 감성지능의 발달 정도를 검사하는 EQEmotional Quotient 테스트의 원형이다. 당시는 감성지능의 개념이 생기기 전이었으나 이 보험 회사에서 먼저 성공적으로 도입한 셈이다. 이 이야기는 감정이나 정서와 관련한 개인의 자질이 그 사람의 성공 여부를 가늠할 때 중요한 작용을 한다는 사실을 보여준다.

미국 예일대학의 피터 샐로베이Peter Salovey 교수와 뉴햄프셔대학의 존 메이어John Mayer 교수는 '감성지능'이라는 용어를 제안한 연구자들이다. 그들은 감성지능을 세 가지 능력, 즉 '자신 혹은 타인의 감정을 분류하는 능력, 자신 혹은 타인의 감정을 조절하는 능력, 감정 정보를 이용해 사고를 이끄는 능력'으로 정의했다.

이상 전문가들의 설명을 종합해보면 요컨대 감성지능이란 '스스로 감정을 관리, 평가, 표현하는 능력, 감정에 접근하거나 감정을 생성해 사고를 촉진하는 능력, 감정을 조절해 지적 발달을 돕는 능력'이다.

《EQ 감성지능》의 저자 대니얼 골먼Daniel Goleman은 감성지능에 다음의 다섯 가지 영역이 포함된다고 보았다.

첫째는 감정 인식이다. 감성지능의 핵심 영역이다. 자신의 순간적인 감정 변화를 관찰하고, 감정의 출현을 감지하며, 내면의 경험을 관찰하고 검토한다. 이것이 가능해야 자기 삶의 주인이 될 수 있다. 둘째는 감정 관리다. 감정을 조절하여 적시에 적절하게 표현될 수 있도록 한다. 즉 자기 제어를 의미한다. 셋째는 동기 부여다. 활동의 목표에 따라 감정을 동원하고 지휘한다. 이를 통해 침체 상태에서 벗어나 새롭게 출발할 수 있다. 넷째는 공감 능력이다. 타인의 감정을 식별하는 것으로 미세한 사회적 신호를 통해 타인의 욕구와 욕망을 민감하게 느낀다. 타인과의 정상적인 상호작용과 원활한 의사소통을 가능하게 하는 밑거름이다. 다섯째는 관계 형성이다. 자신 혹은 타인의 감정 반응을 조절하는 기술이다.

감성지능의 개념이 보급되면서 기업인들은 관련 이론으로 직원들을 분석하기 시작했다. 그 결과, 업무 성과가 좋은 직원이 반드시 IQ Intelligence Quotient가 높은 사람은 아니나, 모두 감정에는 반응하는 사람임이 밝혀졌다.

또 '용두사미형 직원들'을 감성지능의 개념으로 분석했는데 그들이 실패하는 까닭은 기술적 무능이 아니라 정서적 무능으로 대인관계에 어려움을 겪기 때문이었다.

이처럼 기업계에서 성공적으로 적용되면서 감성지능의 개념은 점점 전 세계로 퍼져나가 큰 인기를 얻게 되었다. '감성지능'이라는 단어는 일종의 유행어처럼 사람들의 대화에 등장했고 미국인, 나아가 전 세계인의 티타임용 화젯거리가 되었다.

어떤 의미에서 감성지능은 지능보다 더 중요하다. 미래 사회의 다원화와 융합을 고려했을 때, 뛰어난 감성지능은 성공에 큰 도움이 될 것이다. 하버드대학은 세계적인 명문대답게 이를 오래전부터 인지하고 학생들의 감성지능 교육에 각별한 주의를 기울이고 있다.

감성지능은 표현과
제어의 예술이다

현대 사회에서 경쟁의 압박감이 가중되면서 사람들은 점차 감성지능의 중요성을 인식하기 시작했다. 감성지능은 어느새 지능을 뛰어넘어 현대인의 가장 중요한 능력으로 평가받고 있다. 높은 감성지능은 감정을 정확하게 감지, 평가, 표현하게 하므로 원만한 대인관계와 활발한 사고 활동을 촉진하고 나아가 감정 조절과 지적 발달에까지 도움이 된다. 그렇다면 감정을 표현 혹은 제어하기 위해 감성지능을 어떻게 운용해야 할까? 이야말로 삶의 예술이다.

우선 '감정'이 무엇을 의미하는지부터 알아보자. 《옥스퍼드 영어사전》에 따르면 감정이란 '마음, 감각, 느낌의 일어남 혹은 움직임으로 보통 어떤 격동이나 흥분된 심리 상태'다. 즉 접촉하는 대상에 대한 태도 및 그에 상응하는 행동 반응이라는 뜻이다. 모든 사람은 행복, 분노, 슬픔 등의 다양한 감정을 느낄 수 있는데 이런 감정들은 생각과 결정에 영향을 줄 뿐만 아니라 일련의 생리적 반응까지 일으킨다.

이 세상에 사는 동안 우리는 모두 필연적으로 감정적 경험을 한다. 누구나 영문도 모른 채 어떤 감정에 휩쓸려 본 경험이 있을 것이다. 이 같은 감정적 경험은 긍정적일 수도 부정적일 수도 있다. 그러니까 모든 감정이 인간 행동에 유리한 것은 아니라는 이야기다. 바로 이런 이유로 감정을 이해하고 다스리는 일이 점점 더 많은 주목을 받고 있다.

어떤 면에서 지능은 물질화物質化, materialization된 것이고, 감성지능은 인간이 진화하면서 발전시킨 기능이라 할 수 있다. 인간이 진화를 거치며 한 걸음씩 나아가고 승리해 마침내 만물의 영장이 될 수 있었던 것도 감성지능의 존재 덕분이다.

단언컨대 자신의 감정을 다스리는 법을 모르는 사람은 성공하기 어렵다. 지나치게 감정적이어서 감정 기복이 심하면 쉽게 이성을 잃고 좋은 기회를 놓치기 때문이다. 한 사람이 얼마만큼의 성과를 거둘 수 있는지는 그의 감성지능이 얼마나 높은지, 즉 감정을 얼마나 잘 통제하는지에 달려 있다.

새로운 선거를 앞두고 출마를 준비하던 후보가 참모진에게 더 많은 표를 얻는 방법을 물었다.

참모진 중 한 명이 말했다. "제가 몇 가지 방법을 알려드릴 수 있지만, 그 과정에서 후보님이 반드시 지켜야 할 규칙이 하나 있습니다. 제가 알려드리는 방법대로 하지 않으면 벌금 10달러를 내는 겁니다. 그렇게 하시겠습니까?"

참모의 말이 떨어지자마자 후보는 "그렇게 하지! 전혀 문제없어"라고 대답했다.

"그럼 지금부터 시작하겠습니다."

"좋아, 어서 시작하게."

"제가 알려드리는 첫 번째 방법은 후보님에 관한 어떤 소문이 들리더라도 반드시 참는 것입니다. 사람들이 후보님을 아무리 흠집 내고, 욕하고, 질책하고, 비난하더라도 절대 화내시면 안 됩니다."

후보는 시원스럽게 대답했다. "별로 어렵지도 않군. 사람들이 나를 비난하고 나쁘게 말해도 경고로 받아들이고 마음에 두지 않겠네."

"맞습니다. 그렇게 하시면 제일 좋습니다. 이 첫 번째 방법을 꼭 기억하셔야 합니다. 제가 알려드리는 방법 중에 가장 중요하니까요. 그런데 후보님이 워낙 머리가 나빠서 제대로 기억할지 의심스럽네요."

"뭐? 자네, 지금 내가……"

"자, 10달러 주시죠."

화가 나서 씩씩대던 후보는 자신이 첫 번째 방법대로 하지 않았음을 깨닫고 마지못해 벌금을 냈다. "좋아, 이번에는 내가 잘못했군. 두 번째 방법이나 말해주게."

"첫 번째 방법이 가장 중요하고, 다른 방법은 없습니다."

"뭐라고? 이 사기꾼 같은……"

"후보님, 죄송합니다. 또 10달러 내셔야 합니다." 참모가 손을 내

밀었다.

"하, 자네 앉은 자리에서 순식간에 20달러를 벌었군."

"그렇습니다. 빨리 벌금이나 내시죠. 동의하셨으니까 안 주시면 제가 후보님 평판을 엉망으로 만들겠습니다."

"진짜 교활한 여우가 따로 없군!"

"또 벌금 10달러입니다. 죄송합니다. 어서 내세요."

"아니, 또 내라고? 이번에는 그냥 넘어가지. 앞으로는 절대 화내지 않을게!"

"이제 그만하시죠. 저는 후보님의 돈을 뜯어내려는 것이 아닙니다. 워낙 가난한 집안 출신이시니까요. 후보님 부친께서도 돈을 빌려 놓고 갚지 않아서 안 좋은 소리가 들리던데요!"

"지금 뭐라고 했어? 자네 어떻게 내 가족까지 모욕할 수 있나!"

"자, 다시 10달러 내시죠. 이번에는 잡아떼지 마시고요."

참모는 낙담한 후보의 모습을 보며 이렇게 덧붙였다. "분노를 자제하고 감정을 다스리는 일이 쉽지 않음을 이제 아셨겠죠. 항상 조심하고 경계하셔야 합니다. 벌금 10달러는 아무것도 아닙니다. 하지만 한 번 화낼 때마다 표 한 장이 사라진다고 생각해보세요. 그 손해는 정말 엄청납니다."

이야기에서 후보는 감정을 잘 다스리지 못해 참모에게 계속 벌금을 내야 했다. 참모는 말로 끊임없이 후보를 자극해서 감정을 제어하고 조절하는 일이 얼마나 중요한지 알려준다. 나중에 선거 결과가 어떻게 되었는지는 모르겠으나 만약 이 후보가 여전히 다른 사람의 말

26

하버드 감성지능 강의

한두 마디에 쉽게 짜증을 부리고 화를 냈다면 당선했을 가능성은 매우 희박하다. 사실상 감성지능이 낮은 사람은 비단 선거뿐 아니라 무슨 일을 해도 성공하기 어렵다.

연구에 따르면 감성지능이 낮은 사람은 대인관계에 취약하고 사회 적응력도 비교적 떨어진다. 감성지능은 일종의 감정을 관리하는 능력이다. 감성지능이 높다는 것은 감정 관리 능력이 강하다는 의미로 이런 사람들은 온갖 트집과 비난에도 침착하게 대처해 대인관계와 사회 적응력이 좋고, 자신의 감정을 잘 관리해서 사람들의 인정과 존경을 받는다. 반면에 감성지능이 낮은 사람은 살면서 부딪히는 여러 불만족스러운 일들로 괴로워하고 쉽게 동요해서 성질을 부리는 통에 일을 더 망친다. 이런 사람들은 늘 자신을 통째로 큰 슬픔과 큰 기쁨에 내던지는 큰 감정 기복 탓에 결국 아무것도 이루지 못한다.

즐겁고 행복하게 살기를 원한다면 반드시 자신의 감정을 이해하고 관리하는 법을 열심히 배워야 한다. 이것이 감성지능을 향상하는 유일한 방법이기 때문이다. 이 멋진 예술을 잘 알고 활용할 줄 아는 사람이 다른 인생을 살 수 있다.

하버드는 성적표만
보지않는다

하버드대학은 세계 최고 명문대 중 하나인 만큼 학생 선발에 무척 엄격하다. 그래서 이 대학이 학생을 선택하는 기준을 전 과목 만점이나 아주 높은 IQ로 추측하는 사람이 많지만 꼭 그렇지만은 않다. 물론 하버드 학생들이 IQ가 높고 성적이 최상위권인 것은 사실이나 이것이 학교가 가장 중요하게 보는 부분은 아니다.

하버드의 한 교수는 학생 모집 기준에 관해 "우리는 시험 기계가 아니라 뚜렷한 개성, 학문적 정신, 리더십, 그리고 무엇보다 감정 통제력이 뛰어난 인재를 원합니다"라고 말했다. 하버드는 정치, 법률, 금융, 경영, 학술 등 다양한 분야에서 최고의 엘리트를 육성한다. 단언컨대 이른바 엘리트라 불리는 사람들은 절대 감정이 제멋대로 날

뛰게 놔두지 않는다. 이 대학이 젊은이들의 감성지능 발전을 매우 중시하는 이유도 바로 이 때문이다. 그들은 지식의 축적도 물론 중요하지만 높은 감성지능이 발산하는 리더십의 질이 훨씬 중요하다고 본다. 정리하자면 하버드가 원하는 인재는 지능과 감성지능을 겸비한 사람이다. 그들은 이런 사람만이 인류 사회의 발전을 촉진할 수 있다고 굳게 믿는다.

높은 감성지능은 단지 하버드에서만 선호하는 자질이 아니며 어떤 분야에서든 감성지능이 높은 사람은 타인으로부터 관심과 주목을 받는다. 이런 사람들은 발전 가능성이 무척 커서 많은 어려움을 극복하고 커다란 기적을 일으킬 수 있다.

감성지능은 완전히 후천적으로 길러지는 것이다. 감성지능의 중요성을 깨닫는다면 언제든지 배우고 향상해도 늦지 않다.

지능은 성공의
열쇠가 아니다

일반적으로 사람들은 똑똑해야 큰 성취를 거둔다고 여긴다. 하지만 감성지능의 개념이 등장하면서 지능이 성공을 결정짓는 요소가 아님이 알려졌다. 알다시피 많은 똑똑한 사람이 실패를 경험한다. 그들은 왜 실패했을까? 지능에 대항하는 힘, 즉 감성지능의 존재를 잊었기 때문이다. 사람은 언제 어디서나 감정적 경험을 하며 여기에는 긍정적인 것과 부정적인 것이 모두 포함된다. 누구나 설명할 수 없는 이유로 어떤 감정에 시달리거나 괴로워 해본 적 있을 것이다.

하버드의 교수들은 학생들이 자신의 감정을 조절할 수 있는 능력을 키우는 것을 매우 중요하게 여긴다. 감성지능이 높은 사람만이 미래에 자신의 지혜와 재능을 발휘해 더 큰 성과를 낼 수 있음을 잘 알기 때문이다. 반면에 감성지능이 낮은 사람은 아무리 지능이 뛰어나도 제 감정을 잘 다스리지 못해 그에 상응하는 성과를 내지 못하고 평생 아무것도 이루지 못한다.

한 매니저가 헤드헌팅 회사를 통해 다른 유명 기업의 총괄 매니저 자리를 소개받았다. 다행히 이야기가 잘 되어서 함께 일하기로 거의 합의가 되었고, 최종 면접 한 차례만 남은 상태였다.

최종 면접 당일, 알람이 울리지 않아 늦게 일어난 매니저가 그 회사의 통근버스 승차장으로 급히 달려갔으나 버스는 이미 출발한 뒤였다. 그는 면접 시간에 늦지 않기 위해 어쩔 수 없이 택시를 타고 도시를 가로질렀다. 아침부터 낭패를 본 매니저가 회사에 도착했을 때는 면접 시간이 불과 2~3분밖에 남지 않은 상황이었다. 불안한 마음으로 엘리베이터에 발을 들여놓은 순간, 중량 초과 벨이 울렸다. 손목시계를 보고 한숨을 쉬면서 나가려는데 정장 차림의 한 여성이 급하게 엘리베이터에 타면서 그만 그의 발을 밟았다. 매니저는 이 여성이 사과할 틈도 주지 않고 냅다 소리를 질렀다.

매니저는 아직 완전히 풀리지 않은 분노와 약간의 후회를 안고 회의실로 들어가 앉았다. 잠시 후, 문이 열렸고 입구에 선 사람, 방금 그의 발을 밟은 그 여성이 보였다. 이 면접의 결과는 굳이 말하지 않아도 될 것 같다.

아마도 이 매니저는 IQ가 높을 것이다. 그렇지 않다면 매니저가 될 수도, 헤드헌팅 회사의 눈에 띄지도 못했을 테니까 말이다. 하지만 더 좋은 기회가 눈앞에 왔을 때, 그는 사소한 일로 소리를 질러 면접을 보려는 회사의 임원에게 미움을 사고 말았다. 결국, 면접은 실패했고 그 좋은 기회는 그대로 날아갔다. 자신의 감정조차 잘 관리하지 못하는 사람에게 팀이나 기업을 잘 관리하기를 기대할 수 있겠는가?

대부분 사람이 학생 때는 학교 회의, 일하면서는 업무 보고나 프레젠테이션을 앞두고 무대에 올라가기 전에 실수할까 봐 긴장한 경험이 있을 것이다. 이럴 때, 계속 이런 공황 상태에 빠져 있으면 말에 조리가 없고 엉뚱한 말을 하게 될 것이 틀림없다. 반대로 자신의 감정을 다스리고 마음을 가라앉혀서 긴장의 원인을 분석해 해결 방법을 찾는다면, 즉 부정적 감정을 통제하기 시작한다면 긴장감이 서서히 사라질 것이다.

감정을 다스리는 법을 배우자. 감정에 지배되지 말고 감정을 지배해야 비로소 지능과 재주를 발휘하고 일을 성공적으로 수행할 수 있다.

하버드 감성지능 강의

대부분 유명인사는
IQ가 높지 않다

우리가 잘 아는 유명인사 중에 IQ가 대단히 높은 사람은 그리 많지 않다.

한때 선생님으로부터 바보 같다느니 멍청하다느니 하는 소리를 듣던 아이가 세계적인 발명가가 되리라고는 상상하기 어렵다.

그림 그리기를 좋아했던 그 아이는 주변의 모든 것을 세심하게 관찰하고 모든 사람의 말을 귀를 기울였으며 종종 '말도 안 되는 질문'을 했지만, 자신이 아는 것을 제대로 말하지 못했다. 체벌을 받을 수 있는 상황에서조차 아이는 자기 생각을 드러내지 않았다. 성적은 언제나 반 꼴찌였고, 친구들은 그를 '바보'라고 불렀다.

이 멍청하기 짝이 없는 아이가 바로 토머스 에디슨이다.

케빈 밀러는 어렸을 때, 학업 성적이 좋지 않아서 고등학교를 졸업할 때 체육 특기생으로 겨우 시카고대학에 입학했다. 많은 세월이 흐른 후, 그가 공개한 일기에는 "선생님과 아버지는 내가 서투른 아이라고, 다른 아이들이 나보다 머리가 좋다고 생각한다"라고 쓰여 있었다. 하지만 오랜 노력 끝에 케빈 밀러는 미국의 유명한 기업인 라이즈 그룹의 회장이 되었다.

진화론을 펼친 다윈Charles Darwin 역시 놀랍게도 어린 시절 일기에 비슷한 말을 썼다. "선생님과 부모님은 내가 평범하며 보통 사람보다 머리가 나쁘다고 생각한다."

아인슈타인Albert Einstein은 지인에게 보낸 편지에 이렇게 털어놨다. "나의 약점은 머리가 나쁜 것입니다. 특히 단어와 텍스트를 외우는 데 어려움이 있습니다." 알다시피 그는 나중에 세계 최고의 물리학자가 되었다. 독일의 자연과학자 훔볼트Alexander von Humboldt는 강연 중에 "나는 가정교사가 아무리 열심히 공부를 시켜도 보통 사람들의 지능에 미치지 못하는 아이였습니다"라고 말했다. 이후 그는 마치 반전 드라마처럼 걸출한 과학자, 사상가, 철학자가 되었다.

사교성이 떨어지고 성격이 괴팍하나 IQ는 높은 사람보다 타인의 감정에 민감하고 자기감정을 잘 제어하는 사람이 더 나은 사회적 관계를 구축하고 성공할 가능성이 크다. 이것이 바로 감성지능의 위대한 점이다. 감성지능은 우리에게 성공으로 향하는 또 다른 길을 제시하며, 감정이 일과 생활에 얼마나 중요한 역할을 하는지 보여준다. 아무리 고도로 숙련되고 재능이 넘쳐도 감성지능이 낮으면 다 소용없다.

심리학자 월터 미쉘Walter Mischel은 1960년대 초, 스탠퍼드대학Stanford University 캠퍼스 내 유치원에서 유명한 '젤리 실험'을 했다. 선생님은 아이들을 간소하게 꾸며진 방으로 데려가서 젤리 하나씩을 주면서 지금 바로 먹으면 하나만 먹을 수 있지만, 선생님이 나갔다가 돌아올 때까지 기다리면 하나 더 주겠다고 말했다. 즉 선생님을 기다린 아이는 젤리를 두 개 먹게 된다.

선생님이 방을 나간 후, 10여 분 만에 일부 아이들은 유혹을 이기지 못하고 젤리를 먹었다. 또 다른 일부 아이들은 선생님 말씀을 잘 들어서 젤리를 하나 더 받으려고 먹지 않았다. 이 아이들은 기다리면서 노래를 부르거나 손가락을 만지작거리거나 테이블 위에 엎드려 잠을 잤다. 그들은 이렇게 해서 약속대로 두 번째 젤리를 받았다.

이후 미쉘은 이 아이들을 대상으로 장기간 추적조사를 실행했다. 그 결과, 인내심을 발휘해 젤리를 두 개 먹은 아이들은 청소년기에 조급해하지 않고 기회를 기다릴 줄 아는 아이로 자라났다. 그들은 더 원대한 목표를 실현하기 위해 눈앞의 작은 이익을 희생하는 '절제력'을 보였다. 반면에 참지 못하고 젤리를 하나만 먹은 아이들은 청소년기에 고집불통이거나 허영심이 많고 우유부단하며 욕구를 자제하기 어려워했다. 그들은 성공할 확률이 상대적으로 낮았다.

이 실험을 보면 지적 요인 외에 비지적 요인이 성공에 더 크게 작용함을 알 수 있다.

인생을 전속력으로 달리는 열차에 비유한다면 감성지능은 열차에 충분한 동력을 제공할 뿐만 아니라 열차가 달리는 방향을 결정한다.

진짜 건설적인 정신력은 대부분 운명을 좌우하는 감성지능에 포함되었다.

IQ가 높은 사람들은 여러 면에서 더 확실한 삶을 살 수 있다. 반면에 EQ가 높은 사람들은 더 효율적으로 살고 만족감을 더 잘 느끼며 유익한 결과를 얻기 위해 자신의 지능을 더 잘 사용한다.

성공은 감성지능을
키우는 것에서부터 시작된다

심리학자들은 감정적 특징이 삶의 원동력이자 지능을 더 효과적으로 만드는 힘이라고 생각한다. 그래서 감성지능은 개인의 건강, 감정, 인생의 성공 및 대인관계에 영향을 미치는 중요한 요소다.

하버드가 학생들의 감성지능을 중요하게 여기는 까닭은 선천적인 면이 두드러지는 지능에 비해 감성지능은 완전히 후천적으로 길러지기 때문이다. 학생들이 스스로 감성지능을 향상하기 위해 노력한다면 설령 머리가 대단히 명석하지 않아도 얼마든지 성공할 수 있다.

다만 감성지능을 기르는 일은 어릴 때부터 시작하는 것이 가장 좋다.

지미가 다섯 살 때, 아버지가 그를 데리고 친척 집에 가서 며칠을

묵었다. 하루는 지미가 아침 식사 중에 실수로 우유를 흘리고서 깜짝 놀랐다. 만약 집이었으면 아버지에게 한 소리 듣고 빵과 잼을 조금만 먹어야 했을 텐데 친척들은 별다른 말을 하지 않았기 때문이다. 오히려 그들은 지미가 당황하는 모습을 보고 괜찮다며 더 마시라고 달랬다. 하지만 지미는 얼굴이 빨개져서 마실까 말까 망설이다가 결국 식탁에서 손을 뗐다.

친척들은 우유를 더 마시라고 계속 권했지만, 지미는 마시지 않았다. "방금 우유를 흘렸으니까 우리 집 규칙대로 더 먹으면 안 돼요." 친척들은 이게 무슨 큰일이라고 그러냐며 계속 우유를 더 마시라고 했지만, 지미는 끝까지 마시지 않았다. 그들은 지미의 아버지가 평소에 이런 사소한 일로 아들을 심하게 꾸짖었기 때문이라며 아버지를 나무라기 시작했다.

지미의 아버지는 아들을 잠시 나가게 한 후에 친척들에게 나름의 이유를 설명했다. 하지만 친척들은 다 듣고 난 후에도 이렇게 작은 실수만으로 아이가 먹는 것을 제한하다니 지나치다고 했다. 아버지는 억울하다는 듯이 "사실 내가 너무 엄격해서 지미가 우유를 못 마신다기보다, 아이가 스스로 자신에게 너무 엄격해서 자발적으로 안 마시는 거예요"라고 말했지만, 친척들은 역시 믿지 않았다. 답답한 아버지는 실험을 제안했다. "내가 지금 이 방을 나가면 계속 지미에게 우유를 마시라고 해보세요. 그래도 절대 안 마실 겁니다." 말을 마친 아버지는 방을 나갔다.

친척들은 지미를 불러서 간식과 우유를 먹으라고 권했지만, 아이는 끝내 먹지 않았다. 먹을 것을 다시 차려주면서 "괜찮아, 먹어도 돼. 절대 아빠한테 말하지 않을게"라고도 말해봤지만, 지미는 꿈쩍도 하지 않았다. "아빠는 보지 않겠지만, 하나님이 보시잖아요. 하나님 앞에서 나쁜 아이가 될 수는 없어요." 친척들은 여전히 희망을 버리지 않고 말했다. "이제 모두 산책하러 갈 텐데 지금 뭘 좀 먹지 않으면 배가 엄청 고플 거야." 그래도 아이는 "그 정도는 아무렇지도 않아요!"라고 대답했다.

낙심한 친척들이 아버지를 다시 부르자 지미는 눈물을 흘리며 방금 있었던 일을 이야기했다. 이를 들은 아버지는 기뻐하며 "그랬구나. 우리 아들, 정말 잘했다. 하지만 이제 다 같이 산책하러 가야 하니 모두가 원하는 대로 우유와 간식을 좀 더 먹으렴"이라며 아이를 달랬다. 아버지가 이렇게 말하자 지미는 그제야 우유를 마셨다.

겨우 다섯 살 아이인 지미는 놀라운 자제력을 발휘했고, 이는 그가 감성지능이 얼마나 높은지 보여준다. 지미는 어린 시절부터 길러진 높은 감성지능 덕분에 성장하면서 거듭된 유혹을 이겨내고 훌륭한 사업가가 되었다.

감성지능은 인생에 큰 영향을 미친다. 대니얼 골먼은 2년에 걸쳐 전 세계의 500개에 달하는 기업, 정부 기관 및 비영리 단체를 분석한 결과, 성공한 사람들이 지능이 높기도 하지만 그들이 거둔 탁월한 성과는 모두 뛰어난 감성지능과 관련 있음을 발견했다. IBM, 펩시콜라, 유명 자동차 기업 등 15개 글로벌 기업의 고위 경영진 수백 명을 대상으로 한 연구에서도 평범한 리더와 최상위 리더의 차이가 주로 감성지능에서 비롯되는 것으로 나타났다.

사람들은 똑똑한 사람보다 타인을 배려하고 사람들과 잘 어울리는 사람을 리더로 원한다. 감성지능이 높은 사람은 모두를 위해 일하고 집단적 적극성을 발휘하기 때문이다.

한 하버드 교수는 감성지능이 사람의 운명을 결정하는 이유로 다음의 네 가지 작용을 꼽았다.

■ 감성지능은 지능을 발휘하는 기초다.

감성지능의 수준은 그 사람의 다른 능력(지능 포함)을 최대한 발휘할 수 있는가를 결정한다. 감성지능은 지능보다 더 중요해서 지능이 학업 성적을 예측하는 데 사용된다면 감성지능은 성공 여부를 예측하는 데 사용된다.

■ 감성지능은 문제 해결의 인지적 효과에 영향을 미친다.

막연한 감정들이 지속적인 인지 활동을 방해할 수도 있다. 하지만 우리는 이 감정을 이용해 내부 혹은 외부의 요구 사항을 검토, 조정해서 주의력을 재분배하여 가장 중요한 부분에 집중시켜 문제의 핵심을 파악하고 해결할 수 있다. 감성지능은 복잡한 지적 활동을 해결하도록 동기를 부여하며, 문제 해결에서 감정의 긍정적 역할을 충분히 발휘하게 한다.

■ 감성지능은 감정을 조절한다.

감성지능은 자신을 관찰하고 이해하며 자기 격려하는 법을 배우고, 고통, 걱정, 분노와 두려움 같은 감정들을 여유롭게 대처하며 다룰 수 있도록 한다.

■ 감성지능은 동기 부여 시스템이다.

감성지능은 인생에 능력과 동력을 제공한다.

매 순간의 정신적 행동이 운명에 결정적인 영향을 끼친다. 감성지능이 높은 사람은 더 효율적으로 살고, 더 쉽게 만족감을 얻으며, 자신의 지능을 이용해서 더 풍요로운 결과를 얻을 수 있다. 반대로 자신의 감정을 주체하지 못하는 사람은 격렬한 내적 충돌과 갈등으로 일에 집중해야 할 사고력과 행동력이 약화된다.

Harvard Emotional Quotient Lecture

2

─ 두 번째 수업 ─

감성지능은
성공을 위한
소프트파워다

감성지능이 높은 사람은
통찰력이 있다

사람들은 자기 내면의 감정을 종종 타인에게 투영하곤 하지만, 사실 대인관계와 상호작용을 개선하기 위해서는 자기 내면의 변화를 심도 있게 살펴볼 줄 알아야 한다. 감성지능이 높은 사람의 특징 중 하나는 자기지각 능력, 즉 통찰력이 상당히 뛰어나다는 점이다.

감성지능이 높은 사람들은 자신이 무엇을 느끼는지, 왜 그렇게 느끼는지, 이런 감정을 유발한 원인이 무엇인지 잘 알고 있으며 이로부터 타인의 감정과 욕구까지 이해한다.

미국의 유명 TV 프로그램 〈오프라윈프리 쇼〉의 제작자이자 진행자 오프라 윈프리Oprah Winfrey는 언제든 타인과 소통할 수 있는 사람으로 감성지능이 매우 높다. 오프라 윈프리는 자신이 무엇을 원하는지,

자신의 느낌이 어떤 것인지 정확히 아는 동시에 타인을 세심하게 관찰하고 그들이 원하는 것을 해주기 때문에 많은 이로부터 인정과 환영을 받는다. 많은 시청자가 그녀가 자신과 마음이 잘 맞아 안정감과 편안함을 느낀다고 말한다.

타인을 통찰하려면 먼저 자신에 대한 통찰, 즉 감정에 대한 자기지각이 선행되어야 한다. 자기지각 능력은 인간으로서 매우 핵심적인 기능으로 무척 중요하다. 한 사람에게 가장 큰 영향을 미치는 사람은 자신이다. 자신을 이해하지 못하는 사람은 절대 타인을 이해할 수 없다.

하지만 자기감정을 통찰하는 일은 상당히 어려워서 자신의 성격적 결함에 직면할 수 있는 충분한 용기가 꼭 필요하다. 예컨대 부정적 감정이 생기면 우리는 이 감정을 파악하고 바닥까지 파고들어 그 근원을 찾아내야 한다. 인간 본성의 허영이나 욕망이든 내면의 이기심이나 오만이든 반드시 직시하여 완전히 인멸할 방법을 모색해야 한다.

자신을 통찰해본 사람은 타인을 통찰하는 일이 아주 쉽다. 어차피 인간 본성의 본질은 똑같고, 우리 자신의 문제와 허물이 타인에게 투영되는 경우가 많기 때문이다. 물론 우리가 타인을 통찰하는 것은 상대방의 허점이나 결함을 찾기 위해서가 아니라 서로를 더 잘 이해하여 '공감'하기 위해서다. 현대 사회에서는 이해와 협력의 가치를 아는 사람만이 일과 생활에서 더 잘 꾸려나갈 수 있다. 타인에 대한 이러한 통찰력은 절반의 노력으로 두 배의 성과를 거둘 수 있게 한다. 더불어 마음속에 타인을 품고 '작은 자아'를 '큰 자아'에 통합해야만 내 삶을 더 의미있게 만들 수 있다.

감성지능이 높은 사람은
사교에 능하다

대다수 사람이 인간관계가 골치 아픈 일이라고 생각한다. 참 이상하게도 싫다고 생각할수록 일이 잘되지도 않고 고민만 쌓인다. 그래서 늘 어디서나 환영받는 사람이 부럽고 그들의 성공 비결이 무엇인지 궁금한데 사실 그 차이는 감성지능의 수준에 있다.

감성지능이 높은 사람이 다른 사람들과 더 많이, 더 쉽게 교류한다는 사실은 이미 잘 알려져 있다. 그 이유는 무엇일까? 이에 관해 하버드 교수들은 '현실적 판단'이라는 개념을 제시했다. 현실적 판단이란 우리 주변 세계에서 일어나는 일들을 분별하는 것, 쉽게 말해 당면한 상황을 정확하게 판단하는 것을 가리킨다. 예컨대 인간관계의 경우, 이 문제에 어느 정도의 분별력이 있는 사람은 자신의 판단에 따라 사람과 만나고 교류한다. 연구에 따르면 일반적으로 감성지능이 높은 사람들은 '당면한 현실을 판단하는 능력'이 강한 경향이 있다.

하버드대 교수들은 현실적 판단이 '지금' 이루어져야 한다고 지적한다. 종합하자면 현실적 판단은 직접적인 상황을 받아들이는 것을 포함해 사물을 객관적으로 보고 그 본래의 모습에 근거해 판단하는 것이다.

인간관계의 경우, 현실적 판단이 매우 크게 작용한다. 우리는 오직 자신의 인지를 통해 얻은 것들, 예컨대 그 사람의 배경, 인생관, 가치관 등을 통해서만 지금의 인간관계를 파악할 수 있다. 우리의 인식은 타인의 배후에 있는 모든 것에서 비롯하며 그런 것들이 일종의 지도를 그려주면 그 지도를 보고 그들을 알아간다. 하지만 지도가 아무리 정확하다고 한들, 결코 전체 판도를 다 보여줄 수는 없다. 따라서 현실적 판단 능력을 키워야만 비로소 전체 판도가 더 풍성하고 정확하게 보인다.

사교 모임에 참석한 톰은 명함을 한 무더기나 주고받으면서 수없이 악수했지만, 여전히 누가 누군지 알지 못했다. 며칠 후, 전화를 받았는데 알고 보니 며칠 전 사교 모임에서 만난 적 있고 서로 명함까지 교환했던 '친구'였다. 다행히 명함 디자인이 특이해서 그를 기억하고 있었다.

이 '친구'는 특별한 목적 없이 그저 톰과 수다를 떨려고 전화한 것이었다. 마치 이미 잘 아는 사이인 양 말이다. 톰은 그와 아무런 업무 관계도 없고 딱 한 번 만난 사이라 그의 이런 연락이 일종의 '침범'처럼 느껴졌다. 게다가 두 사람 사이에는 전혀 이야깃거리가 없었다!

너무 성급한 것은 현대의 사교활동에서 분명히 금기 사항이지만, 뜻밖에도 꽤 많은 사람이 이런 실수를 저지른다. 사례의 '친구'는 톰의 인상이 좋았던지 친구가 되고 싶은 마음에 적극적으로 나섰다. 어쩌면 업무적으로 이로울 것 같아서 인맥을 쌓으려고 했을지도 모른다. 어떤 동기에서든 그는 너무 서두른 바람에 오히려 톰의 반감을 샀다.

현대 사회에서 생존하고 발전하기 위해서는 인간관계를 넓히고 사회적 자원을 축적해야 하지만, 친구가 되려면 사교의 시간이 꼭 필요하다. 너무 조급하게 안달복달하면 상대방은 거부감을 느끼고 피할 것이다. 관계를 쌓으려면 차근차근 접근해서 단계적으로 천천히 접촉을 늘려가야 한다. 이렇게 만들어져야 탄탄하고 안정적인 관계를 쌓을 수 있으며, 이야말로 정확한 현실적 판단이다.

현실적 판단 능력을 키우면 인간관계에 분명히 큰 이점이 있다. 무엇보다 부주의로 말미암아 자신과 타인이 예상치 못한 문제에 부딪혀 관계가 악화하는 일을 피하게 도와준다.

감성지능이 높은 사람들이 타인에게 사랑받고, 더 많은 도움을 받으며, 인간관계에서 더 여유로운 까닭은 그들이 정확한 현실적 판단을 하기 때문이다.

좋은 인간관계를 유지하고 싶다면, 그리고 감성지능이 높은 사람이 되고 싶다면 반드시 뛰어난 현실적 판단 능력이 필요하다.

감성지능이 높은 사람은
자아실현이 더 쉽다

심리학자 매슬로Abraham Maslow는 자아실현을 '각 개인의 두뇌와 타고난 능력을 최고로 발휘해서 자신을 성장시켜 완성하는 것'이라고 했다. 지금처럼 변화무쌍한 세상에 사는 사람들은 미래에 대한 확신이 없으며 오직 자기계발과 자아실현만이 유일한 출구다.

자아실현은 물질에 의존하지 않고 정신을 섬기는 진정한 의미의 성공이다.

석유왕 록펠러John Davison Rockefeller가 소송 재판에 출석했다. 그는 상대측의 거친 질문에도 시종 담담하고 침착한 태도를 유지했고 마침내 이 소송에서 승리했다.

법정에서 상대측 변호사는 악의가 뚜렷한 질문을 던졌다.

"록펠러 씨, 일전에 제가 당신에게 보낸 그 편지에 대해 말해주시겠습니까?"

그가 말한 편지는 록펠러가 운영하는 엑슨모빌Exxon Mobil의 이런저런 사정에 관해 질문한 것으로 이 재판과는 전혀 관계가 없었다. 물론 록펠러는 이를 잘 알고 있었다.

그러나 록펠러는 반박은커녕 표정 하나 변하지 않고 묵묵히 자리에 앉아 있었다.

지켜보던 판사가 질문했다.

"록펠러 씨, 편지를 받았습니까?"

"네, 그렇습니다. 판사님."

"그래서 답장했습니까?"

"아니요."

판사는 다른 편지들을 더 꺼내서 그 자리에서 낭독했다.

"록펠러 씨, 이 편지들을 본인이 직접 받았습니까?"

"네, 판사님."

"그런데 답장은 하지 않았다는 건가요?"

"네, 안 했습니다. 판사님."

이때 상대측 변호사가 갑자기 끼어들었다.

"왜 답장을 안 하셨나요? 저를 아시죠? 그렇죠?"

"네, 물론이죠. 이전에 알던 사람인 것 같군요."

상대측 변호사는 이미 기분이 나빠져 화를 내더니 심지어 길길이 뛰기까지 했다. 반면에 록펠러는 여전히 차분하게 앉아 있었다. 법정 안이 쥐 죽은 듯 조용한데 상대측 변호사만 으르렁거리는 꼴이었다.

결국, 상대측 변호사는 감정을 주체하지 못하고 자기도 모르게 사건의 진상을 털어놓았다.

사례에서 록펠러는 상황에 직면했을 때 이성과 냉정함을 잃지 않고 침착하게 대처함으로써 상대측 변호사가 자기 입으로 사건의 진상을 말하게 했다. 이 역시 높은 감성지능이 만들어낸 결과다.

재능 있는 하버드 학생들은 누구보다 자신의 한계를 알고자 하고, 재능이 실재적인 성과로 이어지기를 간절히 바란다. 이와 관련해 하버드대 교수들은 학생들에게 다음과 같은 구체적인 조언을 한다.

1) 어떤 상황에서도 긍정적이고 낙관적인 관점에서 문제를 바라보고 장기적인 이해를 고려하도록 노력한다.
2) 마음의 긴장을 풀고 감정 표출의 범위를 더 확대한다.
3) 긍정적이고 실현 가능한 삶의 목표를 설정하고 최선을 다하되, 절대 실패하지 않으리라는 기대는 버린다.
4) 생활 환경에 더 많이 감사하고, 덜 불평하고, 불만족스러운 점이 있으면 개선할 방법을 찾는다. 앉아서 말로만 떠들어대기보다 일찍 시작하고 실행하는 편이 낫다.
5) 옳고 그름에 대한 논쟁은 스스로 진실과 정의에 대한 확신이 있다면 설령 다수의 의견에 반하더라도 정의의 편에 서서 끝까지 밀고 나가야 한다.
6) 사람들과 솔직하게 어울리면서 자신의 강점과 약점을 드러내고, 행복과 고통을 공유한다.

7) 삶을 경직되게 하지 말고 생각과 행동에 약간의 여유를 두어 가끔 몸과 마음을 이완시키면 잠재력을 발휘하는 데 도움이 된다.

이상의 조언들은 사실 감정 제어 능력을 단련하기 위한 것, 즉 감성지능을 향상하기 위한 것이다. 높은 감성지능은 유의미한 성공과 자아실현을 위한 기반이다.

감성지능이 높은 사람은 자제력이 뛰어나다

모든 성공한 사람들은 공통점이 하나 있는데 바로 강한 자제력이다. 그들은 자신이 감정의 노예로 전락하지 않도록 스스로 철저히 단속한다.

인간이 충동을 억제할 수 있는 것은 자제력이 있기 때문이다. 이런 자제력이야말로 물질적 삶과 정신적 삶을 구별하며 성품의 기반을 형성한다.

의지가 강한 사람은 의식적으로 생각, 말, 행동을 효과적으로 통제할 수 있다. 수시로 자신의 행동을 점검하고 마음을 정화하다 보면 점차 고상하고 윤리적이며 감정을 통제할 줄 아는 사람이 될 것이다. 이런 사람이 바로 감성지능이 높은 사람이다.

하버드대 교수들은 학생들에게 자제의 필요성과 중요성을 가르치기 위해 다음과 같은 이야기를 자주 한다.

좋은 말 한 마리를 가진 기사가 있었다. 정성껏 훈련한 덕분에 말은 기사가 채찍을 올리기만 해도 무슨 말인지 전부 알아듣고 순순히 따랐다. 때로는 기사의 심리 상태까지 전부 이해했다.

기사는 말이 워낙 지시를 잘 따르므로 더는 고삐가 필요하지 않다고 생각했다. 어느 날, 그는 말을 타고 나가서 고삐를 풀어주었다.

처음에 말은 너무 빠르지 않게 들판을 달렸다. 머리를 쳐들고 갈기를 흔들면서 마치 주인을 기쁘게 하려는 듯 큰 걸음으로 위엄 있게 나아갔다. 그러나 모든 구속이 사라진 것을 알아차리고는 대담해져서 주인의 말에 귀를 기울이지 않고 광활한 들판을 점점 더 빠르게 질주했다.

불쌍한 기사는 말을 제어할 수 없었다. 그는 떨리는 손으로 어떻게든 고삐를 다시 채우려고 했지만 불가능한 일이었다. 통제 불능의 말은 네 발을 쭉 뻗으며 맹렬히 달려서 결국 기사를 땅으로 내동댕이쳤다. 하지만 말은 한번 쳐다보지도 않고 방향도 분간하지 못한 채, 돌풍처럼 미친 듯이 깊은 골짜기로 돌진하더니 산산조각이 났다.

감정도 이 말처럼 통제하지 않으면 결국 자신을 다치게 한다.

사회에서 살아남으려면 감정을 제어하는 것이 무엇보다 중요하다. 감성지능이 높은 사람은 고도의 자제력을 발휘해 감정을 억제하고 항상 침착함을 유지할 줄 안다.

자제력을 갖추려면 행동의 결과를 더 많이 생각하는 것이 관건이다. 눈앞의 행동과 장기적인 이익을 일치시켜 둘 사이의 관계를 적절하게 처리해야 한다. 자제력이 강한 사람은 행동이 욕망에 종속되지 않고 자신만의 신념, 가치, 목표, 미래 비전이 있다. 이런 것들이야말로 그가 행동 여부를 판단하는 준칙이다.

자신을 아끼라는 말은 무조건 잘해주기만 라는 이야기가 아니다. 자신을 아끼려면 일종의 투지가 필요하다. 자신을 이겨내고, 자신을 정복하는 투지 말이다. 그 과정에서 자신의 가치를 구현하고 자기 삶을 해석해야 한다.

그린은 분노에 휩싸인 채 회사로 향했다. 곧장 기술팀으로 달려가서 대체 그동안 뭘 하느라 이런 기술적인 문제가 아직도 해결되지 않았는지 따져볼 생각이었다. 생각할수록 화가 나서 마치 자신이 꼭 터지기 직전의 풍선 같다는 생각이 들었다.

씩씩거리며 회사 문을 여는 순간, 문득 예전에 회사에서 연 경영학 강의에서 들었던 말이 떠올랐다. "불만이 생기면 당신이 개발할 수 있는 무한한 새로운 세계가 있음을 의식해야 합니다. 그러려면 인내심이 꼭 필요하죠." 그래, 화낸다고 문제가 해결될 수 있어? 화를 내봤자 무슨 소용이 있겠어?

그린은 기술팀에 따지러 갈 생각을 접고, 대신 양치질하면서 발생하는 잇몸 출혈을 해결할 방법을 궁리하기 시작했다. 그와 동료들은 함께 칫솔모의 질감 개선, 모양 변경, 배열 재설계 등 다양한 솔루션을 내놓고 토론을 거쳐 하나씩 실험을 진행했다. 그린은 실험하면서 그동안 알아차리기 어려웠던 부분을 발견했는데 칫솔모를 기계로 절단하다 보니 그 끝이 날카로운 직각 형태라는 사실이었다. "날카로운 모서리를 둥근 모서리로 만드는 프로세스를 채택하면 문제가 완전히 해결되지 않을까?" 동료들은 즉시 그 말에 동의했다. 여러 번의 시도 끝에 그린과 동료들은 회사에 품질 개선 계획안을 정식으로 제출했다. 회사는 무척 만족해하며 칫솔모 끝을 둥근 모서리로 가공하는 데 기꺼이 비용을 투자했다.

이렇게 개선된 제품은 고객들에게 큰 호응을 얻었고, 그린은 평사원에서 단박에 부서장으로 승진했다.

이 이야기에서 그린이 자제할 수 있었던 이유는 그가 긍정적으로 사고하는 사람이었기 때문이다. 자제력은 매우 얻기 어려운 능력으로 족쇄가 아니라 몸에 지니는 일종의 '경종'이다. 그린처럼 감정을 발산하는 시간에 문제를 어떻게 해결할지를 고민하는 데 할애한다면 빠르게 자신을 진정시킬 수 있다. 이렇게 하면 부정적 감정에서 재빨리 벗어나 성과를 거두기 수월해질 것이다. 반대로 감정을 조절하지 못하면 상황을 더 악화해 문제도 해결하지 못하고 꽤 오랜 시간 동안 억압되고 침울한 감정에 빠지게 된다.

일과 생활에서 개개인이 이루는 성공은 감정을 다스리고 자제하는 능력으로 결정된다고 해도 과언이 아니다. 자제란 스스로 사회 도덕에 부합하지 않는 각종 욕망을 의식적으로 억제하고 자신의 행동이 사회에서 도덕적으로 인정받도록 노력하는 것을 의미한다. 이 자질이 없는 사람은 성공은커녕 대중의 비난과 배척을 받는다.

감성지능이 높은 사람은 좋은 습관이 있다

하버드대 학생들이 학교에서 얻는 가장 소중한 것은 지식이 아니라 긍정적인 사고 습관과 배우고자 하는 의지다. 이런 습관은 평생의 자산이 되고 훗날 다양한 문제를 해결하는 데 도움이 된다.

하버드대 교수들은 "좋은 습관은 대다수 사람이 두 발을 움직이는 동력이며 성공에 미치는 영향력이 만만치 않다"라고 입을 모은다.

습관이란 반복적으로 발생하는 어떤 자극에 대해 개체가 보이는 고정된 반응을 일컫는 말이다. 이런 반응들은 시간이 흐르면서 조건반사와 유사한 어떤 행동 양식으로 굳어진다. 여기에는 생리적인 측면과 심리적인 측면, 즉 직접 관찰하고 측정할 수 있는 명시적 활동과 간접적으로 추론되는 내면의 심리적 활동인 의식적, 무의식적 과정이 모두 포함된다. 특히 심리적 습관, 즉 사고의 패턴은 한번 형성되면 지속적이고 안정적이어서 보다 폭넓은 토대 위에서 성격적 특징으로 자리 잡는다. 예를 들어 어떤 사람이 식사 전에 손을 씻는 행동을 반복하면 이 행동은 그의 광범위한 행동과 어우러져 '청결을 유지하는' 습관이 된다.

감성지능이 높은 사람은 좋은 습관이 있고, 좋은 습관이 있는 사람은 성공할 수 있다.

진 폴 게티Jean Paul Getty는 세계적으로 명성이 자자한 석유왕이다. 1916년에 오클라호마에 자신의 첫 번째 유정을 세운 그는 이듬해인 1917년에 스물네 살의 나이로 성공한 석유기업가가 되어 백만장자의 반열에 올랐다.

많은 사람이 게티가 아버지의 유산을 발판으로 출세했다고 여겼지만, 사실 아버지가 그에게 남긴 돈을 50만 달러가 전부였고 대부분 자산은 모두 어머니에게 상속되었다. 사실 게티의 성공은 그의 좋은 습관과 무관치 않다.

게티는 한때 골초라 불릴 정도로 담배를 좋아했다. 어느 해 여름 휴가 중에 차를 몰고 프랑스를 여행하는데 갑자기 비가 많이 내려 작은 도시의 여관에 묵게 되었다. 저녁 식사를 마친 그는 낮에 장시간 운전을 한 탓에 너무 피곤해서 곧 잠이 들었다.

새벽 2시까지 잠을 자다가 깬 게티는 담배 생각이 났다. 곧 불을 켜고 손을 뻗어 자기 전에 탁자 위에 둔 담뱃갑을 집었는데 담배가 하나도 없었다. 침대에서 내려와 옷 주머니와 가방까지 전부 뒤져서 담배를 찾으려고 했지만 끝내 찾지 못했다. 여관의 식당과 바도 이미

문을 닫은 상태여서 담배를 사려면 몇 블록 떨어진 기차역까지 가야 했다.

담배를 피우겠다는 강한 욕구에 떠밀려 우비에 손을 뻗은 순간, 게티는 자기도 모르게 멈칫했다. 내가 이 정도로 자신을 제어하지 못하는 사람이었나?

게티는 고개를 세차게 흔들고 빈 담뱃갑을 구겨서 쓰레기통에 던졌다. 그러고는 옷을 벗고 다시 침대에 누워 안도감, 심지어 승리감까지 느끼며 이내 다시 잠에 빠져들었다.

이후 게티는 담배를 완전히 끊었다. 물론 사업은 나날이 성장해 게티는 결국 세계 최고의 부호가 되었다.

진 폴 게티는 감성지능이 높은 성공한 사람으로 습관은 그를 세계 최고의 부자로 만들어주었다. 사실 세상에 천재는 없다. 천재의 휘황찬란함은 우리가 눈으로 볼 수 있는 빙산의 일각, 그러니까 전체 빙산의 약 6분의 1 정도에 불과하다. 나머지 6분의 5는 차가운 바닷속에서 묵묵히 분투 중이다.

습관은 일종의 사고방식으로 생각과 행동에 영향을 미친다. 습관은 은연중에 감화되는 힘으로 당신에게 빛을 가져다줄 수도, 당신을 어둠으로 이끌 수도 있다. 좋은 습관이 당신의 삶을 완성한다. 좋은 습관은 당신의 평생에 도움이 되지만, 나쁜 습관은 당신과 함께 걷는 악마와 같아서 결국 당신을 해친다.

단언컨대 당신의 습관은 당신의 운명을 결정한다. 그러므로 운명을 바꾸려면 먼저 자신의 습관부터 바꿔야 한다. 나쁜 습관은 버리고 좋은 습관을 기르자. 모든 사람은 굉장히 다양한 습관이 있는데 그 가운데 나쁜 습관을 없애는 가장 효과적인 방법은 좋은 습관으로 그 것을 대체하는 것이다. 좋은 습관을 갖는다는 것은 자신의 운명을 주관하는 힘이 하나 더 생겼다는 것을 의미한다.

좋은 일을 하는 것은 어렵지 않지만, 좋은 일을 하는 습관을 기르는 것은 어렵다. 일과 생활에서 성실이라는 좋은 습관을 기르면 미래의 성공을 위한 씨앗을 심는 것과 같다. 이 씨앗은 우리 삶의 토양에서 나와 튼튼하게 자라서 하늘을 찌를 듯 우뚝 솟은 커다란 나무가될 것이다.

많은 사람이 현재의 직장에 만족하지 못한다. 자신은 직위가 낮고 연봉도 적으니 아무래도 남보다 못한 것 같아서 열등감이 크고 늘 의기소침하다. 매일 나른한 상태로 뭘 해도 흐리멍덩해서 실수가 잦다 보니 상사에게 비난받고 동료들은 한심하게 본다. 이런 식으로 계속하면 점점 더 외롭고 피폐해져서 행복과 성공에서 멀어지기만 한다. 이는 나쁜 습관의 결과인 동시에 감성지능이 낮다는 증명이다.

감성지능을 향상하려면 좋은 습관을 길러야 한다. 좋은 습관은 분명히 길러질 수 있다. 다음의 몇 가지 방법을 참고하자.

1. 좋은 일은 즉시 시작하고, 나쁜 일을 시작조차 하지 않는다.

우수함도 습관이고, 게으름도 습관이다. 이런 습관들은 시간이 흐르고 세월이 쌓이면서 형성된다. 어떤 일을 하겠다고 마음을 먹었다면 내일이나 모레까지 기다리지 말고 지금 시작해야 한다. 영어를 배우기로 했다면, 좋다! 지금 바로 시작하자. 이런 행동 양식은 시간이 지나면 삶의 일부가 될 것이며 나중에는 애쓰지 않아도 자연스럽게 그렇게 하게 되어서 좋은 습관으로 자리 잡을 것이다. 반대로 나쁜 일이라면 시작조차 하지 마라. 시작하는 순간, 자신을 방임하게 될 테니.

2. 해이해지지 말고 꾸준히 한다.

좋은 시작을 했다면 이제 남은 것은 인내심을 발휘해 해이해지지 말고 꾸준히 하는 습관을 기르는 것이다. 자신에게 어떤 규칙을 제시해보자. 예를 들어 아침에 10분 일찍 일어나기, 10분 동안 씻기, 5분 일찍 출근하기 등 행동이 명확하고 세밀해질수록 더 잘 실천하고 더 꾸준히 할 수 있다. 하루도 거르지 않고 책을 읽기로 했다고 하자. 그런데 가끔 너무 피곤한 날은 어떻게 해야 할까? 그래도 버텨야 한다. 한 페이지를 읽더라도 읽는 것이다. 이렇게 하면 자신의 성취를 소중히 여기고 점점 더 포기하지 않으려고 하면서 좋은 습관을 갖게 될 것이다.

3. 자투리 시간을 활용한다.

조각난 시간을 활용하는 법을 익히고 꾸준히 하다 보면 생각지도 못한 효과를 볼 수 있다. 매일 식전 10분을 이용해서 단어 10개를 외우면 3년 만에 1만여 개가 된다. 어떤 일들은 어렵다고 느낄 수도 있지만, 사실 매우 간단하다. 그저 꾸준히 하고 경험을 쌓기만 하면 불가능한 일은 없다.

4. 매사에 방법을 찾고 시행착오를 줄인다.

방법이 틀리면 아무리 애를 쓰고 꾸준히 해도 헛수고고 자신감에까지 타격을 입는다. 따라서 시작부터 올바르게, 처음부터 제대로 하는 습관을 들여야 한다. 얼떨결에 혹은 생각 없이 일을 시작해서는 안 된다. 그래야 시행착오를 방지하고 목표에 도달하는 시간을 단축할 수 있다.

5. 어떤 변명도 하지 않는다.

변명이나 핑계를 대지 않는 태도는 좋은 습관을 기르는 데 큰 도움이 된다. 원래 계획대로 진행되지 않거나 실패했을 때, 혹시 무엇 때문이라느니, 이것은 내 능력 밖이라느니 같은 말을 하지는 않는가? 만약 그렇다면 애써 자신을 눈감아주고 자신을 위한 객관적인 원인을 찾는 것이다. 이는 나쁜 습관이다. 이런 습관은 사람을 점점 더 약하게 만들고 게으르게 하며 도피하게 해서 결코 우수해질 수 없게 만든다. 기억하자. 우리는 실패에 대한 변명이 아니라, 성공을 위한 방법을 찾아야 한다.

하버드 감성지능 강의

감성지능이 높은 사람의 10가지 특징

일반적으로 감성지능이 높은 사람은 다음의 10가지 특징이 있다.

1. 부정적 감정을 함부로 드러내지 않는다.

감성지능이 높은 사람은 타인을 비판하지도 질책하지도 않으며, 원한을 가지거나 불만을 품지도 않는다. 불평이나 비난 같은 부정적 감정은 전염되기 쉬운 감정이다. 그들은 오직 유의미한 일만 하며 무의미한 일은 하지 않는다.

2. 의사소통과 교류에 능하다.

감성지능이 높은 사람은 의사소통을 잘하며 사람을 대할 때도 늘 솔직하고 성실하며 예의 바르다. 소통과 교류는 일종의 기교로 학습이 필요하며 실천을 통해 끊임없이 탐구하고 다듬어 나가야 한다.

3. 포용력 있고 관대하다.

감성지능이 높은 사람은 너그럽고 도량이 크다. 또 그만큼 시야가 넓어서 설 수 있는 무대도 크다. 이런 사람들은 시시콜콜 따지지 않으며 포용과 관용의 마음을 가지고 있다.

4. 칭찬할 줄 안다.

감성지능이 높은 사람은 다른 사람을 칭찬하는 데 능숙하다. 그들의 칭찬은 늘 마음에서 우러나와 진정성이 느껴진다. 남의 장점을 본 사람은 더 빨리 발전하고, 남의 단점을 들춰내는 사람은 제자리걸음이다.

5. 의욕과 열정으로 가득하다.

감성지능이 높은 사람은 일과 생활, 그리고 관계에 대해서 의욕이 넘치고 열정이 있다. 자신의 긍정적인 감정을 움직여 매일 좋은 감정을 잃지 않으며, 부정적 감정들이 일과 생활에 영향을 주지 않도록 한다.

6. 경청한다.

감성지능이 높은 사람은 듣기를 잘한다. 청산유수로 말하기보다는 다른 사람이 하는 말을 귀담아들으면서 많이 듣고 많이 보는 편이다. 경청은 상대방을 존중하는 행위로 더 나은 의사소통을 위한 전제조건이자 최고의 소통 방식이다.

7. 다른 사람의 이름을 기억한다.

감성지능이 높은 사람은 다른 사람의 이름을 잘 기억하는데 사람을 대할 때 마음을 다하므로 그렇다. 상대방의 이름을 기억하면 그들은 당신과 더 가까워지고 당신의 친구가 되고 싶어 할 것이다. 그러면 친구가 점점 더 많아지고 인맥도 차츰 확대된다.

8. 책임을 회피하지 않는다.

감성지능이 높은 사람은 대담하게 책임지고 절대 피하지 않는다. 그들은 문제를 똑바로 보고, 문제를 분석하며, 문제를 해결한다. 언제나 자신의 결점과 단점을 직시하고 용감하게 책임을 진다.

9. 사람들과 공유한다.

감성지능이 높은 사람은 타인과 공유하고 함께 성장하는 데 능숙하다.

10. 실행력이 뛰어나다.

감성지능이 높은 사람은 말한 대로 실천하고 지금 바로 행동을 시작한다. 말만 하고 실제로 하지 않는 사람들이 아니다. 실행력은 성공을 보장한다. 매일 조금씩 발전하다 보면 친구들도 기꺼이 도와주려고 나설 것이다.

감성 잠재력

감성의 힘은 삶의 전반에 영향을 미친다.

Harvard Emotional Quotient Lecture

3

세 번 째 수 업

성공하기 위해
반드시 갖춰야 할
감성지능 소질

자존감
감성지능이 높은 사람의 자부심

하버드대 교수들은 스스로 자신을 존중하는 것이야말로 자신을 똑바로 대면하는 것이라고 말한다.

자존감이란 정확히 무엇인가? 자존감은 말 그대로 자신을 존중하는 마음이다. 이는 자의식의 구체적인 표현인 동시에 일종의 긍정적인 행위 동기로 살면서 만나는 각종 어려움과 자신의 약점을 극복하고 성공에 이르는 데 도움이 된다.

감성지능이 높은 사람들은 자존감도 높다. 자존감이 자기애와 인간으로서 가져야 할 자부심의 표현이기 때문이다.

브라운이 7살 때 어머니가 돌아가시고, 11살이 되자 아버지가 재혼해 새어머니를 데려왔다.

처음에 브라운은 새어머니가 낯설고 어려워 거의 2년 동안 '어머니'라고 부르지 않았다. 이 때문에 아버지에게 혼나기도 했지만, 그럴수록 브라운의 감정적 저항은 더 거세지기만 했다. 그런 브라운이 마침내 입을 열어 '어머니'라고 부른 것은 새어머니가 유일하게 그를 때렸을 때였다.

어느 날 점심 무렵, 브라운은 남의 집 마당에서 몰래 포도를 따다가 주인에게 들켰다. 집주인은 동네에서 '콧수염'이라고 불리는 건장한 남자로 브라운은 평소에도 그를 조금 무서워했다. 그런데 지금은 무려 도둑질을 들켰으니 온몸이 공포로 부들부들 떨렸다.

콧수염이 말했다. "나는 너를 때리거나 혼내지 않을 거야. 대신 부모님이 너를 데리러 올 때까지 여기에서 무릎을 꿇고 있어."

브라운이 내키지 않아 우물쭈물하자 콧수염이 무섭게 소리를 질렀다. "뭐 하는 거야? 무릎 안 꿇어?"

콧수염이 어찌나 위세를 부리는지 브라운은 벌벌 떨면서 천천히 무릎을 꿇었다. 그런데 마침 새어머니가 근처를 지나다가 우연히 이 장면을 보고서 바로 달려가 브라운을 번쩍 들어 올리고 콧수염에게 소리쳤다. "너무하시네요!"

사실 새어머니는 내성적인 성격으로 평소에는 말을 잘 하지 않는 편이었다. 그런 사람이 갑자기 화를 내며 소리를 지르니 콧수염도 깜짝 놀라서 잠시 말을 못 했다. 브라운 역시 새어머니의 그런 모습은 처음 보았다.

집에 돌아온 새어머니는 나뭇가지를 가져다가 브라운의 엉덩이를 몇 대 때리면서 말했다. "네가 포도를 몰래 따서 때리는 게 아니야.

아이들이 그렇지 뭐. 그런데 그 사람이 무릎을 꿇으라고 했다고 정말 무릎을 꿇으면 안 되는 거야. 다른 사람이 네 인격의 존엄함을 모욕하는 걸 그냥 두어서는 안 돼! 스스로 자신을 존중하지 않으면 앞으로 어떻게 자랄까? 장차 어떤 어른이 될 수 있을까?" 새어머니는 여기까지 말하더니 눈물을 흘렸다. 당시 브라운은 13세의 어린아이였지만, 새어머니의 말은 그의 가슴을 크게 울렸다. 아이는 울면서 새어머니를 와락 껴안고 "앞으로는 절대 그러지 않을게요, 엄마!"라고 말했다.

자존감은 일종의 미덕이다. 인간이 가질 수 있는 가장 소중하고 고귀한 것으로 우리는 감히 그 값어치를 따질 수 없다. 가난할 수는 있지만, 인간으로서의 존엄을 잃을 수는 없다. 자존감이 없는 사람은 자신을 비하하고 낙담하며, 자신을 아끼지 않고 포기한다. 아무것도 하지 않고, 아무것도 이루지 못한다.

자존감은 일종의 힘이다. 위대한 사상가 장 자크 루소Jean-Jacques Rousseau는 유명한 연설에서 이렇게 말했다. "자존감은 한 사람이 끊임없이 발전할 수 있도록 이끄는 원동력이자 소중한 도구다. 그것은 사람이 찬사와 명성을 추구하고 성취하도록 고무시켜 인생의 최고점에 도달하게 해준다."

러시아의 문예평론가이자 사상가인 비사리온 벨린스키Vissarion Belinskii는 자존감을 '사람의 영혼 속에 존재하는 위대한 지렛대'라고 했으며, 오스트레일리아의 작가 조셉 퍼피Joseph Furphy는 자존감을 '하나의 미덕이 아니라 많은 미덕의 모태'라 했다. 또 미국의 정치가이자 과학자인 벤저민 프랭클린Benjamin Franklin은 "서 있는 농부는 무릎 꿇은 신사보다 언제나 고귀하다"라고 말했다.

그러나 혼탁한 현실 속에서 많은 사람의 개성의 모서리가 차츰 마모되고 있다. 사람들은 비겁해지고 세상과 타협하며 살기 위해 자신의 존엄성을 잃어버렸다. 이렇게 해서 잠시는 몰라도 평생 잘 살 수는 없으며 큰 성공을 기대하기는 더더욱 쉽지 않다.

자존감은 인생의 가치이므로 반드시 똑바로 세우고 보호받아야 한다. 물론 자존감과 자의식 과잉은 분명히 다르다. 오만함에 젖지 않도록 하늘 밖에 하늘이 있고, 사람 위에 사람이 있음을 명심하면서 고요하고 평화로운 마음을 유지하자.

높은 감성지능은 자신을 존중하고 사랑하며 동시에 타인을 존중하는 태도로 드러난다.

자신감
평범한 당신을 비범하게 만드는 힘

하버드대학은 전 세계 수많은 대학 중에서 선두를 달리며 셀 수 없이 많은 성공한 인물들을 배출했다. 하버드인에게 있어서 가장 중요한 성공의 자질은 무엇이며, 하버드가 성공하는 인재를 길러내는 비결은 무엇일까? 사실 아주 간단하다. 성공은 자신감에서 비롯되는데 하버드인은 다소 오만해보일 정도로 자신감이 넘치기 때문이다. 그들은 자신감의 힘으로 잇달아 성공하고 찬란한 빛을 발한다.

28대 하버드 총장인 드루 길핀 파우스트Drew Gilpin Faust는 "우리보다 나은 사람은 없다. 우리는 항상 최고가 될 것이다"라고 말했다. 자신감이 충만한 파우스트 총장처럼 하버드 학생들은 지금 이 세계에서 가장 자신감이 강한 사람들이다. 하버드인들은 오만하지 않으나 분명히 강직하고 도도하다. 이처럼 내면 깊은 곳에서 우러나오는 자부심과 자신감은 그들이 바람과 파도를 타고 성공으로 가는 길에 놓인 온갖 역경을 이겨낼 수 있게 한다.

하버드는 개개인의 독립적이고 독특한 생각이야말로 최고라 믿고 다양한 성공만이 진정한 성공이라고 믿는다. 그렇기에 자신감이 높은 하버드인들은 타인의 생각을 함부로 받아들이지 않는다. 논문을 쓸 때도 한 편, 한 편이 모두 독창적이며 각각의 고유성이 뚜렷하다. 덕분에 매년 1만 명에 달하는 졸업생의 논문과 수백 권에 이르는 교수 저작물은 각각 '보물'에 버금가는 가치를 지닌다. 이 얼마나 대단한 자산인가! 이 보물들은 모두 각 분야에서 인정받으며 하버드의 가치를 드높이고 있다.

이런 기조에는 당연히 하버드가 모든 학생에게 '최고가 될 것'을 강조하면서 '누구도 자신보다 나을 수 없다'라는 인식을 심어주려는 의도가 포함되어 있다. 하버드의 자유로운 학풍은 천편일률적인 성공을 추구하지 않으며 모든 이가 각자의 탁월함을 갖추기를 장려한다. 타인의 성공을 모방하는 것은 하버드에서 매우 부끄러운 일이다. 자신에게 적합하지도 않은 일을 억지로 하고 다른 사람을 모방하면 내면에서 우러나는 진정한 관심과 열정을 쏟아부을 수 없다. 이런 상태로는 200% 노력한다고 해도 오히려 역효과가 나는 경우가 많으니 자신의 삶에 너무나 미안한 일이다. 다시 말해 성공이란 오직 스스로 확정한 목표를 향해 성실히 배우며 일하고 살아가는 것이다. 자신이 선택한 길을 따라 언제나 즐겁고 흥미롭게 자신의 잠재력을 발견해야 한다.

모든 사람은 평범하고 또 비범하다. 이러한 운명의 평범함과 비범함은 자신이 만드는 것이다. 스스로 한계를 두지 않으면 날 수 있는 하늘이 끝없이 높겠지만, 스스로 한계를 정하면 새장에 갇힌 새가 될 수밖에 없다. 좀 더 자신을 믿고 야심만만해지자. 이 평범한 세상에서 꿋꿋이 살며 절대 평범하지 않은 자신을 만들어내겠다는 야망을 품어야 한다.

관용
즐거움의 비결

이 세상에는 부족한 것도 많고, 살다 보면 아쉬움도 많다. 이러한 부족함과 아쉬움은 무수한 고민과 비극을 낳는다. 하지만 이를 비관적이고 부정적으로만 볼 것이 아니라, 현실을 받아들이며 세상을 용서할 줄 알아야 한다.

대단한 집안이 아닐 수도, 명문대를 나오지 않았을 수도, 외모가 뛰어나지 않을 수도 있다. 하지만 이런 것들은 당신의 현실이며 무슨 짓을 해도 새로 만들어내지 못한다. 다행이라면 이 모든 것을 바꿀 수 있는 무한한 공간과 충분한 기회가 있는데 그러려면 우선 자신의 현실을 직시하고 받아들여야 한다.

미국 작가 마크 트웨인Mark Twain은 "제비꽃은 자기를 밟아 뭉갠 발꿈치에 향기를 남긴다"라고 했다. 우리는 세상을 좀 더 관대하게 받아들이고 현실에 담담해질 필요가 있다. 먼저 현실을 받아들인 다음, 다시 노력해서 현실을 바꾸어야 한다.

1996년 11월 11일, 판티 킴푹Phan Thi Kim Phuc은 토론토 차이나타운에 있는 작은 아파트와 가족을 떠나 워싱턴행 비행기를 타려 했다. 너무 긴장한 탓인지 온몸이 부르르 떨렸다. 그날은 미국 재향군인의 날이었다. 예정된 일정에 따르면 그녀는 베트남 참전용사 기념광장에 모인 2,000명이 넘는 사람들 앞에서 연설해야 했다. 청중 중 한 사람은 오래전부터 이날을 고대해왔으나 내내 마음이 불안했다. 그는 미군 장교 출신으로 베트남에 두 차례 파병된 경력이 있다. 킴푹과는 한 번도 만난 적 없으나 두 사람의 삶은 24년이라는 긴 세월을 떼려야 뗄 수 없이 얽혀 있었다.

당시 아홉 살이던 킴푹은 남베트남의 작은 마을 짱방에서 사원의 불탑 안에 들어가 몸을 웅크리고 있었다. 비행기 소리가 들리자 어머니에게 안기면서 "엄마, 너무 무서워요"라고 울먹였다. 옆에는 농사를 짓는 아버지와 형제자매 6명도 있었다. 그들은 두려움에 떨면서도 설마 군대가 사원까지 폭격하지는 않으리라 생각했다. 그때 베트남 전쟁은 이미 10년 넘게 계속되었고, 1972년 여름이 되자 전화戰火는 사이공에서 북서쪽으로 65킬로미터 떨어진 1번 국도까지 번진 상황이었다. 마을의 북동쪽에는 북베트남군이 참호를 파고 진을 쳐서 남쪽에 있는 남베트남군을 위협하려고 했다. 그 바람에 인구가 100여 명에 불과한 짱방 마을은 양쪽 군대의 대치 사이에 갇혀버린 꼴이 되었다. 대부분의 마을 사람들이 대피했지만, 6월 8일 아침에도 사원에 30여 명이 숨어 있었다.

갑자기 밖에 누런 연기가 피어오르기 시작했다. 누군가 이 연기가 베트남군의 목표물 유도 신호임을 알아채고 소리쳤다. "도망가! 여기를 폭격할 거야!"

다른 아이들을 따라 정신없이 도망치던 킴푹이 문득 뒤를 돌아보니 폭탄 4개가 연달아 떨어지고 있었다. 순식간에 사방이 짙은 연기와 맹렬한 불길에 휩싸였다. 휘발유로 가득 채운 폭탄이 킴푹의 등 뒤에 떨어져 불이 붙었고, 급기야 그녀의 등과 팔에까지 튀었다. 폭탄 속에 있던 젤리 형태의 휘발유는 아무 데나 살짝 묻기만 해도 금세 불이 붙었다. 킴푹이 입고 있던 무명옷과 신고 있던 슬리퍼에도 불이 붙어 등과 왼팔의 피부가 그을려 벗겨졌다. 그래도 킴푹은 너무 무서워서 그냥 달렸다. 처음에는 별 느낌이 없었는데 나중에는 마치 화덕에 던져진 것 같은 기분이 들었다. 그러다가 팔의 피부가 인형 옷처럼 훌렁 벗겨진 것을 보고 큰 충격을 받았다. 킴푹은 불붙은 옷을 벗어 던지고 벌거벗은 채 "너무 뜨거워요, 살려주세요!"라고 소리쳤다.

킴푹이 두 팔을 벌리고 절규하며 연기를 뚫고 나오는 순간, AP통신의 사진 기자 닉 우트Nick Ut가 그 모습을 카메라에 담았다. 현장에 있던 기자들은 모두 깜짝 놀라 물통을 꺼내 킴푹의 몸에 물을 적셔주었다. 그들은 기절해 쓰러진 아이를 급히 인근 병원으로 옮겼다. 당시 사람들은 모두 킴푹이 죽었다고 생각했다.

폭격 사흘 뒤, 제3구역 작전본부 식당에서 미 육군 대위 존 플러머John Plummer가 신문 한 부를 집어 들었다. 34세의 직업 장교인 그는 강해 보이는 외모와 달리 실제로는 천성이 착한 사람이었다. 이혼남인 플러머는 당시 베테랑 헬기 조종사로 폭격 임무를 지휘하고 있었다. 신문을 펴고 1면에 실린 킴푹의 사진을 본 그는 아이가 정말 불쌍하다고 생각했다. 이어 "폭격에서 살아남은 아이들이 1번 국도에서 탈출하고 있다"라는 사진 설명을 보았고 순간적으로 가슴이 요동치기 시작했다. 그날의 일이 눈앞에 떠올랐다. 플러머는 킴푹의 사진을 가만히 응시했고, 아이가 느끼는 고통을 온몸으로 느꼈다. 자기 아들과 동갑으로 보이는 소녀의 살갗이 타는 냄새가 나는 것만 같았다. 충격을 받은 그는 식당 맞은편에 앉아 있던 정보관에게 신문을 읽어보라면서 말했다. "그거 내가 한 짓이야."

킴푹은 죽지 않았다. 그녀는 사이공(지금의 호치민)에 있는 바스키 병원에서 14개월을 있으면서 17번의 피부 이식을 받았다. 오랫동안 입원해 있으면서 킴푹은 자연스럽게 자신도 의학을 공부해 세상을 돕겠다는 꿈을 키웠다. 이후 그녀는 매우 열심히 공부해서 우수한 성적을 거두었다.

1972년 11월, 플러머는 복무를 마치고 미국 본토로 이동해 헬리콥터 비행 교관으로 근무했다. 그로부터 많은 세월이 흘렀지만, 그 공습 장면은 늘 악몽 속에서 되풀이됐다. 플러머는 죄책감을 줄이기 위해 폭음을 하기 시작했다. 1973년 7월에 재혼도 했지만, 아내를 포함해 그 누구에게도 비밀을 말하지 않았다. 아무도 이해하지 못한다고 생각했기 때문이다.

한편 우트가 찍은 사진은 퓰리처상을 받으며 크게 유명해져 곳곳에서 전쟁의 참상을 알리는 데 쓰였다. 1977년 출장차 애틀랜타에 방문한 플러머는 택시 안에서 신문을 보다가 다시 그 사진을 보게 되었다. 그의 죄책감은 다시 커졌다.

플러머는 알코올 중독으로 1979년에 다시 이혼했다. 정말 끔찍한 악순환이었다. 그 폭격을 잊기 위해 술을 마셨지만, 음주는 그를 점점 더 악몽에 시달리게 했고 그의 삶이 무너지고 있었다. 좌절과 절망에 사로잡혀 베트남전 참전용사들을 위한 집단 심리치료에도 참여했으나 도저히 자신이 한 일을 말할 용기가 나지 않았다. 이 짐을 덜어줄 수 있는 사람은 세상에 단 한 명뿐이야. 하지만 그 아이는 베트남에 있겠지.

2000년 여름 어느 날 밤, 날씨는 매우 습하고 무더웠다. 잡지를 보면서 가끔 고개를 들어 텔레비전을 보던 플러머는 뉴스 화면에서 '그 사진'을 보았다. 처음에는 본능적으로 텔레비전을 끄려고 했지만, 생각을 바꿔 끄지 않고 소리를 더 크게 했다. "이 소녀는 생존했습니다!" 그 순간, 플러머의 심장이 요동치고 머리가 멍해졌다. 그는 텔레비전 화면에 등장한 33살의 킴푹을 보고서 너무나 놀랐다. 기억 속의 그녀는 아직 9살밖에 되지 않은 소녀였기 때문이다. 보도에 따르면 킴푹은 이미 결혼했고 현재 토론토에 살며 아들을 키우고 있었다. 정말 믿을 수 없는 이야기였다.

수천 명의 인파로 가득 찬 베트남 참전용사 기념광장에 시원한 바람이 불었다. 군중 속에서 플러머는 십여 명의 친구들에게 둘러싸여 있었다. 킴푹이 연설하러 온다는 소식을 들은 플러머는 직접 용서를 구하기로 마음먹었고, 전날 밤 친구들에게 모든 이야기를 했다. 잠시 후, 그는 경찰의 호위 아래 귀빈석 구역을 지나고 있는 작은 키의 동양인 여성을 보았다. 저 사람이야! 킴푹은 단상 위 마이크 앞에 서서 부드러우면서도 단호한 목소리로 말했다. "저는 전쟁으로 말미암은 참상을 막는 데 힘을 보태기 위해 전쟁의 비극을 이야기합니다." 청중은 아주 조용했고 킴푹은 이어 말했다. "만약 그 폭탄을 던진 사람과 마주 보고 이야기할 기회가 주어진다면 이렇게 말하겠습니다. 역사를 바꿀 수는 없지만, 우리는 미래를 위해 더 좋은 일을 해야 한다고요." 사람들이 소리 내어 흐느끼기 시작했다.

플러머는 간단한 메모를 써서 경비원에게 전해달라고 부탁했다. "친애하는 킴푹, 내가 바로 그 사람입니다. 개인적으로 이야기를 나눌 수 있기를 바랍니다." 하지만 킴푹은 몰려드는 기자들을 피해 현장에서 급히 사라졌다.

다급해진 플러머와 친구들은 차단선을 뛰어넘어 킴푹을 뒤쫓았다. 우여곡절 끝에 뒤에 플러머가 있다는 말을 전해 들은 경호원이 만날 의향이 있냐고 묻자 킴푹은 고개를 끄덕였다. 줄지어 늘어선 나무 아래에서 킴푹은 몸을 돌려 플러머와 마주했다. 이때 24년의 고통과 회한이 플러머의 눈에 비쳤다. 그는 킴푹을 응시했다. 마치 들리지 않는 울음소리를 내며 1번 국도를 달리는 어린 소녀를 보듯이. 속으로는 용서해 달라고 말하고 싶었지만, 차마 말이 떨어지지 않아 "미안해요, 정말 미안해요. 일부러 다치게 하려던 건 아니었어요"라고 밖에 말하지 못했다.

킴푹은 이내 눈물을 글썽이며 양팔을 벌려 플러머를 껴안고 조용히 말했다. "괜찮아, 괜찮아요. 용서해요."

아주 오랫동안 기다렸던 말을 마침내 들은 그 순간, 플러머는 등에 지고 있던 커다란 바위가 사라진 듯한 느낌이 들었다. 플러머는 눈물을 흘리며 "마을에 민간인이 있었는지 알아보기까지 했는데……"라고 말하자, 킴푹이 그를 꼭 껴안고 그만 말하라고 했다. "괜찮아요. 정말 괜찮아요." 두 명의 전쟁 피해자는 이렇게 서로를 위로했다.

플러머의 악몽은 드디어 끝났다.

아마도 우리 모두는 다른 사람에게 악의적인 비방이나 깊은 상처를 받은 적 있을 것이다. 그 고통은 마음속 깊은 곳에서 사그라지지 않아 아직도 그를 원망하고 있고 절대 그를 용서할 수 없다고 생각할지도 모르겠다. 하버드에서는 타인의 잘못을 용서하고 한 번 더 기회를 주는 것을 높은 감성지능의 표현으로 본다.

모든 사람은 부주의하게도 실수를 범한다. 이때 마음이 착한 사람은 자신의 잘못을 마음에 두고 내내 자책하며 죄책감의 늪에서 빠져나오지 못하는 경향이 있다. 그래서 우리는 다른 사람을 용서하는 법을 배울 뿐만 아니라 우리 자신을 용서하는 법도 배워야 한다. 왜 세상을 용서하고 타인을 용서하면서 자신은 용서하지 못하는지 생각해야 한다.

윌리엄 셰익스피어William Shakespeare는 "똑똑한 사람들은 주저앉아 상실을 슬퍼하지 않는다. 대신 그들은 상처를 메울 방법을 즐거이 찾는다"라고 말했다. 그렇다. 감성지능이 높은 사람은 우유를 엎질러도 울지 않고 너그럽게 자신을 용서한다. 실패에서 교훈을 얻어 더 나은 자신을 만들고 자신만만하게 내일을 마주한다.

정직
자신에 대한 성실함, 타인에 대한 신뢰

2005년 3월 8일, 하버드는 입학 예정자 119명의 입학을 취소했다. 전 세계가 이 파격적인 입학 취소의 이유에 주목한 가운데 하버드 경영대학원 학장인 킴 클락Kim Clark은 이들이 학교가 입학 허가서를 발급하기 전에 온라인 지원 소프트웨어의 보안 허점을 이용해 학교 웹사이트를 '해킹'해서 합격 결과를 훔쳐봤다고 밝혔다. 킴 클락은 하버드 경영대학원이 학생을 양성하는 기준이 정직, 성실, 신용, 판단력 그리고 도덕성이라면서 이런 종류의 부정행위는 매우 부도덕하며 정직이라는 미덕을 심각하게 침해하는 것으로 변명의 여지가 없다고 비난했다. 또 앞으로 어떤 지원자도 이런 행위가 발각되면 입학이 허용되지 않는다고 덧붙였다.

이 일은 반드시 정직함을 우선시해야 한다는 하버드의 교육 취지를 매우 잘 보여준다. 벤저민 프랭클린은 "보통 사람들의 가장 큰 단점은 자신이 남보다 낫다고 느끼는 경우가 많다는 것이다"라고 말한 적 있다. 모두가 이런 단점을 가지고 있기에 기회를 잡아 속이려는 마음을 품고 서로 속고 속이다가, 결국에는 자기 꾀에 자기가 속게 되는 것이다.

감성지능이 높은 사람이 사회에서 큰 주목을 받고 활약할 수 있는 이유는 바로 언제나 정직하게 말하고 속이지 않기 때문이다.

16세기 말, 네덜란드의 무역사업가 빌렘 바렌츠Willem Barrents는 선장으로서 17명의 선원을 이끌고 항해를 시작했다. 그는 치열한 해상 무역 경쟁을 피하고자 네덜란드에서 북쪽으로 아시아에 도달할 수 있는 새로운 항로, 즉 북동 항로를 개척하고자 했다. 하지만 그들이 도착한 곳은 지구상에서 가장 추운 북극해 상의 섬인 노바야젬랴Novaya Zemlya였다.

항로 개척은 당연히 실패였고 혹독한 추위에 죽지나 않으면 다행이라고 생각한 바렌츠는 선원들을 데리고 어서 귀항하기로 했다. 하지만 아침 햇살이 뱃머리를 비춘 순간, 바렌츠는 자신의 배가 바다 위 유빙들 한가운데 있음을 알아차렸다. 자칫 빙하 사이에 갇혀 배가 쪼개질 수도 있는 위험천만한 상황이었다. 하지만 구조 요청은 이미 늦었고 회항은 더더욱 불가능하니 조심스럽게 섬 옆에 정박하는 수밖에 없었다.

이 섬은 기온이 영하 40~50도로 일 년 내내 3미터 정도의 눈에 덮여 있는 곳이었다. 이런 환경 속에서 바렌츠 선장과 선원 17명은 8개월이라는 긴 시간을 보냈다.

　그들은 극한의 추위 속에서 체온을 유지하기 위해 배 갑판을 뜯어 연료로 쓰고, 북극여우를 사냥해 근근이 연명했다. 눈과 얼음이 녹는 계절이 어서 오기를 애타게 기다렸지만, 워낙 환경이 열악하다 보니 그 과정에서 사망자가 8명이나 나왔다. 사실 배에는 에너지를 보충하는 데 도움이 될 만한 화물이 꽤 많았으나 바렌츠 선장과 선원들은 우리가 상상하기도 어려운 결정을 내렸다. 다른 사람이 운송을 위탁한 화물이니 절대 함부로 손대지 않기로 한 것이다!

　겨울은 게으르게도 꼬리를 질질 끌더니 마침내 멀리 떨어져 나갔다. 살아남은 선장 바렌츠와 선원 9명은 화물을 거의 온전한 상태로 네덜란드로 가져와 고객에게 전달했다. 자초지종을 들은 고객들은 모두 크게 감동했고, 유럽 전체가 이 이야기로 떠들썩해졌다. 이 일은 바렌츠 선장에게 엄청난 사업적 기회를 제공했을 뿐만 아니라, 나아가 네덜란드에도 행운을 안겼다. 이후 네덜란드는 '정직'을 바탕으로 해상 무역의 세계 시장을 활짝 열었다.

　자신의 신념을 고수한 네덜란드 사업가 바렌츠는 신용이 생명보다 중요하다는 사업의 원칙을 후세에 남겼다. 이 무게감 있는 약속을 따르면서 네덜란드 상인들은 큰 명성을 얻었고, 그 결과 상업이 발전하여 17세기 내내 유럽 해상 무역을 독점하게 되었다. 정직함은 세상으로 나아가는 통행증과 같다. 특히 어려운 여건 속에서 신용을 지키고 바르고 곧은 마음을 유지할수록 더 커다란 존경을 받을 수 있다.

　정직한 사람의 자아는 순수하고 안정적이며 건강하다. 이런 사람들은 이상적인 도덕의 힘과 의지를 구현하며 타인에게 신뢰받는다. 정직함은 그 사람의 인품을 승화해 더 많은 사람이 그를 지지하게 만들고 더 큰 성공을 거두게 한다.

사람됨의 극치는 진실을 말하고, 성실하게 일하고, 바른 사람이 되는 것이다. 사회를 살아가는 사람들은 항상 타인과 관계를 맺어야 한다. 이러한 관계를 다루고 처리하기 위해서는 거짓이나 꾸밈이 없이 바르고 곧은 태도로 일정한 규칙, 규범, 약속을 지켜야 한다. 그렇지 않으면 개인은 기반을 잃고 사회는 작동의 힘을 잃게 된다.

미국의 한 초등학교 교장이 전교생의 독서 열기를 북돋우기 위해 11월 9일 이전에 책 15만 쪽을 읽으면 그날 기어서 출근하겠다고 공개적으로 선언했다. 이후 선생님들과 학생들이 합심해서 노력한 결과, 학생들은 마침내 11월 9일 전에 15만 쪽을 완독했다. 몇몇 학생들은 교장에게 정말 말한 대로 할 거냐고 물었고, 교장은 "물론이지! 기다려 봐요"라고 대답했다. 위엄 있는 교장 선생님이 정말 농담처럼 던진 한마디에 자기 이미지를 망가뜨릴까? 많은 사람이 의혹의 눈초리로 상황을 주시했다.

11월 9일 아침 7시, 교장은 정말로 네 발로 출근했다. 안전 문제도 있고 교통에 지장을 주어서도 안 되니 일반 보행로가 아닌 길가의 잔디 위를 기었다. 지나가는 차의 운전자들은 교장이 기어가는 이유를 알고 경적을 울려 경의를 표했다. 학생들 역시 교장 선생님이 자신들을 존중했다는 사실에 매우 뿌듯해하며 옆에서 함께 기었다. 무려 3시간 동안 기어간 바람에 장갑과 무릎 보호대가 모두 닳았지만, 교장은 포기하지 않고 끝까지 기어서 출근했다. 그가 교문을 들어선 순간, 온 학교의 선생님과 학생들이 크게 환호성을 질렀다.

교장은 활짝 웃으며 일어나서 벌떼처럼 모여든 아이들과 포옹하고 하이파이브를 했다.

정직한 사람은 매사에 침착하고 담담하며 대부분 경우 좋은 인간관계를 형성한다. 그들은 만족감과 성취감이 꾸준히 이어지는 흐름 속에서 이전에 경험하지 못한 자신감을 느낀다. 정직함에 대해 말하면 사람들은 그것을 도덕적인 문제로 여기고 사람이 사회에서 자리 잡기 위한 기초일 뿐이라고 생각한다. 그러나 시장경제 사회에서 도덕과 이익은 공존하는 경우가 많다. 정직함을 잃지 않고 목숨처럼 따르면 분명히 경제적 이득을 볼 수 있으나 그렇지 않으면 도덕적으로 비난받고 법의 중징계를 받을 뿐 아니라 경제적 이득도 오래가지 못한다. 단언컨대 정직함은 곧 금과 같다고 해도 과언이 아니다.

정직해야 믿음을 얻을 수 있으며 정직과 신뢰는 사람됨의 기본이다. 하버드에는 이런 말이 전해진다. "모든 사람이 위대한 사람이 될 수는 없다. 하지만 모든 사람은 정직하고 신뢰할 수 있는 사람이 될 수 있으며 그런 사람이야말로 친구와 기쁨을 모두 가질 수 있다."

겸손
하버드는 공부하는 곳일 뿐이다

하버드는 세계적인 명문대라는 점에서 세간의 관심과 주목을 받는다. 그리고 이곳에서 공부할 수 있는 하버드 학생들은 이미 성공의 전당에 발을 들였다는 이유로 자연스럽게 부러움의 대상이 된다. 하지만 하버드 신입생들은 첫 번째 강의에서 교수로부터 "인생의 정점에 도달했다고 생각지 마세요. 하버드는 그저 공부하는 곳이며, 여러분 인생의 아주 작은 일부분일 뿐입니다"라는 말을 듣는다.

학생들이 하버드에 합격했다고 자만하지 않도록 경계하는 말이자 하버드가 오랫동안 지켜온 정신, 즉 '겸손'을 강조하는 말이다.

많은 사람이 자신이 이룬 탁월함을 드러내고 자신의 능력과 지식을 과시함으로써 타인으로부터 호감과 칭찬, 신뢰까지 얻을 수 있다고 생각하지만, 사실은 그렇지 않다. 실제로는 자랑할수록 미움받고,

과시할수록 의심받는다.

아무리 폭넓은 지식, 뛰어난 기술, 탁월한 지혜가 있어도 겸손이 없다면 당신은 절대 찬란하게 빛나는 성취를 이룰 수 없다.

1944년에 연합군 최고사령관이었던 조지 마셜George Marshall의 지휘 아래, 미국과 영국은 프랑스 노르망디에 성공적으로 상륙하여 유럽에서의 전쟁을 역전시켰다. 이어진 전투에서 마셜은 세계 주요 전장에서 승리하기 위해 수많은 전략을 세우고 지휘해 연합군에 승리를 안겼다.

미국 정부는 뛰어난 전공을 기려 마셜에게 '원수(元帥, marshal)'라는 칭호를 부여하기로 했다, 이는 미국에서 군인이 얻을 수 있는 최고의 영예였으나 놀랍게도 마셜은 이를 거절했다. 그러면서 "사람들이 앞으로 '마셜 원수Marshal Marshall'라고 부른다면 좀 이상할 것 같아서요"라고 재치 있게 말했다.

사실 마셜이 이 영광스러운 칭호를 거부한 진짜 이유는 제1차 세계대전 당시 미 원정군 사령관이었던 존 퍼싱John Pershing 장군이야말로 미국 최고의 군인이라고 생각하기 때문이었다. 만약 마셜이 이 영예를 받아들인다면 그의 계급은 퍼싱보다 높아진다. 이런 이유로 마셜은 '원수'라는 호칭을 거부하며 퍼싱 장군에 대한 존경심을 표했고 사람들은 그의 겸손한 성품에 감탄했다.

사실 퍼싱도 항상 마셜의 능력을 인정해서 여러 차례 그를 발탁했다. 그는 마셜에게 "조지, 내 말을 믿게나. 자네는 언젠가 4성 장군이 될 거야"라고 말했고, 마셜은 "미국에서 4성 장군이 될 수 있는 사람은 장군님뿐입니다"라고 겸손하게 대답했다.

미국 정부는 마셜이 원수 칭호를 거부하자 그에 대한 존중의 표시로 결정을 취소했다. 마셜은 항상 겸손하고 절제된 자세를 유지했으나 인간적 매력과 뛰어난 군사적 재능까지 숨길 수는 없었다. 미국의 유명한 작가 에릭 세바레이드Eric Sevareid는 이렇게 말했다. "조지 마셜은 탁월한 판단력과 뛰어난 리더십을 갖추고 있다. 그와 같은 군인은 굳이 원수라는 칭호를 달 필요가 없다."

결국, 마셜은 미국이 특별히 만든 '5성 장군'이라는 칭호를 받았다. 역시 미국 군인이 얻을 수 있는 최고의 영예를 얻은 것이다.

러시아 작가 안톤 체호프Anton Chekhov는 "사람은 겸손해야 한다. 자신의 이름을 연못에서 한번 반짝이고 사라지는 거품처럼 만들지 않으려면"이라고 했다. 우리가 가진 모든 것을 우주에 비하면 정말 보잘것없다. 우리가 겸허한 마음으로 모든 일을 대할 수 있을 때, 그것이야말로 진정으로 고귀한 마음이라 할 수 있다. 세상의 많은 위대한 인물들은 모두 매우 겸손한 사람들이다.

겸손은 변화를 만들기 위한 전제이자 기초이며 감성지능이 높은 사람들이 모두 갖춘 자질이다. 끊임없이 자신의 결점을 발견하고 안주하지 않을 때만이 더 깊고 커다란 지식과 재능을 얻고 성취할 수 있기 때문이다.

자신감 키우기

자신감은 성공의 절반을 의미하지만, 어떤 사람들은 도통 자신을 믿지 못하고 스스로 자신을 가장 비천한 처지로 몰아넣곤 한다. 어떻게 해야 자신감을 키울 수 있을까?

1. 사람들 앞에서 말하기

사람들 앞에서 말하기를 꺼리는 이유는 겸손하다기보다 열등감을 느끼기 때문인 경우가 많다. 열등감을 극복하는 가장 좋은 방법 중 하나는 가능한 한 많은 사람 앞에서 최대한 자신을 표현하는 것이다. 예컨대 사람들 앞에서 말하는 것이 가장 좋은 방법이라 하겠다. 제발 "내가 잘 말할 수 있을지 모르겠다"라며 어떻게든 발을 빼려고 하지 말기 바란다. 여기서 주의할 점은 사람이 물론 겸손해야겠으나 과도할 필요는 없다는 것이다. 스스로 자신을 지나치게 비하하는 것은 자신감을 키우는 데 독이다. 사람이 아무 때나 오기를 부려서도 안 되겠지만, 오기가 너무 없어도 탈이다. 자신을 믿고 자신에 대한 자부심으로 가득 차야 한다.

2. 타인을 똑바로 보고 미소 짓기

타인을 똑바로 보지 않는다는 것은 보통 '당신 옆에 있는 나는 열등감을 느끼고 있다', '나는 당신보다 못하다', '나는 당신이 두렵다'라는 의미다. 그러므로 우리는 반드시 다른 사람을 마주하고 직시하는 법과 함께 여유롭게 미소 짓는 법을 배워야 한다. 미소는 행복감을 높이고 자신감을 키워준다.

3. 25% 빠르게 걷기

심리학자들은 느슨한 자세와 느린 걸음걸이가 자신, 학습, 타인에 대한 불쾌한 감정과 관련 있으며 충격을 받거나 소외된 사람일수록 걸을 때 발을 질질 끌며 자신감 없는 모습을 보인다는 사실을 발견했다. 그들은 걷는 자세와 속도를 바꿈으로써 심리 상태를 바꿀 수 있다고 조언했다. '25% 빨리 걷기'를 기억하며 고개를 들고 가슴을 펴고 빨리 걸어보면 자신감이 커짐을 느껴질 것이다. 이런 걸음걸이로 걸으면서 세상을 향해 "나는 중요한 곳에서 중요한 일을 하고 15분 안에 성과를 낸다"라고 알리는 것과 같다.

4. 심리적 자기 암시

끊임없이 자신을 긍정적으로 강화하고 부정적인 강화는 피해야 한다. 어려움에 부딪혔을 때도 절대 포기하지 말고 "나는 할 수 있다", "나는 훌륭하다", "나는 더 잘할 수 있다"라고 자신에게 꾸준히 말해주자.

5. 크게 웃기

대부분 사람이 웃음이 자신에게 매우 실질적인 자극을 주며 자신감 부족을 치료하는 좋은 약임을 알고 있다. 물론 겁을 먹거나 화가 나면 웃을 생각이 들지 않겠지만, 그래도 한번 웃어보면 기적적으로 부정적 감정이 사라질 것이다. 이때 웃음은 반드시 '큰 웃음'이어야 한다. 반쯤 희미하게 웃어봤자 아무 효과가 없으며 이가 보이도록 헤벌쭉하게 웃는 것이 가장 효과적이다. 자신에게 강박적으로 "이제 웃어야지!"라고 말하고 크게 웃어보자. 자신감을 키우려면 먼저 웃는 능력을 조절하고 잘 사용할 줄 알아야 한다.

6. 자신감 있는 사람과 교류하기

옛말에 "붉은색을 가까이하면 붉어지고, 먹을 가까이하면 검게 물든다"라고 했다. 늘 비관하고 낙담한 사람들과 함께 있으면 자기도 모르게 의기소침해진다. 반면에 마음이 넓고 자신감이 강한 사람들과 자주 접촉하면 점차 그들과 닮아간다. 그러니 목표 지향적이며 자신감이 있는 사람들과 자주 어울리며 친구가 되어 보자.

7. 솔직함으로 마음 가라앉히기

실험 심리학의 아버지 빌헬름 분트Wilhelm Wundt는 내성법內省法, introspection으로 두려움을 없앨 수 있다고 주장했다. 내성법이란 자신의 내면 상태를 스스로 관찰하고 그 결과를 숨김없이 털어놓는 것이다. 시시각각 변하는 심리적 비밀을 숨기지 않고 말로 표현하면 문제가 생길 틈이 없다.

8. 자신감으로 자신감을 더 크게 키우기

열등감이 있는 사람은 악순환에 빠지기 쉽다. 즉 어떤 일에 실패하면 자신감을 잃고, 나중에 이보다 더 쉬운 일을 하면서도 도통 자신감이 없다. "한번 뱀에 물리면 십 년 동안 밧줄을 보고 놀란다"라는 속담과 같은 이치다. 그러므로 자신의 장점과 성과를 되새기며 끊임없이 자신을 칭찬해서 계속 자신감을 키워야 한다.

9. 할 수 있는 일 하기

자신에게 적절한 목표를 설정하자. 너무 낮고 달성하기 쉬운 목표는 자신감을 향상하지 못한다. 반대로 너무 높은 목표는 달성하기 쉽지 않으며 자칫 있던 자신감도 무너질 수 있다. 적절한 목표는 힘껏 뛰어오르면 닿을 수 있는 수준을 의미한다.

자기 발견

◆

감정으로부터 자신을 인식하라.

Harvard Emotional Quotient Lecture

4

─ 네 번째 수업 ─

감성지능이
낮은 사람의
부정적 정서

불평
인생을 암울하게 만드는 태도

불평은 무의식중에 여러 부정적인 감정들을 낳아 우리 삶에 안 좋은 영향을 미치는 매우 부정적인 태도다. 우리는 흔히 인생이 뜻대로 되지 않는다고 푸념하곤 하지만, 그렇다고 살면서 난관이나 좌절에 부딪힐 때마다 남 탓을 하거나 운명을 원망할 수만은 없는 일이다. 불평하는 습관이 있는 사람은 종일 우울하고 정신이 반쯤 나가서 발전을 추구하지 않으며 자신에게 닥친 어려운 상황을 놓고 이러쿵저러쿵 계속 투덜대기만 한다. 반대로 난관과 좌절을 만났을 때, 이성적으로 분석하면서 불평도 타협도 하지 않으며 상황을 바꾸려고 노력하는 사람도 있다. 이런 사람은 늘 희망적이며 이들만이 큰일을 이룰 수 있다.

쉬지 않고 세상과 남을 원망하는 사람들은 현실을 바꿀 생각은 하

하버드 감성지능 강의

지 않고 '어떻게든 되겠지……'라며 기다리기만 한다. 그들은 눈앞의 '어둠'을 저주하지만, 그 어둠이 사실은 자신의 그림자임을 알지 못한다. 이와 달리 노력과 지혜로 용감하게 변화할 수 있는 사람은 언제나 자신에게 드리운 어둠 속에 감춰진 기회를 포착하여 화려하고 멋진 인생을 산다.

때때로 기회는 당신이 불평하는 중에 당신에게서 멀어진다. 나중에 알아채고 후회해봤자 이미 늦은 뒤다. 하버드인은 불평으로 시간을 낭비하지 않으며 오직 자신을 향상하기 위해 열심히 공부하는 데만 시간을 할애한다. 그들은 자신이 충분히 지혜롭고 강해지면 어떤 어려움이라도 극복해서 불평의 늪에 빠지지 않을 수 있다고 굳게 믿는다.

외딴 마을에 사는 세 식구가 너무 가난한 나머지 며칠 동안 아무것도 먹지 못했다. 아들이 피골이 상접할 정도로 말라가자 부모는 아이를 데리고 거리로 나가 구걸했지만, 하루가 다 가는 데도 먹을 것을 얻지 못했다. 아들이 굶어 죽어가는 것을 보고 몹시 불안해진 부모는 땅에 무릎을 꿇고 신에게 제발 아들을 구해달라고 간절히 빌었다.

신은 그들을 불쌍히 여겨 전령을 보냈다. 전령은 세 식구 앞에 나타나 각자 소원을 말하면 들어주겠다고 했지만, 그들은 좀처럼 믿지 못했다. 아이의 엄마는 콧방귀를 뀌며 말했다. "소원을 들어준다고요? 그럼 수레 한가득 빵이나 줘보던가요. 애한테 먹이게 말이에요." 말이 떨어지자마자 눈앞에 빵으로 가득한 수레 한 대가 나타났다. 이를 본 아이의 아빠는 깜짝 놀랐다가 이내 화를 내기 시작했다. 그는 아내가 어리석게도 머리를 더 쓰지 않고 좋은 기회를 겨우 빵으로 가득한 수레 하나로 바꾼 것을 두고 계속 불평했다.

전령이 원하는 것을 말하라고 하자 아이 아빠는 씩씩대면서 아내를 가리키며 "이런 싸구려 빵은 싫습니다. 대신 이 멍청한 여자를 커다란 돼지로 만들어주세요!"라고 말했다. 그러자 신기하게도 빵은 사라지고 아이 엄마는 돼지로 변했다. 아이는 너무 놀라 돼지로 변한 엄마를 보며 울다가 전령에게 "나는 돼지 싫어요. 돼지 말고 엄마가 좋아요. 제발 엄마로 다시 바꿔주세요. 제발, 제발요!"라고 빌었다.

전령은 손을 저으며 기가 막힌 듯 세 식구에게 말했다. "신께서 너희에게 희망을 주었는데 너희는 불평하느라 기회를 버렸구나." 말을 마친 전령은 곧 눈앞에서 사라졌다. 그들은 아무것도 바뀌지 않았다. 여전히 거리에서 구걸했고, 아이는 여전히 배고파서 울었다.

감성지능이 높은 사람들도 어려움이나 장애물에 부딪히면 화를 내지만, 대체로 불평하고 싶은 충동을 억제하고 좀 더 이성적인 머리로 상황을 분석하는 경우가 많다. 사람이 위기의 순간에 더 열심히 일하고 더 많이 행동하면 행운의 신이 그를 돌본다.

졸업한 지 얼마 되지 않은 대니는 그동안 정성 들여 만든 작품을 가지고 광고 회사에 면접을 보러 갔다. 마지막 면접 번호를 뽑은 대니는 긴 기다림과 점차 고조되는 긴장감에 지쳐 안내원에게 따뜻한 물 한 잔을 부탁했다. 그런데 안내원이 물을 건네다가 실수로 엎지르는 바람에 대니의 작품이 모두 흠뻑 젖고 말았다. 작품은 쭈글쭈글해지고 선도 흐릿해졌다.

대니는 순간 당황했다. 조금 있다가 면접에 쓸 작품인데, 작품이 없이 면접관들에게 어떻게 나의 창의성과 아이디어를 보일 수 있을까? 그녀는 지금 안내원에게 따지고 화를 내봤자 아무 소용도 없고 자신의 불운을 원망해봤자 무익함을 잘 알고 있었다. 대니는 잠시 생각한 후에 재빨리 안내원에게 종이와 펜을 요청했다. 제한된 시간 안에 그녀는 종이에 자신의 작품을 다시 한 번 상세히 묘사했고, 다른 종이 한 장에는 원래 작품이 물에 젖은 일을 대략적으로 썼다.

이어진 면접에서 대니는 수많은 면접자 중 선발되어 최종 합격하는 행운을 얻었다. 나중에 한 면접관이 그녀에게 이렇게 말했다. "광고는 아이디어와 변칙, 융통성에 중점을 둡니다. 당신의 작품은 간단하지만, 창의성이 분명했어요. 더 칭찬할 만한 점은 문제가 생겼을 때, 불평보다 어떻게 해결할지 먼저 생각하는 태도였죠. 우리 회사는 바로 그런 태도가 꼭 필요했습니다."

우리는 맹목적으로 불평하기보다 현 상황을 바꾸어서 삶을 더 행복하게 만들어야 한다. 깊은 이해와 올바른 행동, 여기에 꾸준한 결심만 있다면 아무리 어려운 일이라도 당신의 노력에 따라 달라질 수 있고, 아무리 복잡한 갈등이라도 풀릴 것이다.

그렇다면 어떻게 해야 불평하는 나쁜 습관을 없앨 수 있을까?

불평의 악습을 버리려면 우선 책임감을 길러야 한다. '내 삶의 모든 것을 나 스스로 기꺼이 책임지겠다'라는 마음을 굳게 먹어야 한다.

다음과 같은 혼잣말이 도움이 될 수 있다.

'내가 행복하지 않다면, 그것은 내가 이런 결과를 초래했기 때문이다.'
'현실에서 나를 괴롭히는 문제가 있다면, 나는 그것을 해결해야 할 책임이 있다.'
'다른 사람들에게 도움이 필요하면 나는 도와야 할 책임이 있다.'
'내가 원하는 것이 있다면, 직접 쟁취해야 한다.'
'내 인생에 누군가가 나타나길 바란다면, 내가 그를 이끌거나 초대해야 한다.'
'현 상황이 마음에 들지 않으면, 끝내야 한다.'

물론 우리는 좋아하는 것을 즐길 권리가 있으며, 좋아하지도 않는 일을 억지로 즐기는 척할 필요는 없다. 다만 모든 일에 책임을 져야 한다는 사실만은 명심해야 한다.

불평은 일종의 '책임 이행에 대한 부정'이다. 자신이 불평하고 있음을 깨달았다면 잠시 멈추고 자문해보아야 한다. 계속해서 책임을 회피할 것인가, 아니면 책임을 질 것인가? 어쩌면 당신은 생각보다 많은 책임을 져야 할 수도 있고, 어쩌면 아직 준비되지 않았을 수도 있다. 어쨌든 신중히 결정을 내려야 한다. 원하지 않은 삶을 살며 타인의 동정을 얻겠는가, 아니면 원하는 삶을 살며 타인의 축하를 받겠는가?

운명은 불평으로 바뀌지 않는다. 자신의 운명을 바꾸려면 먼저 자제력을 발휘해 불평을 멈추고 기분과 마음 상태를 바꿔야 한다. 실의에 빠졌을 때, 불공평한 세상을 불평하느라 시간을 낭비하지 마라. 불평해봤자 세상은 조금도 변하지 않고, 당신의 감정만 점점 더 부정적으로 변해 인생을 암울하게 만들 것이기 때문이다.

두려움
삶을 무너뜨리는 위협

누구나 살면서 두려운 것이 있고, 두려운 일을 만난다. 두려움은 개인의 심신 건강과 가족의 행복을 심각하게 해친다. 미국의 처세술 전문가이자 작가인 데일 카네기Dale Carnegie는 "걱정만큼 사람을 빨리 늙게 하는 것은 없다. 걱정은 당신의 외모를 망가뜨리고, 표정을 경직시켜 주름을 만들고, 머리칼을 희게 하고, 스타일을 망친다"라고 했다. 두려움은 우리를 불안에 떨게 하고 삶의 아름다움을 느끼고 성공적인 삶을 경험할 시간을 앗아가는 무시무시한 위협이다.

독일 영화감독 라이너 베르너 파스빈더Rainer Werner Fassbinder의 〈불안은 영혼을 잠식한다〉에서 주인공 에미는 막차를 놓치고 자신의 집에 묵게 되어 걱정하는 알리를 보고 "불안이 영혼을 삼켰다"라고 말한다. 두려움이 사람에게 미치는 영향은 심각하다. 비즈니스에서도 두려움은 모든 성공의 기회를 '삼켜버릴' 것이다. 그것은 갈등의 뿌리이자 충돌의 근원이다. 불쾌하게 들리는 말이지만, 우리의 일과 생활에 심각한 지장을 주는 만큼 그냥 지나칠 수는 없다. 두려움이 생겼을 때, 반드시 스스로 나서서 두려움을 해소해야 성공할 수 있다.

호사는 고압 전기 장비로 둘러싸인 작업대에서 일하는 전기 기술자였다. 감전 사고를 예방하기 위해 안전조치를 전부 했음에도 그는 늘 고압 감전 사고로 목숨을 잃을까 두려운 마음이 있었다. 그러던 어느 날, 호사는 실수로 작업대의 전선을 잘못 만지고 쓰러져 그대로 숨졌다. 그의 몸은 움츠러든 채 피부가 자홍색과 보라색으로 변하는 등 감전사의 전형적인 모습을 보였다. 하지만 조사 결과, 코사가 전선을 만졌을 때는 스위치가 꺼져 있어 전선에 전류가 흐르지 않은 것으로 밝혀졌다. 이는 코사가 감전을 두려워하는 자기 암시로 죽었음을 의미했다.

이 이야기에서 우리는 두려움의 위력이 얼마나 대단한지, 때로는 두려움이 사람을 죽일 수도 있음을 알 수 있다.

21세기에 들어 우리는 지구의 자원을 끊임없이 개발하고 과학기술의 발전을 경이로운 수준으로 추진하고 있다. 많은 분야에서 지배적인 위치를 차지하고 있으며 심지어 우주에까지 손을 뻗고 있다. 그런데도 우리 자신에 대한 두려움은 어쩔 수 없는지 여전히 두려움 속에 사는 사람이 적지 않다.

위험에 직면해서 실패하거나 심지어 목숨을 잃는 경우도 많은데,

이는 그 위험 자체의 무서움 때문이라기보다 우리 마음에 지나친 두려움이 존재하기 때문이다. 지나친 두려움은 부담이 되어 적시에 효과적으로 해소하지 않으면 우리의 일과 생활, 심신의 건강에 헤아릴 수 없는 영향을 미친다. 강한 공포 분위기와 돌발적인 무서운 사건들은 사람의 신경 중추를 강하게 자극해서 정상적으로 활동할 수 없게 만들고, 심하면 신체 조직기관의 급성 출현과 괴사를 초래해서 생명과 안전을 위협한다는 사실이 의학적으로 입증된 바 있다.

마음속에 두려움이 생겼을 때, 도피는 두려움을 더욱 강하게 만들 뿐이다. 두려움을 극복할 방법을 적극적으로 찾는 것만이 두려움이라는 정서적 고통에서 벗어나는 효과적인 방법이다. 모세는 두려움에 떠는 백성들에게 "너희는 두려워 말고 가만히 서 있으라"라고 말했다.

학생들이 두려움이 얼마나 위협적인가를 이해하고 그것을 극복할 수 있는 용기를 가질 수 있도록 하버드 교수들은 종종 다음과 같은 이야기를 한다.

어느 날 의사 필립은 한 여성으로부터 편지를 한 통 받았다. 편지에 따르면 이 여성의 아이인 카일은 종종 아무 이유 없이 겁을 먹었다. 카일은 밤에 악몽을 꾸고 친구들과 노는 것을 두려워했는데 갈수록 정도가 심해져 지금은 점점 몸이 말라가고 늘 무기력한 상태였다. 그녀는 필립에게 아들을 진찰해줄 수 있는지 물었고, 세상에서 어린아이가 공포에 시달리는 것만큼 슬픈 일은 없다고 생각한 필립은 기꺼이 돕고자 했다. 두 사람은 아이를 한 시간가량 진찰하기로 약속했다.

그들이 만난 날은 날씨가 봄처럼 화창하고 따뜻했는데 그때가 한겨울인 1월 15일이었으니 조금은 특이한 일이었다. 그런데 필립의 진료실 문이 열리고 들어온 사람은 뜻밖에도 카일 없이 편지를 쓴 여성 혼자였다. 필립은 그녀에게 몇 마디 인사를 하고 날씨가 좋다며 말을 꺼냈다.

그러자 여성은 "아무래도 날씨에 무슨 문제가 있나 봐요. 1월에 이렇게 더운 건 정상이 아니죠. 이렇게 따뜻하지만, 그래도 독감을 조심해야 해요"라고 말했다.

이렇게 대화가 시작되고 5분 만에 필립은 곧 그녀가 세상의 모든 일을 두려워한다는 사실을 발견했다. 그녀는 지하철 공기가 너무 더러울 것 같아서 아들을 데려오지 않았고, 거리에서 외국인을 만날까 봐 걱정이며, 높은 곳에서 고막에 가해지는 압력이 무서워서 건물에 올라가는 것도 무서워했다. 이런 식으로 잠시 이야기를 나눈 후, 화제가 카일의 증상으로 옮겨갔다. 필립은 우선 카일과 같은 증상이 드물지는 않다고 말했다.

"사실 많은 아이가 두려움을 느낍니다. 부인이 보시기에 카일의 두려움은 어디에서 비롯되는 것 같습니까?"

이 여성은 고개를 갸우뚱하며 잘 모르겠다면서 아마도 태어날 때부터 두려움을 느꼈을지도 모르겠다고 했다.

필립은 "절대 그렇지 않습니다"라고 잘라 말했다.

"두려움은 인간의 천성이죠. 부인의 마음속에 있는 두려움은 부모님의 영향을 받았을 거고, 그들 역시 이전 세대의 영향을 받았을 겁니다. 이제 그 사슬을 깨는 것이 중요합니다."

"그럼 어떻게 해야 하나요?"

"긍정적으로 생각하세요! 두려움은 부정적인 생각입니다. 그것을 극복하는 효과적인 방법은 머리가 저울이라고 생각하는 것입니다. 저울의 한쪽은 모든 부정적인 생각이고, 다른 한쪽은 모든 긍정적인 생각입니다. 지금 저울은 극도로 불균형한 상태입니다. 부정적인 생각이 긍정적인 생각보다 훨씬 더 크죠. 부인의 이런 심리 상태가 아들인 카일에게까지 반영되고 있습니다. 해결책은 먼저 공포의 감정을 물리치는 것입니다."

필립은 계속해서 힘주어 말했다.

"우선 이렇게 해보세요. 다음번에 부정적인 생각이 들면 저울의 반대편에 긍정적인 생각을 올려 두세요. 예를 들어 날씨라면 오늘은 굉장히 화창하니까 여기서 나가면서 자신에게 이렇게 말하는 거예요. '이런 날씨는 건강에 참 좋겠네. 오늘은 날씨가 좋으니까 카일을 데리고 높은 곳에 올라가서 경치를 감상해야겠다!' 꼭 이렇게 해보세요."

여성은 웃으면서 반신반의했다.

"이 방법이 정말 효과가 있을까요?"

"물론입니다. 긍정적인 생각이 부정적인 생각과 같아져서 저울이 균형을 이루고 나중에는 긍정적인 생각이 훨씬 더 많아질 때까지 계속해야 합니다. 3개월만 해보시고 카일이 여전히 두려워하는지 알려주세요."

약 반년 후, 이 여성은 필립에게 다시 편지를 보냈다. 편지에서 그녀는 필립이 말한 대로 했더니 카일은 더 이상 이전처럼 소심하고 겁먹지 않으며 친구들과 행복하게 놀 수 있게 되었다고 말했다.

이야기에서 여성은 필립의 조언을 듣고 두려움을 '외다리 위에서' 만났을 때, 더 이상 아들 카일을 데리고 도망치지 않았다. 대신 두려움 앞으로 용감하게 다가가 부정적인 생각 대신 긍정적인 생각을 함으로써 마침내 두려움을 이겨내고 행복한 삶을 살게 되었다.

인생의 길이 마냥 순탄할 리 없다. 우여곡절도 많고 어려움도 분명히 있지만, 그중에는 실재하지 않고 스스로 상상해낸 것도 적지 않다. 미지의 것에 대한 두려움은 우리의 손발을 묶어 미처 반격하지도 못하고 투항하게 만든다. 두려움은 우리를 끊임없이 불안하게 하고 아무것도 이루지 못하게 한다.

그렇다면 두려움이 생겼을 때, 구체적으로 어떻게 극복해야 할까?

1) 두려운 것을 써보기

종이에 두려운 대상을 정확히 써본다. 자신이 무엇을 두려워하는지 알아야 그에 상응하는 극복 방법을 찾을 수 있다.

2) 긴장 풀기

마음에 두려움이 생기면 심신이 자동으로 긴장 상태가 되는데 이는 두려움만 증폭시킬 뿐이다. 의식적으로 긴장을 풀어주면 두려움이 많이 완화될 것이다.

3) 끊임없이 배우기

많은 두려움이 무지에서 비롯된다. 이전에 본 적 없는 일을 마주하면 그것이 우리에게 어떤 영향을 미칠지 알 수 없어 공포를 느끼기 마련이다. 그러다가 그것에 대해 천천히 알게 되면 두려움도 차츰 줄어들게 된다. 기억하자. 무지는 두려움을 낳고, 지식은 두려움을 없앤다.

4) 신념 세우기

신념의 힘은 강력하고, 신념이 강할수록 두려움은 줄어든다. 확고한 신념을 세우고 지켜야 한다.

두려움은 전쟁과 마찬가지로 심각한 손실을 초래한다. 따라서 마음속에 두려움이 생겼을 때, 도피는 문제를 해결할 수 없으며 과감하게 직면하고 적극적으로 대응할 때만이 비로소 두려움을 극복할 수 있다. 의식적으로 자신을 단련함으로써 어떤 상황을 맞닥뜨리더라도 당황하지 않고 항상 "태산이 무너져도 얼굴색 하나 변하지 않겠다"라는 정신을 유지해야 한다.

충동
악마의 속삭임

주변을 둘러보면 충동적인 사람이 적지 않다. 그들은 상황을 제대로 판단하지도 않고 항상 갑작스럽게 움직이며 뭐 하나라도 탐탁지 않거나 순조롭지 않으면 곧바로 칼을 빼들고 순간의 혈기를 과시한다. 장담하건대 이렇게 해서 결과가 좋을 리 없으며 대부분 경우 하는 일이 실패로 돌아간다. 하버드 교수들은 '합리적 용기'라는 개념을 제시하며 용기를 내어 움직이되 감정을 다스리고 냉철하게 분석하며 위험에 직면해도 두려워하지 않아야 한다고 조언한다.

조지 워싱턴George Washington은 매우 엄격한 가정 교육을 받으며 자랐다. 워싱턴이 아직 초등학생일 때, 부모는 그에게 '신사가 되는 법'을 백 번 베껴 쓰게 할 정도였다.

1974년, 워싱턴은 대령으로 알렉산드리아에 주둔했다. 당시 버지니아주 의회는 의원 선거가 진행 중이었는데 워싱턴과 윌리엄 펜 William Penn은 정치적 견해가 달라 각각 서로 다른 후보를 지지했다.

두 사람은 자신이 지지하는 후보가 선출될 수 있도록 현장에서 치열한 설전을 펼쳤다. 논쟁이 가장 격렬해진 순간, 워싱턴은 순간적으로 감정을 억누르지 못하고 다소 추한 말을 내뱉었다. 펜은 워싱턴의 험한 말을 듣고 화가 나서 지팡이를 휘둘러 그를 바닥에 쓰러뜨렸다.

이 모습을 보고 화가 난 부하들은 급히 모여 상사의 복수를 계획했지만, 워싱턴은 알아서 처리하겠다며 조용히 돌아가라고 명령했다.

이튿날 아침, 펜은 워싱턴으로부터 지역의 한 호텔에서 만나자는 전갈을 받았다. 그는 당시 많은 귀족의 관습에 따라 워싱턴이 정중한 사과와 결투를 요구하리라고 생각했다. 하지만 막상 호텔에 가보니 분노한 워싱턴이 아니라 환하게 웃는 얼굴로 술잔을 든 워싱턴이 기다리고 있었다.

"펜 씨, 어제 저의 무모한 충동을 용서해주십시오. 우리가 서로 비겼다고 생각하신다면 악수하고 친구가 되면 어떨까요?"

펜은 워싱턴의 넓은 마음에 감탄하고 이후 그의 절친한 친구이자 든든한 지지자가 되었다.

워싱턴은 현명하고 똑똑한 사람답게 이지적이고 자제할 줄 알았으며 정확한 선택을 했다. 만약 그가 계속해서 무모하고 충동적으로 행동했다면 일이 어떻게 되었을까? 아마도 그날 성난 부하들이 펜을 마구 때렸다가 징계를 받고 미래를 망치지 않았을까? 아니면 다음 날 워싱턴이 펜에게 결투를 요청해서 자신뿐 아니라 무고한 사람들의 생명까지 위험하게 만들었을 수도 있다. 그러나 워싱턴은 적을 친구로 만드는 선택을 함으로써 규율을 지키고 친구를 얻었다.

어쩌면 워싱턴이 박력이 없다거나 명예를 중시하지 않는 사람, 혹은 진짜 영웅이 아니라고 생각할지도 모르겠다. 사실 워싱턴보다 더 박력 있고 명예를 중시하는 사람, 진짜 영웅은 없다. 미국 수도에 그의 이름을 붙인 것만으로도 모든 것이 설명된다고 할 수 있다. 충동은 박력이나 명예, 영웅적인 기질을 보여주는 것이 아니다. 오히려 사람을 너그럽게 대하는 태도와 미소, 적대감을 부드럽게 웃어넘기는 기개야말로 진정한 영웅적 처세의 원칙이다.

충동으로 돌이킬 수 없는 결과를 초래한 일이 한 미국 소녀에게 일어났다.

네 살밖에 안 된 어린 소녀가 아버지의 새 차에 앉아 놀다가 동전처럼 생긴 물건을 보고 호기심이 생겼다. 아이는 그 물건을 가지고 놀다가 그만 차에 흠집을 냈다.

잠시 후, 바쁜 일을 처리하고 온 아버지가 이 모습을 보고 불같이 화를 냈으나 소녀는 자신이 무엇을 잘못했는지도 몰랐다. 분노가 치밀어 이성을 잃은 아버지는 철사로 소녀의 두 손을 묶고 차에서 내리게 한 후, 그대로 서서 잘못을 반성하라면서 가버렸다. 한참 후에 아버지가 데리러 왔을 때, 아이의 두 손은 오랫동안 피가 통하지 않아 퉁퉁 붓고 검게 변한 상태였다. 부랴부랴 아버지가 병원에 데려가서 응급처치를 했지만, 소녀의 귀여운 손은 되돌릴 수 없었고 결국 두 손을 절단해야 했다.

나중에 아버지는 그 차를 새롭게 도색해서 집으로 돌아왔다. 소녀가 새것처럼 변한 차를 보고서 어떻게 다시 새 차가 되었냐고 묻자 아버지는 돈을 들여서 새것처럼 만들었다고 대답했다. 그러자 소녀는 손이 전부 사라진 두 팔을 내밀며 천진난만하게 물었다.

"그럼 내 손은 언제 돌려줄 거예요?"

순진무구한 아이를 보고 죄책감을 느낀 아버지는 아이 앞에서 권총을 꺼내 스스로 목숨을 끊었다.

이 이야기를 읽고 나면 어린 소녀가 안타까워 가슴 아프고, 아버지의 행동에 분노했다가, 결말에 슬퍼진다. 많은 사람이 순간적으로 자제력을 잃어 돌이킬 수 없는 상처와 피해를 받고, 결국 후회로 자신을 망가트린다. 이야기 속 소녀의 아버지는 죄책감으로 세상을 떠났다. 하지만 그렇다고 어린 소녀의 마음에 남은 상처가 쉽게 사라질 수 있을까? 그녀는 앞으로 어떤 인생을 살 것인가?

충동을 '악마의 속삭임'이라고 하는 까닭은 충동적인 언어로 생긴 상처는 회복할 수 없으며, 충동적인 행동의 결과 역시 돌이킬 수 없기 때문이다.

어떤 일을 할 때 충동적으로 하는 사람을 두고 열정적이거나 모험심이 강한 사람이라고 생각하지 말자. 열정적인 것과 충동적인 것은 전혀 다르다. 열정적으로 일하면 정신이 맑아지고 모든 행동이 이성적 분석과 객관적 평가를 거치지만, 충동적으로 일하면 늘 정신이 혼란스럽고 모든 행동이 주관적인 통제 불능의 감정에 기반을 둔다.

그렇다면 어떤 일이 생겼을 때 지나치게 충동적이지 않으려면 어떻게 해야 할까?

첫째, 우선 진정하자. 그것이 어떤 종류의 일이든 충동적인 감정이 끓어오르는 느낌이 든다면 일단 마음부터 가라앉혀야 한다. 어떤 일에 부딪히면 자신에게 끊임없이 말해주어야 한다. 진정하자, 진정해, 진정해야 해.

둘째, 상황을 너무 감정적으로 생각하지 말자. 먼저 일의 원인과 결과를 생각하고, 그러한 결과를 초래한 원인과 요인을 최대한 이성적으로 분석해야 한다.

셋째, 완전히 진정되어서 마음을 추스르기 전까지는 결정을 미루자. 특히 타인에게 상처를 줄 수 있는 어떤 말도 입 밖으로 내지 말고, 차라리 도망가더라도 절대 충동적으로 결정하지 않는다.

넷째, 일을 해결하고 나면 충분히 생각해보자. 일이 마무리되면 당시 자신의 충동적인 결정을 분석하고 장단점을 판단해서 향후 유사한 일을 처리할 때 참고할 필요가 있다.

기억하자. 충동은 악마의 속삭임이고 낮은 감성지능의 대표적인 상징이다. 이성을 잃고 피가 끓어오를 때, 반드시 자문해 보아야 한다. 이렇게 해서 어떤 결과를 얻을 수 있을까? 타인에게 피해를 줄까? 나의 안전을 보장할 수 있나? 설령 올바른 일이라도 행동하기 전에 반드시 환경적 요인 및 기타 위험 요소를 따져볼 필요가 있다. 어떤 일이든 타인의 이익을 해치고 자신의 안전을 위협한다면 즉시 중지해야 하며 어떠한 상황에서도 충동적인 감정을 누르고 충분한 이성을 유지해야 한다.

우울
쉽게 떨쳐버리기 힘든 '마음의 감기'

우울은 현대 사회, 특히 대도시에 거주하는 사무직 노동자들에게 아주 흔한 감정이다. 안타깝게도 많은 사람이 스트레스에 시달리며 가볍거나 무거운 우울증 증상을 보인다. 사람이 우울감을 느끼면 자신감이 떨어지고 체력이 현저히 감소해서 아무리 재미있는 활동을 해도 즐거움을 느끼지 못한다. 우울증을 '마음의 감기'라고 부르는 까닭이다.

기본적인 체력이 약한 사람들이 감기에 걸릴 확률이 높듯이 감성 지능이 낮은 사람은 이 '마음의 감기'에 걸릴 확률이 더 높다.

현대인의 우울증은 대부분 직장에서나 정서적인 면에서 받은 충격에서 비롯된다. 감성지능이 낮으면 부정적 감정을 제대로 처리하지 못해서 다소 극단적으로 사고하며 이성적인 사고와 즐거움을 느끼

하버드 감성지능 강의

는 능력을 모두 상실한다. 더 무서운 점은 자신이 느끼는 우울감의 근본 원인을 모르는 탓에 맹목적으로 무의미한 일을 해서 달래보려다가 오히려 스스로 자신을 더 불안하고 초조하게 들볶는다는 것이다.

덩자는 3년 전 외국계 회사에 입사해서 눈 깜짝할 새에 평범한 말단사원에서 꿈에 그리던 자리인 부사장으로 승진했다. 이상한 점은 이 정도 위치가 되면 스트레스가 덜할 줄 알았는데 업무적인 복잡한 인간관계로 여전히 고민이 이만저만이 아니라는 사실이었다.

덩자의 부하 직원 중에 업무 능력도 부족하고 사람 자체도 매우 교활한 부장이 한 명 있었다. 이 사람은 아부도 잘하고 윗사람들이 듣기 좋아하는 말만 골라 해서 상사들로부터 가장 신뢰받는 사람 중 하나였다. 덩자는 이 부장이 업무를 제대로 해낼 수 있도록 지원을 아끼지 않았으나 매번 공을 빼앗겼다. 하지만 다른 부사장들은 덩자를 지지하기는커녕 오히려 옆에서 고소해하면서 시큰둥하게 반응했다. 심지어 회장에게 은근히 덩자를 비방하는 말을 해서 권한을 제한하려고 했고 해임까지 시도했다. 덩자는 이런 상황에 무력감을 느끼고 한없이 허탈해져서는 기분이 거의 바닥을 쳤다. 종일 우울하고 답답했으며 눈 주위가 시커멓게 변해서 거의 실신할 정도였다. 도저히 참을 수 없어서 병원을 찾았을 때, 의사는 심한 우울감 때문이라고 말했다.

스트레스를 부르는 요소가 많은 도시에서 일과 가정 모두 개인에게 어느 정도의 압박감과 불쾌감을 일으킬 수 있으며 이런 기분이 심리적 암울함으로 이어져 우리를 점점 우울하게 만든다. 이때 감성지능이 높은 사람은 외부 세계와의 관계를 잘 처리하고 부정적 감정을 다루는 방법을 잘 알아서 감정이 삶을 지배하지 않으므로 우울증을 겪을 가능성이 현저히 작다.

류칭은 자신만만한 사람이었다. 학교에 다닐 때나 졸업 후에 직장에서도 늘 남들이 부러워할 만큼 좋은 성적을 거두었다. 그녀의 삶은 마치 수많은 상장과 트로피를 추구하는 과정 같았고 남편도 자신과 비슷한 사람을 찾았다. 다른 사람이 보기에 류칭은 신의 은총을 받은 사람이었다. 하지만 최근 들어 그녀는 자신을 점점 싫어하게 되었는데 그처럼 도식화된 삶이 자신을 무의미하게 만든다고 느끼기 때문이었다.

개인 생활의 경우, 류칭과 남편은 여태껏 같은 브랜드의 옷만 입고, 같은 식당에서 저녁 식사를 했다. 아무것도 바꾸고 싶지 않았기 때문이다. 직장에서 류칭은 다른 직원들과는 완전히 다른 세상에 사는 것 같았다. 물론 그들보다 2년 정도 먼저 일을 시작했고 나이도 약간 많았으나 그 정도가 아니라 마치 한 세대는 차이가 나는 것 같았다. 동료들이 하는 농담은 늘 류칭을 어리둥절하게 만들었다. 류칭이 그들과 나누는 이야기는 기본적으로 업무에 관한 것이었는데 이는 동료들을 매우 지루하게 만들 뿐이었다. 사실 류칭도 동료들과 농담도 하고 시시콜콜한 생활 이야기도 하고 싶었지만, 좀처럼 적절한 화제를 찾지 못해 몇 마디 하고 나면 더 말할 거리가 없었다. 어쩌면 그녀와 동료들 사이에 정말 울타리가 있을지도 모르겠다. 확실한 것은 류칭이 늘 그 울타리 밖에 서 있었고 도통 그 안으로 들어가지 못했다는 사실이다.

이 때문에 류칭은 직장에 있을 때, 늘 답답한 느낌을 받았다. 동료들과 어울리지 못하니 출근도 지겨워 이제는 변화를 시도하고 싶었다. 퇴근 후에 시간을 내어 인터넷 채팅방에 가기 시작했는데 꽤 즐거워서 이번 주말에는 온라인 친구들과의 모임에 참석할 예정이었다. 온라인에서 만난 사람들이 눈앞에 나타나는 상상을 하자 기분이 좋아지고 다소 들뜨기까지 했다. 자신이 더 이상 평소처럼 심각하지 않으며 밝고 여유 있는 사람이 되었다는 느낌을 들자 길을 걸으면서도 매우 즐거웠다.

비록 이 방법이 최선은 아닐지라도 류칭은 이런 식으로 첫발을 내딛기로 마음먹은 것만으로 무척 만족했으며 이로써 예전과 달라질 수 있기를 바랐다. 적어도 지친 몸과 마음을 달래고 정화해서 예전의 행복과 즐거움을 찾을 수 있기를 간절히 바랐다.

류칭은 우울감에서 벗어나 자신의 방식으로 삶의 아름다움을 다시 느끼기 시작했다. 이는 높은 감성지능의 힘이다. 감성지능이 높으면 우울감으로 높게 쌓인 담장을 벗어나기가 분명히 쉬운 일이다. 하지만 감성지능이란 것이 단번에 높아지기는 쉽지 않다. 감성지능이 그리 높지 않은데 이미 우울감을 느끼고 있다면 어떻게 해야 할까?

다음은 우울감을 해소하기 위한 셀프 조절법이다.

1. 자연을 접한다.

인생은 각양각색의 희로애락으로 가득하다. 스트레스를 받고 기분이 나빠지면 저녁 식사 후에 근처 공원에 가서 산책하자. 공원이 너무 멀거나 가기 싫다면 단순히 동네 한 바퀴를 돌기만 해도 좋다. 아니면 좋아하는 일을 찾아 신나게 노는 것도 나쁜 기분을 바꾸는 데 도움이 될 것이다.

2. 말로 감정을 다스린다.

즐거움이든 우울감이나 괴로움이든 모두 말로 어느 정도 억제할 수 있다. 소리를 내지 않는 내면의 언어조차도 사람의 감정을 조절할 수 있다.

3. 주의를 돌린다.

주의력을 하나의 감정 상태에서 다른 감정 상태를 일으킬 수 있는 사물로 옮기는 방법이다. 즉 주의력을 부정적 감정을 유발하는 원인에서 멀어지게 한다.

4. 생각을 바꾼다.

사고 활동을 부정적이고 불쾌한 감정에서 다른 감정 상태로 옮겨 가게 하여 나쁜 감정의 굴레에서 벗어난다.

5. 행동으로 전환한다.

부정적 감정들을 행동으로 옮겨서 조절한다. 자신이나 타인에게 해가 되지 않는 행동이어야 한다.

6. 의식적으로 조절한다.

이성적으로 감정을 억제하고 이겨낸다.

7. 기분을 풀어준다.

부정적 감정이 들면 무조건 억누르기보다는 적절한 경로를 통해 풀어주는 편이 감정을 조절하고 극복하는 데 효과적이다.

우울감은 자신이 처한 일종의 심리 상태임을 기억하자. 부정적 감정이지만, 두렵거나 끔찍하지 않으며 인간 본성의 일부분이니 충분히 극복할 수 있다. 정확하게 알고 이해하고 적극적으로 대응하기만 하면 된다.

증오
남에게 상처주고 나를 벌주는 독

고대 그리스 신화에 이런 이야기가 있다.

한 행인이 길가에 있는 작은 공을 보고 호기심에 발로 찼더니 그 작은 공이 점점 커졌다. 그러자 지나가던 사람들도 이상하게 여기고 발로 한두 번씩 차보았다. 잠시 후, 원래 작았던 그 공은 상상도 할 수 없을 정도로 부풀어 올랐고 사람들은 겁먹고 놀라서 뒷걸음질 쳤다. 이때 여신 아테나가 나타나 공 주변에 모인 사람들에게 이것이 '증오'라고 말했다. 그러면서 건드리지 않으면 무사하겠지만, 한번 건드리면 계속 부풀어 올라서 걷잡을 수 없게 된다고 덧붙였다. 증오는 모든 사람의 마음속에 숨겨져 있다. 당신이 원망하고 분개할 때마다 그 '작은 공'이 점점 커져 마음을 가득 채우고 결국에는 폭발할 수도 있다.

하버드 감성지능 강의

증오는 독성이 아주 강한 감정이다. 어떤 대상에게 앙심을 품고 미워하는 사람이 먼저 다치게 하는 대상은 바로 자기 자신이다. 물론 사회생활을 하다 보면 외부 세계와 접촉, 교류하는 과정에서 갈등과 상처가 발생하므로 증오라는 감정을 완전히 피할 수 없다. 그래서 하버드 교수들은 학생들에게 증오란 무서운 감정이 아니며 그것을 대하는 태도가 중요하다고 가르친다. 증오를 내려놓고 마음속에 담아두지 않을 수만 있다면 아무 일도 없겠지만, 도무지 내려놓지 못하고 계속 마음속에 담아둔다면 자신과 자신의 삶을 망칠 뿐이다.

열대 바다에 자반어紫斑魚라는 매우 이상하게 생긴 물고기가 산다. 온몸이 바늘 같은 독 가시로 덮이고 보라색 반점이 있는 이 물고기는 생리적 기능으로 볼 때 7~8년을 살 수 있지만, 실제로는 2년 정도밖에 살지 못한다. 왜 그럴까?

문제는 몸에 있는 독 가시다. 자반어가 '화내고 미워할수록' 가시의 독성이 더 세지는데 이 독이 다른 물고기에게 상처를 주는 동시에 자신에게 더 큰 상처를 주기 때문이다. 마음속 '증오'는 적을 불사르는 동시에 자신까지 불살라 스스로 죽음을 재촉한다.

세상에 자기 자신에게 상처를 입는 것이 어디 자반어 하나겠는가? 주변을 둘러보면 늘 무언가에 대해서 증오를 불태우는 사람들이 있다. 그 불길은 다른 사람을 해치는 동시에 자신을 해친다.

나폴레옹Napoléon은 오랫동안 군대에서 생활한 덕분에 관대함이라는 아주 좋은 미덕을 길렀다. 전군을 통솔하는 최고사령관으로서 병사들을 자주 다그치고 비판하는 일을 피할 수는 없지만, 횡포한 적 없으며 언제나 병사들의 마음을 챙겼다. 이에 병사들도 나폴레옹의 정당한 비판을 흔쾌히 수용했으며 늘 그를 존경하고 감사히 여겼다. 이는 나폴레옹 군대의 전투력과 응집력을 크게 향상했고 그가 이끄는 군대가 '무적'의 수준에 오를 수 있었던 힘이었다.

전쟁이 다 그렇지만, 특히 이탈리아와의 전쟁에서 나폴레옹의 병사들은 큰 고생을 했다. 어느 늦은 밤, 나폴레옹은 진영을 순찰하다가 보초병 한 명이 나무에 기대어 잠든 것을 보았다. 그는 보초병을 깨우지 않고 조심스레 총을 들고서 대신 보초를 섰다. 30분쯤 지나고 잠에서 깬 병사는 최고사령관이 자기 대신 보초를 서는 모습을 보고 크게 당황했다.

나폴레옹은 화내지 않고 부드럽게 말했다. "이보게, 이건 자네의 총이야. 힘들게 싸우고 또 그렇게 먼 길을 행군했으니 당연히 졸리겠지. 하지만 적이 바로 앞에 있어. 자칫하면 전군을 전멸당할 수도 있어. 마침 나는 별로 피곤하지 않아서 대신 보초를 섰지만, 다음부터는 조심하게."

나폴레옹은 병사들이 실수나 잘못을 저질러도 호통치거나 지위를 이용해 제압하려고 하지 않았다. 바로 이런 나폴레옹의 관대함 덕분에 병사들은 누구보다 열심히 싸웠고 프랑스군 역사에서 '무적의 신화'가 탄생할 수 있었다. 만약 나폴레옹이 걸핏하면 병사들을 엄하게 꾸짖었다면 저항감만 증폭시키고 병사들 사이에서 위신이 떨어질 뿐 아니라 군 전체의 전투력에도 영향을 미쳤을 것이다.

증오는 약자를 강하게 만들 수 없고 어떤 문제도 해결할 수 없다. 증오하기보다 자신의 부족함을 직시하고 그것을 보완하기 위해 노력해야 비로소 성공을 거둘 수 있다.

작가 슈테판 츠바이크Stefan Zweig는《다른 의견을 가질 권리》에서 이렇게 말했다. "깨끗한 양심을 가진 사람들은 항상 말을 절제하지만, 광신도들은 끊임없이 공포와 증오를 발산한다. 마음이 증오로 가득 차면 눈이 멀고 세상은 암흑이다. 광신도들은 결코 정신적으로 큰 성취를 이룰 수 없고, 침묵하고 침착하며 자제하고 온화한 사람들만이 정신을 극한까지 발휘할 수 있다."

증오는 씨앗이고, 그것의 토양은 사람 사이의 부정적 감정들이다. 어제의 불신과 적대감, 의심으로 만든 토양에 오늘 생긴 증오의 씨앗을 심어 키운다면 주위의 모든 사람이 상처 입을 것이다.

우리는 증오의 원인을 인식하고 규명함으로써 그 덫에서 벗어나야 하고, 그러려면 먼저 마음속 증오의 존재를 인정하고 이해하며 그것에 도전할 수 있어야 한다. 그러다보면 증오에 쉽게 눈이 멀지 않고 가장 안전한 방식으로 증오를 표현하는 방법을 배우게 될 것이다. 예컨대 마음속에 있는 불만과 증오를 다른 사람에게 솔직하게 털어놓으면 예상치 못한 결과를 얻을 수 있다.

요컨대 우리는 증오를 격화하고 통제할 수 없는 결말로 만들기보다 해소하고 완화하는 법을 배워야 한다. 상생을 중시하는 현대의 일과 생활에서 증오는 의심할 바 없이 상생을 파괴하는 무자비한 무기다. 증오를 품은 사람은 자신과 상대방 모두를 해친다. 증오라는 먹구름이 걷혀야 긍정적인 에너지를 얻을 수 있고 일과 생활에서 모두 좋은 마음가짐과 분위기를 잘 갖춰 궁극적인 성공을 이룰 수 있다.

Harvard Emotional Quotient Lecture

5

— 다섯 번째 수업 —

자신을
정확히 알고
올바르게
평가하라

타인을 아는 것보다 더 중요한 것은 나를 아는 것이다

그리스의 성역인 델포이 신전에는 "너 자신을 알라"라는 유명한 잠언이 새겨져 있다. 고대 그리스와 그 이후의 철학자들은 이 말을 자주 인용해서 누구든지 타인을 알고 이해하려 하기 전에 먼저 자신을 알고 이해해야 한다고 꾸준히 세상을 향해 외쳤다.

아마 많은 사람이 상대방의 말과 표정을 살피고 심리를 분석해서 그를 인식하고 이해할 것이다. 하지만 이 방법을 자신에게 적용하더라도 주관성과 제한성 탓에 자신을 정확하게 알고 이해하기란 참으로 어렵다. 《손자병법》에서 상대를 알고 나를 알면 백 번 싸워도 위태롭지 않다고 했는데 이는 자신의 모습을 똑똑히 보아야만 비로소 남과 비교할 수 있다는 뜻이다. 안타깝게도 자신을 올바르게 아는 일은 너무나 어렵고 충분한 용기와 큰 지혜가 필요하다.

자신을 정확하게 인식하고 평가한다는 점에서 아인슈타인은 아주 뛰어난 사람이었다.

1952년 11월 9일, 이스라엘의 초대 대통령 하임 바이츠만Chaim Azriel Weizmann이 세상을 떠났다. 전날 주미 이스라엘 대사는 벤구리온David Ben-Gurion 이스라엘 총리가 보낸 서한을 바이츠만의 오랜 친구인 아인슈타인에게 전달했다. 이 편지에는 아인슈타인을 이스라엘의 차기 대통령으로 공식 지명하겠다고 쓰여 있었다.

아인슈타인은 그날 밤 즉시 자신은 대통령이 될 수 없다며 이 제안을 거부했다.

며칠 후, 한 기자가 아인슈타인을 인터뷰하면서 질문했다. "사실 대통령은 구체적인 실무가 많지 않고 다소 상징적인 지위인데요. 전 세계에서 가장 위대한 인물 중 한 명으로서 교수님께서 이스라엘의 대통령이 된다면 유대인의 위대함을 상징할 수 있는 좋은 일 아니겠습니까?"

아인슈타인은 "아닙니다. 저는 할 수 없습니다"라고 명확하게 대답했다.

기자가 떠난 후, 이스라엘 대사가 전화를 걸어 와 "교수님, 벤구리온 총리님 지시로 다시 한 번 여쭙겠습니다. 대통령으로 추대되신다면 받아들일 의향이 있으십니까?"라고 물었다.

아인슈타인은 진지하게 대답했다. "대사님, 저는 자연에 대해서는 조금 알지만, 사람에 대해서는 거의 모릅니다. 나 같은 사람이 어떻게 대통령이 될 수 있겠습니까? 언론에 알려서 제가 해명할 수 있도록 부탁드립니다."

대사는 포기하지 않고 다시 권했다. "교수님, 생각을 더 해보시죠. 돌아가신 바이츠만 대통령님께서도 과학자이지 않았습니까? 충분히 해내실 수 있습니다."

"아뇨, 저는 바이츠만과 다릅니다. 그는 할 수 있지만, 나는 할 수 없습니다."

"교수님, 모든 이스라엘 국민과 전 세계의 유대인이 결단을 내려주시기를 기다리고 있습니다!"

"동포들의 믿음은 무척 감동적이지만, 저는 제가 대통령이 되기에 부족함을 잘 알고 있습니다."

이후 얼마 지나지 않아 아인슈타인은 신문에 공식 성명을 내고 차기 이스라엘 대통령직을 공개적으로 거부했다. "나는 평생 객관적인 물질과 씨름하며 살아왔습니다. 타고난 재주가 부족하며 행정 업무를 처리하고 다른 사람을 공정하게 대하는 경험도 모두 부족합니다. 따라서 나는 그런 고위 공직에 적합하지 않은 사람입니다. …… 나는 계속 물리학자의 길을 걷겠습니다. 정치는 유한하나 방정식은 영원한 것이니까요."

자신을 아는 것은 자신의 장단점을 모두 인식해야 하므로 매우 어려운 일이다. 열등감이 있는 사람은 자신의 장점을 보지 못하는 반면, 자만하는 사람은 자신의 단점을 찾는 데 어려움을 겪는다. 이런 이유로 열등감이 있는 사람은 살면서 좌절하는 경우가 많고, 자만하는 사람은 쉽게 쓰러지는 경향이 있다.

옛날 옛적에 밀 두 알을 쉽게 짊어지고 운반할 수 있을 정도로 힘이 센 개미 한 마리가 있었다. 이 개미는 매우 용감하여 구더기를 물어뜯기도 하고 커다란 거미 한 마리를 혼자 힘으로 처리할 수도 있었다. 덕분에 개미굴에서 아주 유명해져서 많은 개미가 그의 이야기를 했다.

어느 날, 이 개미는 좀 더 큰 도시로 나가 모두에게 인정받는 강자가 되어야겠다고 생각했다. 그래서 기회를 엿보다가 볏짚을 실은 마차 위에 올라타서 마차꾼 옆에 앉아 마치 대왕처럼 도시로 향했다. 하지만 얼마 못 가 출발할 때 가슴에 품고 있었던 열정이 차게 식고 말았다. 도시에 가면 금방 눈에 띄어 사람들이 모여들 줄 알았는데 현실은 전혀 그렇지 않았기 때문이다. 모두 자기 일에만 정신이 팔려 아무도 개미를 보지 않았다. 어찌어찌해서 나뭇잎 하나를 구해 공중제비, 점프 등을 하면서 갖은 애를 써봤으나 아무 소용이 없었다. 개미는 자신이 무슨 짓을 해도 사람들의 주의를 끌지 못한다는 사실을 깨닫고 서글프게 중얼거렸다. "도시 사람들이 바보 같은 거야, 아니면 내가 너무 잘난 줄 안 거야? 내가 가진 기술과 재주를 전부 선보였는데 왜 아무도 알아봐 주지 않지? 개미굴이었다면 분명히 모두 나를 보고 감탄했을 텐데!"

이야기에서 개미는 자신이 개미굴의 헤라클레스라고 여기고 도시에서도 분명히 그렇게 되리라 확신했다. 하지만 막상 가보니 도시에서는 아무도 그를 봐주지 않았다. 실제로 이 개미와 상당히 유사한 사람들이 있다. 그들은 자신에 대한 인식이 부족해 자기 정체성과 위치를 제대로 파악하지 못하는 탓에 일을 제대로 해내지 못한다. 이 사회에는 두 부류의 사람이 있다. 하나는 걱정이 많고 소극적이어서 아무것도 시도하지 않는 사람으로 자기 처지를 순순히 받아들이고 변화를 두려워한다. 이들은 자신의 강점이 어디에 있는지 모르기 때문에 지금의 자리를 굳건히 지키며 세월을 보낸다. 다른 하나는 오만하고 교만해서 자기가 못하는 일이란 없다고 여긴다. 혹시라도 일이 잘못되면 남의 탓으로 돌리고 한 번도 자신의 결점을 보지 않는다. 이 두 부류의 사람들은 자신에 대한 올바른 인식과 평가가 없는 사람들로 모두 감성지능이 낮다는 공통점이 있다.

감성지능이 높은 사람은 비굴하지도 거만하지도 않다. 이들은 쉽게 고개를 숙이지 않으며 대담하게 시도하고 스스로 돌파구를 만들 줄 안다. 또 일이 잘못되면 남을 책망하는 마음으로 자신을 책망하면서 반성하고 문제를 해결할 줄 안다. 이런 사람들이 모두의 환영을 받으며 반드시 원하는 성공을 거두는 것은 당연한 이치다.

모든 하버드인은
명확한 인생 목표가 있다

하버드를 나온 사람이 대부분 성공하는 가장 큰 이유는 자신의 목표가 무엇인지 명확하게 알고 이를 위해 꾸준히 노력하기 때문이다.

5년 후, 10년 후, 20년 후에 어디에서 어떤 삶을 살고 있을지 생각해본 적 있는가? 평생 한자리에 머무르는 데 만족할 사람은 없으므로 이런 질문들이 곧 당신의 목표가 된다. 하지만 명확한 목표를 세우기는 절대 간단한 일이 아니다.

미국 LA 외곽에 사는 곳을 벗어나 본적 없는 아이가 있었다. 아이는 겨우 15살 나이에 '꿈의 목록'을 만들었는데 여기에는 나일강, 아마존강, 콩고강 탐험하기, 에베레스트, 킬리만자로, 마터호른 등반하기, 코끼리, 낙타, 타조, 야생마 몰기, 마르코 폴로와 알렉산드로스

1세가 지났던 길 탐방하기 등 총 127개의 꿈이 적혀 있었다. 모두가 비현실적인 목표라며 비웃을 때, 아이는 목록에 쓴 순서에 따라 하나씩 꿈을 실행에 옮기기 시작했다.

16세가 된 아이는 아버지와 함께 조지아주 오키페노키 늪지대와 플로리다주의 에버글레이즈 습지를 탐험했다. 이때부터 그는 계획대로 하나씩 목표를 달성해 49세의 나이에 127개 목표 중 106개를 달성했다. 그의 이름은 존 고다드John Goddard로 탐험가가 누릴 수 있는 커다란 영예를 얻었다.

많은 사람이 자신만의 목표, 좀 더 크게 말하자면 꿈을 가지고 있다. 하지만 대부분 꿈이 아름답기는 해도 실제로 이루기는 어려울 거라 여기고 마음속 깊은 곳에 있는 원대한 야망을 쉽게 포기한다. 어떻게 목표를 세워야 원하는 결과를 얻을 수 있을까?

1. 목표 목록을 만든다.

우선 명확한 삶의 목표가 있어야 한다. 지금 바로 종이와 펜을 꺼내 삶의 목표를 써보자. 이번 생에서 진정으로 원하는 것, 정말로 성취하고 싶은 것, 그리고 안 하면 나중에 후회할 것 등을 생각해본다. 이런 것들이 모두 당신의 삶의 목표가 될 수 있다. 각 목표는 한 문장으로 적고, 만약 한 목표가 다른 목표를 달성하기 위한 핵심 단계라면 지운다. 다른 목표를 달성하면 자연히 달성되기 때문이다. 물론 삶의 목표를 나열하지만 말고 각 목표에 합리적인 기간을 설정해야 한다.

하버드 감성지능 강의

2. 각 목표를 세분화한다.

삶의 목표를 모두 적었으면 각 목표를 하나씩 다른 종이 한 장의 윗부분에 쓴다. 그 아래에는 해당 목표를 달성하는 데 필요하나 현재 가지고 있지 않은 조건들을 쓴다. 예컨대 학업이나 직업의 변경, 경제적 요건, 새로운 기능 등이 있다. 첫 단계에서 지워버린 목표들을 이 부분에 다시 써도 좋다.

3. 반복해서 검토한다.

우리는 항상 일이 많고 바쁘므로 무언가를 쉽게 잊어버린다. 따라서 매일 적어도 한 번씩은 챙겨봐야 한다. 예를 들어 메모장에 적고 컴퓨터 알림 기능 등을 이용해서 삶의 목표 목록을 매일 잊지 않고 볼 수 있도록 한다. 특히 힘에 부친다고 느끼거나 실의에 빠졌을 때, 이 목록을 꺼내 보면서 더 열심히 노력해야 한다고 다짐한다면 목표를 달성하는 과정에서 부딪히는 난관을 보다 긍정적으로 마주할 수 있다.

4. 정기적으로 모니터링한다.

수시로 자신이 목표를 향해 전진하고 있는지 기대한 성과를 거두었는지 살펴보자. 조종사가 비행기를 조종할 때처럼 정기적으로 항로를 확인하고 수정해야 하며, 목표와 계획에서 드러난 문제점을 발견하고 돌아보면서 솔루션을 찾을 수 있도록 한다. 이때 중요한 것은 '셀프 보상'이다. 목표 하나를 달성하면 오랫동안 바라왔던 여행이나 맛있는 식사 등을 자신에게 선물로 주어 격려한다. 이렇게 하면 더 열정적으로 다음 목표를 향해 나갈 수 있다.

5. 목표를 공유한다.

어쩌면 약한 의지 탓에 셀프 모니터링이 지연되거나 실패할 수도 있다. 이런 일을 방지하려면 다른 사람들에게 자신의 목표를 알려서 '외부 감시자'로 삼을 수 있다. 다른 사람에게 목표를 말하고 꼭 이룰 거라고 장담하기가 조금 두려울 수도 있지만, 말하기만 해도 목표에 대한 책임감이 더 커질 것이다. 대부분 경우, 가족이나 친구들 눈이 두려워서라도 빨리 목표를 달성한다.

6. 타인의 지원을 받는다.

목표를 실행하는 데 어려움을 겪는다면 도움을 요청해야 한다. 목표 달성 과정을 외로운 전사가 홀로 전장에 나가 싸우는 것으로 착각하지 말자. 당신의 목표를 이루는 데 가족과 친구들의 도움과 지원이 필요하다면 받아도 좋다. 예또 아침에 일찍 일어나는 습관을 기르려고 하는데 룸메이트가 매일 늦잠을 잔다면 당신의 목표를 이야기하고 함께 하자고 제안할 수 있다. 주변 사람들에게 당신의 목표와 계획을 알리고 정신적 혹은 물질적 지원을 제공해 달라고 요청하자.

오랜 시간 동안 꾸준히 하면 목표를 달성하고 비범한 성취감과 자제력을 얻게 될 것이다. 이런 것들은 모두 당신의 감성지능을 빠르게 향상한다.

하버드는 끝이 아니라 또 다른 시작이다

많은 사람이 하버드가 세계 일류 대학으로 최고의 교수들이 포진했으므로 입학하고 졸업만 제대로 한다면 세계 초일류 엘리트가 되는 것이 당연한 수순이라고 여긴다. 그러나 정작 하버드 내부에서는 이런 생각이 절대 금물이며 대부분 하버드 학생들이 졸업 후에 더 밝은 미래가 기다리고 있다고 생각하지 않는다. 하버드가 제공하는 것은 좋은 교육 환경과 여유롭고 편안한 학문적 분위기일 뿐이며 학생 개인이 어떤 방면에서 성과를 거두는 데 가장 중요한 것은 그 자신의 학문 추구에 대한 노력과 열정이다.

하버드 교수들은 신입생들에게 경계의 의미로 자주 "하버드는 노력의 끝이 아니라 더 어려운 또 다른 시작이다"라고 말한다.

1973년 노벨 평화상을 받은 헨리 키신저Henry Kissinger는 하버드를 졸업했다. 1947년에 입학한 그가 하버드에서 수학한 이야기는 많은 이에게 생생한 교훈이 되었다.

성실한 학생이었던 키신저는 매일 아침 7시에 일어나 열심히 공부하고 오후에는 기숙사로 돌아와 흔들의자에 앉아 책을 읽었다.

키신저는 유명한 학자인 윌리엄 얀델 엘리엇William Yandell Elliott의 강의에서 A를 받아 연구 지도를 받게 되었다. 키신저가 엘리엇 교수를 처음 방문했을 때, 교수는 학부생인 키신저가 꾸준함이 부족할 거라 여기고 펜을 들어 참고서적 목록을 길게 써서 건넸다. 그리고는 목록에 있는 책 25권을 전부 읽고 독일 철학자 칸트의 저서 《순수이성비판》과 《실천이성비판》을 비교하는 보고서를 제출하라고 했다. 보고서를 완성하기 전에는 다시 찾아오지 말라는 말도 덧붙였다.

룸메이트 두 명은 이 이야기를 듣고 늙은 교수가 한 말에 너무 신경 쓸 것 없다며 대충하라고 했지만, 키신저는 목록에 있는 책들을 도서관에서 빌려와 매일 새벽 2시까지 읽었다. 3개월 후, 키신저는 보고서를 완성해서 이른 아침에 엘리엇 교수의 사무실에 전달했다. 이날 오후, 키신저는 엘리엇 교수의 전화를 받았다. 교수는 지금까지 이 25권의 책을 전부 읽은 학생이 없었을뿐더러 이렇게 논리 정연한 보고서를 쓴 사람도 없었다고 극찬했다. 이후 엘리엇 교수는 키신저를 가장 자랑스러운 제자로 여기고 자신의 지식을 아낌없이 전수했고, 키신저 역시 어렵게 얻은 기회를 놓치지 않고 연구에 매진했다.

키신저가 하버드 졸업만을 바라보고 공부했다면 훗날 그렇게 눈부신 성취를 거두지 못했을 것이다.

사람들은 자신을 비추는 후광과 빛나는 영예에 파묻혀 의지를 버리고 더는 노력하지 않는 경향이 있다. 무언가를 하기 위해 고개를 숙이고 매진하는 법을 잊은 사람은 절대 앞으로 나아가지 못한다.

물론 사회에 다양한 계층의 구분이 존재하고 이로부터 다양한 현상이 출현한다는 사실을 인정하지 않을 수 없다. 부잣집 사모님은 가사도우미와 함께 식사하기를 꺼리고, 고위급 임원은 궁금한 것이 있어도 말단 직원을 찾아가지 않는다. 박사급 연구원들은 일반 직원들과 함께 일하기를 싫어하고, 일부 명문대 졸업생들은 사회 밑바닥의 직업을 원하지 않는다. 그러나 이런 종류의 안일하고 구태의연한 접근 탓에 종종 수많은 좋은 기회를 헛되이 놓치기 일쑤임을 알아야 한다. 고개를 숙이고 한 걸음, 한 걸음 처음부터 다시 시작한다면 결과는 어떻게 달라질까?

1970년 초, 미국 맥도날드는 중국 대만 시장을 낙관적으로 평가하고 본격적으로 진출할 준비를 시작했다. 그들은 현지 고위급 간부를 공개 모집했는데 워낙 갖춰야 할 요건이 많아서 유망한 젊은 경영인들이 여럿 낙마했다. 거듭된 선발 끝에 한딩궈韓定國라는 경영인이 두각을 나타냈다. 맥도날드 회장은 최종 면접까지 총 세 차례 한딩궈 부부와 대화를 나누며 뜻밖의 질문을 던졌다. "만약 우리가 선생님께 화장실을 닦으라고 한다면 그렇게 하시겠습니까?"

당시 이미 유명인사였던 한딩궈에게 화장실을 닦으라니, 너무 모욕적이지 않은가? 한딩궈가 살짝 머뭇거리자 옆에 있던 부인이 "우리 집 화장실은 항상 남편이 청소한답니다"라고 유머러스하게 답했다.

맥도날드 회장은 매우 기뻐하며 그 자리에서 한딩궈와 계약했다. 작은 일을 잘할 수 있는 사람만이 큰일도 잘할 수 있다고 생각했기 때문이다. 나중에 알고 보니 맥도날드의 직원 교육에서 가장 먼저 가르치는 내용이 바로 화장실 청소였다. 가장 비천한 일을 해야만 비로소 '고객 존중'의 원칙을 이해할 수 있기 때문이었다.

자신을 너무 높게 평가하는 사람은 큰 성과를 거두기 어렵다. 많은 사람, 특히 좋은 배경을 가진 젊은이들은 원대한 포부를 가슴에 품고 사회에 첫발을 내디딘다. 그들은 어떻게 해야 단번에 모두가 깜짝 놀랄만한 일을 해낼까 궁리하느라 묵묵히 열심히 일하는 법을 잊는 실수를 저지른다. 그러다 어느 날, 자신보다 훨씬 못하다고 생각했던 사람들이 이미 자신들을 멀리 따돌리고 나아간 것을 보고 후회하기 시작한다.

많은 현대인이 조급해하며 단번에 잘되기를 바라지만, 모든 일에는 순서와 점진적인 과정이 있는 법이다. 우리는 하버드 학생들처럼 영광스러운 배경 따위는 아예 머리에서 지워버리고 오직 겸손한 자세로 열심히 배우고 연구하며 발전을 추구해야 한다. 그래야만 하나씩 정상에 도달하는 과정에서 더 많은 세상의 아름다움과 경이로움을 느낄 수 있다. 또 그래야만 비로소 감성지능이 높은 사람이라고 할 수 있다.

가장 중요한 것은
문제를 해결하는 사고방식이다

다음은 하버드 경영대학원에 전해지는 이야기다.

카를 프리드리히 가우스Carl Friedrich Gauss는 세계적으로 유명한 독일의 수학자이자 물리학자다. 초등학교 4학년이었을 때, 어느 날 선생님이 학생들에게 '1부터 100까지 더하기'라는 문제를 냈다. 5분 후, 가우스가 일어나 정답을 말했다. 깜짝 놀란 선생님은 이 아이가 천재라고 확신했다. 계산 속도야 학생 개개인의 연산력에 따라 다를 테지만, 속도는 둘째치고 5050이라는 정답을 내놓는 학생은 드문데 가우스가 이를 해낸 것이다.

보통 학생들은 이런 문제를 받으면 작은 것부터 큰 것까지 혹은 큰 것부터 작은 것까지 순서대로 하나씩 더한다. 하지만 가우스는 문제를 듣고 대뜸 먼저 풀기보다 문제를 찬찬히 관찰해서 '1+100=101, 2+99=101……'의 규칙을 알아냈다. 이후에는 1부터 100까지 이런 덧셈 쌍이 몇 개인지만 알면 되었다. 총 50개였다. 이렇게 해서 어린 가우스는 선생님이 내준 문제를 5분 만에 풀었다.

문제를 해결하는 방법이 다르면 효율도 달라진다. 하버드가 가장 중요하게 생각하고 주목하는 부분은 죽을 둥 살 둥 암기해서 끌어올리는 성적이 아니라 문제를 해결하는 독특한 사고방식이다.

사고력과 문제 해결력은 인간에게 가장 중요한 능력이며 이런 능력을 갖추면 다소 어려워 보이는 문제도 쉽게 해결된다. 사고력과 문제 해결력은 어떻게 키울 수 있을까?

1. 독립된 사고를 유지한다.

성공하는 사람은 독립적으로 생각하고 어떤 이념에도 휩쓸리거나 물들지 않는다. 물론 평범한 사람들도 매일 생각하지만, 단순한 생각이 아니라 '독립적으로' 생각하기란 참으로 어렵다. 예컨대 우리는 매일 텔레비전에서 보고 신문에서 읽는 내용에 영향을 받는다. 생각이 타인의 논리에 따라 움직이게 되면 혁신과 창조가 불가능하다. 만약 타인이 생각한 것만을 생각한다면 당신이 이룰 수 있는 가장 큰 성과는 남이 이룬 성과에 지나지 않는다.

A. 로렌스 로웰Abbott Lawrence Lowell은 하버드 역사상 가장 위대한 총장 중 한 명으로 이런 말을 남겼다. "진정으로 한 사람을 훈련하는 방법은 단 하나뿐으로 그 사람이 스스로 자신의 두뇌를 움직이게 하는

것이다. 우리는 그를 돕거나 인도할 수 있고 힌트를 줄 수도 있다. 무엇보다 그에게 격려를 아끼지 않을 수 있다. 하지만 그 사람이 스스로 열심히 노력해 얻은 것만이 가장 가치 있으며 그가 거둔 성과는 그가 들인 노력에 비례할 수밖에 없다."

2. 질문하는 법을 배운다.

사람은 배우려는 정신과 더불어 질문하는 정신이 있어야 한다. 질문은 혁신을 위한 동력이다. 당연해 보이는 일들은 굳이 증명할 필요가 없다고 생각해서는 안 된다.

1962년에 노벨 생리의학상을 받은 하버드대학교 물리학 연구소의 제임스 왓슨James Watson은 질문하기를 무척 좋아하는 사람으로 어린 시절부터 그러했다.

한번은 왓슨이 아버지와 함께 산책하던 중에 이렇게 물었다. "잠수부들이 심호흡을 많이 할수록 물속에 오래 있을 수 있는 건 왜 그래요?"

아버지는 "심호흡을 많이 하면 혈액 속 이산화탄소가 줄어들고 산소가 많아져서 호흡이 느려지기 때문이야. 호흡은 신체의 신진대사를 의미하는데 우리 몸에 산소를 공급하고 이산화탄소를 내뿜거든"이라고 알려줬다.

왓슨은 원리를 이해한 뒤에도 여전히 만족스럽지 않다는 듯이 계속 물었다. "그럼 왜 잠수하면 결국에는 심장이 빠르게 뛰고 가슴이 답답해서 물 밖으로 나와 숨을 쉬어야 해요?"

이번에도 아버지는 왓슨의 질문에 자세히 설명해주면서 아들이 더 충분한 지식을 쌓을 수 있도록 격려했다. 이처럼 항상 의문을 품고 질문하는 자세로 지식의 바다를 누비던 왓슨은 마침내 세계적인 의학자이자 생리학자가 되었다.

때때로 그런가요?, 왜요? 같은 말 한마디가 커다란 기적을 불러일으킬 수 있다. 매일 반복되는 생활 속에서 질문하는 능력을 잃고 있다면 생활에 약간의 변화를 주는 것도 좋다. 예를 들어 평소에 잘 가지 않던 곳에 가고, 평소에 접하기 어려운 사람들을 만나는 작은 변화 말이다. 이런 약간의 신선함이 당신이 질문하도록 자극할 수 있다.

3. 자신을 돌아본다.

마음을 가라앉히고 자신과 대화해보자. 일기를 써도 좋고, 혼자 자문자답하면서 스스로 고민을 털어놓고 문제를 해결할 방법을 고민할 수도 있다. 자신의 삶을 방관자의 시각으로 바라보면 새로운 각도에서 문제를 볼 수 있고, 어쩌면 또 다른 신대륙을 발견할 수 있을지도 모른다.

새롭고 효율적인 사고방식은 높은 감성지능을 보여주는 중요한 지표다.

타인이 당신의 인생을
결정하게 두지 않는다

이 세상 모든 사람은 고유한 개인이며 분명 공통점도 있지만, 차이점이 훨씬 더 많다. 그런데도 남의 잣대로 자신을 재단하고 남의 기준으로 자신을 평가하는 사람들이 있다. 이들은 어떤 면에서 자신이 남보다 열등하다고 여기면서 스스로 가혹한 요구를 하곤 한다.

실생활에 이런 예가 꽤 많다. 옆집 아이는 대학원에 합격했는데 나는 떨어졌다, 대학 시절 룸메이트가 요 몇 년 동안 사업으로 큰돈을 벌었으나 나는 여전히 박봉이다, …… 많은 사람이 이런 상황을 기분 나쁘게 받아들이며 자괴감에 빠지기까지 한다. 그들 중 일부는 그런 부정적 감정을 제대로 처리하지 못하고 맹목적으로 계속 대학원 시험을 보거나 무작정 안정적인 직장을 포기하고 사업에 뛰어들기도 한다.

이들은 모든 사람이 각자 나름의 삶의 궤적이 있다는 사실을 완전히 망각했다. 타인의 영향으로 자기 삶의 궤적을 바꾼다면 이성적이지도 현명하지도 못한 결정이다. 다른 사람이 성공했다고 나도 꼭 성공하리라는 법은 없고, 마찬가지로 다른 사람은 나의 전문 분야에서 잘하지 못할 수도 있다. 감성지능이 높은 사람의 가장 큰 특징은 자신에게 무리한 요구를 하지 않고 남의 기준에 자신을 묶어두지 않는다는 점이다.

2011년은 57세의 첼리스트 요요마Yo-Yo Ma에게 매우 특별한 해였다. 미국 뉴욕시는 새로 만든 도로에 그의 이름을 붙였고, 버락 오바마 Barack Obama 대통령은 그에게 민간인으로서 최고 영예인 대통령 자유훈장을 직접 수여했다!

요요마의 부모는 모두 미국에서 유학한 중국인으로 월스트리트에서 일하는 애널리스트였다. 그들은 요요마가 태어나자 아이의 인생을 위한 완벽한 계획을 세웠다. 바로 '뛰어난 경제학자'로 키우는 것이다! 두 사람은 아이가 아직 말도 배우기 전부터 숫자를 가르쳤다. 덕분에 요요마는 엄마, 아빠라는 말보다 일, 이, 삼, 사……를 먼저 배웠다. 이어서 부모는 수학을 가르치기 시작했고, 요요마는 시키는 대로 열심히 공부하면서 기계적으로 어린 시절을 보냈다. 초등학생 시절, 학교에서 '수학 천재'로 불렸던 요요마는 여러 수학경시대회에서 대상을 받아 부모와 선생님, 친구들을 모두 기쁘게 했다. 하지만 요요마에게 이런 일들은 그다지 의미가 크지 않았다.

어느 날 방과 후, 비가 올 것 같은 날씨에 요요마는 집에 조금 빨리 갈 수 있는 외진 오솔길을 걸었다. 그때 한 오래되고 낡은 집 마당 밖으로 흐르는 물처럼 아름다운 음악 소리가 들렸다. 멋진 선율에 매료된 요요마가 걸음을 멈추고 마당을 들여다보니 한 노인이 첼로를 켜고 있었다. 노인은 자신의 연주에 푹 빠진 표정으로 음악에 맞춰 가볍게 몸을 흔들고 있었다. 그 모습을 본 요요마는 가벼운 한숨을 내쉬었다. 나도 저렇게 아름다운 음악을 연주할 수 있다면 얼마나 좋을까! 그 순간, 요요마는 음악이야말로 자신이 진정으로 가장 좋아하는 것임을 깨달았다!

곧 노인도 요요마를 발견하고 마당으로 초대했다. 노인은 요요마를 위해 멋진 곡들을 연주하고 음악에 관한 감동적인 이야기를 많이 들려주었다. 이 모든 것이 요요마를 완전히 음악에 빠져들게 했다. 당시 미국에는 각종 학원과 교습소, 취미를 위한 클래스들이 많았는데 요요마의 부모는 당연히 아이를 수학학원에 등록시켰다. 하지만 정작 요요마는 전혀 관심이 없어 자주 '땡땡이'를 치고 그 노인의 집에 가서 음악을 듣고 첼로를 배웠다. 당연히 수학 성적은 곤두박질쳤고 심각성을 느낀 부모가 요요마를 불러 엄하게 말했다. "지난 일은 네가 반성하고 고치기만 하면 그냥 넘어가마. 대신 앞으로는 수학을 열심히 공부해야 한다!"

"왜 수학을 열심히 공부해야 해요? 나는 수학이 싫어요!"

"수학을 잘해야 우리처럼 경제학자가 될 수 있어. 아니, 너는 우리보다 훨씬 더 뛰어난 수학자가 될 수 있을 거야!"

"왜 엄마, 아빠와 같은 길을 가야 해요? 내가 제일 좋아하는 건 음악이에요. 내가 좋아하는 일을 더 잘할 수 있으면 훨씬 더 기쁠 것 같아요!"

요요마는 자기 생각을 단호하게 말했다. 그는 자신만의 자기 삶의 방향을 결정할 수 있고 부모를 포함한 그 누구도 자신을 대신할 수 없다고 생각했다.

이후에도 요요마는 노인에게 음악을 배우러 다녔다. 얼마 후, 아들의 확고한 의지를 본 부모는 요요마가 음악 학원에 가서 본격적으로 음악을 배울 수 있도록 했다. 드디어 좋아하는 일을 하게 된 요요마는 실력이 빠르게 늘어서 고등학교를 졸업할 무렵에는 맨해튼에서 열린 '시 학생 음악 콩쿠르'에서 우승하고, 하버드에 입학했다. 이 시기에 그의 음악적 명성은 점점 더 높아져 여러 유명 교향악단을 비롯해 피아니스트 엠마누엘 액스Emanuel Ax 같은 거장들과 함께 공연했다.

이후 수년간 음악 분야에서 끊임없이 탐구하고 발전을 거듭한 요요마는 백악관 초청으로 여러 차례 공연하며 댄 데이비드 상Dan David Prize과 그래미Grammy Awards의 단골손님으로 전 세계에 이름을 알렸다. 2006년에 UN 평화사절로 임명된 요요마는 2011년 2월 15일에 민간인에게 수여되는 최고 영예인 대통령 자유 훈장을 받았다. 당시 함께 이 영예를 누린 사람으로는 앙겔라 메르켈Angela Merkel 독일 총리, 조지 W. 부시George W. Bush 전 미국 대통령, '투자의 신' 워런 버핏Warren Buffett 등이 있다.

그날 밤, 대통령 자유 훈장을 받은 요요마는 감격한 목소리로 이렇게 말했다. "내 인생의 주인은 단 한 명, 바로 나뿐입니다. 스스로 깔아 놓은 삶의 길을 따라 꾸준히 걸어간다면 가장 즐겁고, 가장 큰 성취를 이룰 수 있습니다!"

요요마의 성공은 그가 자신이 좋아하는 것과 원하는 것, 그리고 가장 적합한 것을 아는 데서 비롯했다. 다른 사람의 가치를 기준으로 자신의 삶을 평가한다면 큰 성과를 거두기 어렵다.

물론 살면서 타인의 영향을 전혀 받지 않기는 불가능하고 비교하는 마음을 완전히 버리기도 쉽지 않다. 그렇지만 자신만의 유일무이한 개성을 최대한 유지하고 자신이 가장 잘할 수 있는 일에 전념하려는 마음가짐으로 삶을 대해야 한다.

1. 열등감을 버려라.

타인의 잣대와 기준으로 자신을 저울질하는 사람은 대체로 열등감이 크다.

미국 작가 러셀 콘웰Rusell Conwell은 적어도 95%가 넘는 사람의 삶이 크고 작은 열등감으로 말미암아 상처받고 있으며 성공하지도 행복하지도 못한 수백만 명의 사람들 역시 열등감으로 삶에 심각한 지장을 받는다고 지적했다.

재미있게도 열등감은 사실이 아니라 사실에 대한 평가에서 발생한다. 예를 들어 어떤 사람이 목소리가 안 좋고 노래 실력도 썩 좋지 않다고 하자. 이는 그가 노래 부르기에 재주가 없다는 사실만 설명할 뿐, 그가 부족한 사람이라는 의미일 수 없다. 사람이 부족한가, 부족하지 않은가는 어떤 기준으로, 누구의 기준으로 자신을 평가하는지로 결정된다.

열등감의 가장 주요한 징후는 자신이 남보다 못하다고 느끼는 것이다. 이런 심리는 대부분 경우 자신이 도달할 수 있는 범위를 훨씬 넘어서는 '누군가의 기준'으로 자신을 평가하기 때문에 생겨난다.

기억하자. 모든 사람은 유일무이하며 비교불가한 존재다.

바닷가에서 휴가를 보내던 한 부자가 해변을 산책하다가 누워서 한가로이 햇볕을 쬐고 있는 젊은 어부를 보았다. 부자는 젊은 어부의 이런 행태가 영 못마땅했는데 가난한 사람이 시간을 함부로 허비해서는 안 된다고 생각했기 때문이다. 부자가 어부에게 물었다. "인생에서 가장 좋은 시절에 왜 열심히 고기를 잡지 않습니까?"

어부는 눈을 뜨며 "왜요?"라고 물었다.

"시간 낭비하지 말고 열심히 고기를 잡으면 돈을 더 모을 수 있고, 그러면 더 큰 고깃배를 사서 자기 장사를 크게 할 수도 있을 텐데요."

"그게 뭐라고요."

어부가 심드렁하게 대답하자 부자는 약간 화가 났다. 게으르기도 하지만 머리까지 조금 나쁜가 보군. "그러면 자기 집을 살 수도 있고, 매년 해변에서 휴가를 보내면서 경치 구경도 할 수 있으니 얼마나 좋겠소."

그러자 어부는 웃으면서 말했다. "지금 그러고 있는데요?"

이야기 속 부자는 어부에게 자신의 기준을 강요하는 실수를 저질렀다. 젊은 어부는 부자보다 감성지능이 훨씬 높은 사람임에 틀림이 없다. 다른 사람의 기준으로 자신을 몰아붙이지 않고 자신의 방식으로 살기 때문이다.

맹목적으로 남들한테 무조건 맞추려고 하지 말자. 자신에게 뭔가를 요구하거나 바꾸려고 할 필요도 없다. 그래야만 가장 좋은 자신을 잃어버리지 않고, 불행한 결말을 맞지 않을 수 있다.

2. 질투를 버려라.

질투는 현대 사회에서 아주 흔한 일종의 현상이다. 원래 엇비슷한 수준인 두 사람이 '균형'을 이루고 있었는데 갑자기 그중 하나가 다른 하나를 뛰어넘으면서 원래의 균형이 깨지고 불균형이 생겼을 때, 추월당한 사람은 쉽게 질투라는 감정에 휩싸이곤 한다.

사람이 아주 평범하게 살면, 심지어 아예 아무것도 하지 않으면 오히려 평안한 나날을 보낼 수 있다. 그런데 약간의 성과를 내고 작은 영예를 얻기만 해도 사방에서 이러쿵저러쿵 말들이 들리기 시작하고 질투가 폭풍우처럼 휘몰아치곤 한다. 이야말로 질투심의 해악이다.

질투를 떨쳐버리지 못하면 나를 제대로 볼 수도, 마음 편히 살 수도 없다.

자신을 아는 방법

사람이 자기를 정확히 알고 객관적으로 평가하면 하는 일이 잘 되고 삶이 행복해진다. 어떻게 하면 나를 더 정확하게 알 수 있을까?

1. 과거로부터 안다.

자기를 정확히 아는 가장 좋은 방법은 삶의 역사를 되짚어보는 것이다. 자신이 이전에 했던 일들을 다각도로 분석해보자. 가능한 한 정확하고 객관적이어야 한다.

2. 타인의 평가에 비추어 안다.

친구는 생각보다 당신을 더 잘 알고 있다. 가장 친한 친구나 가까운 관계의 동료에게 당신에 관해 허심탄회하게 이야기해달라고 부탁하고 여러 내용을 종합해 분석한다.

3. 배움과 직업을 통해 안다.

배움을 어떻게 보는가? 흥미를 느끼는가? 업무, 정치, 전공 분야의 학습에 대해 어떤 태도를 보이는가? 효과는 어떠한가? 지금의 직업을 좋아하는가? 어떤 수준에 이르렀는가?

4. 일과 생활을 살펴 안다.

일 욕심이 있는가? 어떤 일을 주로 하는가? 자기 일을 위해 기꺼이 싸울 준비가 되어 있는가, 아니면 겨우 그럭저럭 대처하는 데 만족하는가? 현재 어느 정도의 성과를 거두었는가? 개인과 가정생활은 어떠한가? 행복한가? 이유는 무엇인가?

5. 강점과 약점을 파악해 안다.

일과 학습 면에서 강점은 무엇인가? 성취 수준은 어떠한가? 남들은 어떻게 보는가? 당신의 약점은 무엇인가?

6. 흥미로운 일에서 안다.

무엇에 흥미를 느끼는가? 어떤 것이 가장 흥미로운가? 흥미가 어느 정도로 발전했는가? 고상하고 유용한 흥미인가? 흥미가 일로 발전할 수 있는가? 이와 관련해서 더욱 구체적으로 분석해야 한다.

7. 직장과 가족을 통해 자신을 안다.

부서에서 얼마나 활약하는가? 직장에서 지위는 어떠한가? 동료들은 당신을 어떻게 생각하는가? 집안 상황은 어떠한가? 가족에 대한 책임감이 있는가? 가족들은 당신을 어떻게 보는가? 어머니나 배우자는 당신을 어떻게 생각하는가? 자녀는 당신을 어떻게 보는가?

8. 생리적, 심리적으로 안다.

생리는 주로 몸이 건강한지를 보여준다. 심리는 좀 더 범위가 포괄적이어서 마음이 건강한지, 심리적 자질이 어떤지, 의지, 끈기, 마음, 정서 등이 기본적으로 어떠한지를 모두 다룬다. 자신의 생리와 심리를 분석하고 과학적으로 평가하기 위해서는 이런 내용을 전부 포함해야 더 포괄적이고 정확하게 자신을 알 수 있다.

내면 들여다보기

◆

그 안에서 진정한 자아를 찾고 받아들이고 발전시킨다.

Harvard Emotional Quotient Lecture

6

— 여섯 번째 수업 —

도도한 머리를 숙이고
진실한 자신을 받아들여라

부족함을 받아들이고
완벽의 오류에서 벗어난다

세상에서 가장 대단한 사람은 완벽주의자다. 그들은 종종 기적을 행하고 많은 놀라운 일들을 만들어낸다. 하지만 세상에서 가장 무서운 사람 역시 완벽주의자다. 자신의 결점은 물론 타인의 단점과 부족함까지 포용하지 못하고 까다롭기 때문이다.

하버드의 한 교수가 학생들에게 왜 어떤 이는 단짝 친구가 없고, 남들과 잘 지내지 못하며, 툭하면 기숙사 방을 바꾸는지 아느냐고 물었다. 그런 사람들은 누구도 곱게 보지 않으며 아주 사소한 문제를 빌미로 남의 장점을 무시하기 때문이다. 또 사람들 앞에서 말할 때 긴장하는 자신이 싫고, 긴장할 때 부자연스러운 표정이 되는 자신을 못 참기 때문이다. 말할 때 최대한 긴장을 억누르려 하지만 그럴수록 더 긴장하는 악순환만 생긴다고 말했다.

완벽을 추구하는 것이 인간의 천성이라지만 세상에 완벽한 것은 없다. 맹목적으로 완벽을 추구하면 삶의 멋진 장면을 놓치고 그 과정에서 길을 잃게 된다. 사실 진정한 완벽함이란 일종의 발전, 즉 잘못을 인지하고 반성하는 발전이다.

감성지능이 높은 사람은 타협적인 완벽주의자로 이런 사람을 '최적주의자optimalist'라고 부른다. 이들은 완벽을 추구하는 마음을 오직 자신의 경력과 일에 둘 뿐이며 타인을 구속하는 데 쓰지 않는다. 그저 최선을 다해 자신에게 주어진 일을 가장 좋게 마무리하는 데만 집중한다. 이러한 성향은 많은 나쁜 상황에서 패배를 승리로 바꾸는 데 큰 도움이 된다.

항상 자신의 운명을 비관하는 농부가 있었다. 그는 한평생 남들에게 멸시당하는 자신의 비천한 지위를 불평하기만 했다.

하루는 농부가 마당의 풀을 뽑으려고 허리를 구부렸다. 그날은 무척 더운 날이어서 얼굴에 땀이 한 방울씩 흘러내렸다.

"빌어먹을 잡초들, 이것들만 없었어도 내 마당이 정말 아름다웠을 텐데. 대체 왜 자꾸 자라서 내 마당을 망치는 거야……"

농부가 계속 중얼거리며 불평을 늘어놓자 방금 뽑혀버린 잡초가 대답했다. "저기요, 우리가 얼마나 좋은 일을 하는지 몰라서 하는 소리예요. 제 말 좀 들어보세요. 우리는 흙에 뿌리를 집어넣어서 흙을 갈아엎는 역할을 한다고요. 사람들이 우리를 뽑을 때 흙은 이미 우리 덕에 새롭게 된 상태에요."

풀은 이야기를 계속했다.

"우리는 비가 오면 흙이 비에 씻겨 나가지 않게 하고, 건조해지면 흙이 바람에 날리는 일을 막아요. 마치 경비병처럼 당신의 마당을 지키고 있죠. 우리가 없으면 흙이 비에 쓸려가고 바람에 날려버릴 거예요. 그러면 사람들이 어떻게 꽃 구경을 하겠어요? 이제 앞으로는 활짝 핀 꽃을 보면서 우리의 이로움을 좀 생각해줄 수 있을까요?"

이 우화는 세상에 완벽한 사람은 없다는 아주 중요한 사실을 알려준다. 이야기 속의 '잡초'는 농부의 비난과 질타에도 열등감에 빠지지 않고 슬퍼하지도 않으며 자신의 장점과 가치를 하나하나 나열한다. '감성지능이 높은 사람'의 전형적인 모습이다.

완벽주의자의 또 한 가지 무서운 점은 완벽함에 도달할 수 없음을 깨달으면 크게 낙담해서 '상을 엎어버리는' 경향이 있다는 사실이다. 즉 완벽하게 안 될 바에야 차라리 안 하겠다는 태도다. 이런 부정적인 태도는 종종 성공으로 나아가는 길에 방해 요소로 작용한다.

프랭클린 루스벨트Franklin Roosevelt는 미국의 가장 위대한 대통령 중 한 사람으로 경제 불황을 이겨내고 제2차 세계대전에서 미국을 승리로 이끌었다. 이는 루스벨트의 낙천적인 성격과 밀접한 관련이 있다.

루스벨트는 어렸을 때 겁이 많은 아이였다. 수업 시간에 선생님이 지목해 글을 읽으라고 하면 언제나 표정이 굳어서 벌벌 떨었다. 숨이 가빠지고 입술이 떨리고 목소리까지 제대로 나오지 않았다. 보다 못한 선생님이 그냥 앉으라고 하면 무슨 큰 사면이라도 받은양 큰 안도의 한숨을 쉬었다. 보통 루스벨트처럼 타고나기를 나약한 아이들은 대부분 예민하고 의심이 많으며 친구들과 잘 어울리지 못한다. 그러나 루스벨트는 자신을 실패자로 내버려 두지 않았다. 반 친구들의 비웃음과 조롱에도 용기를 잃지 않고 여러 사람 앞에서 입술을 떨면 마음속으로 자신을 응원하면서 이를 악물고 극복하려고 애썼다.

루스벨트는 자신을 정확히 이해하고 현실을 직시하는 사람이었다. 그는 자신의 결함을 담담하게 받아들였다. 자기가 용감하지도 잘생기지도 똑똑하지도 않음을 인정했지만, 그로 인해 의기소침하거나 열등감에 휩싸이지 않았다. 그는 결점을 극복하기 위해 최선을 다했고, 타고난 문제들이 절대 그의 성공을 가로막을 수 없음을 행동으로 증명했다. 그는 대통령으로서 대중의 눈에 비친 이미지가 얼마나 중요한 지 잘 알고 말할 때 입 모양을 바꿔서 뻐드렁니를 감추었다.

꾸준한 노력으로 점차 많은 사람에게 인정받게 된 루스벨트는 백악관에 입성하는 날까지 자신의 인간적인 매력을 한껏 드러냈다.

우리는 루스벨트의 이야기에서 감성지능이 높은 사람은 자신의 단점에 담담할 뿐 아니라 제한된 재능을 극대화할 수 있음을 알 수 있다. 물론 인생에는 분명 불완전한 것이 많다. 하지만 이 '불완전함'을 한탄하거나 맹목적으로 완전함을 추구하느니, 불완전한 마음 상태에서 벗어나는 편이 훨씬 낫다.

완벽을 추구하는 것 자체가 완벽한 것이 아니다. 인생에 완벽이란 없으며 완벽은 이상 속에 있을 뿐이다. 곳곳에 아쉬움이 있어야 진실한 삶이다. 끊임없이 완벽을 추구하느라 고뇌한다면 더 많은 회한이 남을 것이다.

교만은
우매와 무지다

프랑스의 한 철학자는 자신에 대해 솔직하게 이야기하려고 하지 않는다면 용기가 부족한 사람이 분명하다고 말했다.

왜 많은 사람이 자신에 대해 말하기를 꺼릴까? 마음을 열고 자기 이야기를 하다가 불가피하게 자신의 여러 결점이나 과거에 저지른 실수를 폭로하게 되기 때문이다. 알다시피 잘못을 인정하기는 여간 어려운 일이 아니다.

하버드 학자들은 자신이 틀렸음을 알고도 용감하게 감당한다면 아직 만회할 기회가 있다고 강조한다. 물론 쉽지 않은 일이고 큰 용기가 필요하지만, 문제가 더 커지지 않게 하는 유일한 방법이다.

"내 잘못이야!" 아주 간단해 보이지만, 이 말을 입 밖으로 내뱉는 데는 엄청난 용기가 필요하다. 잘못을 저질렀다는 것은 성숙하지 못하고 무능하다는 의미로 인식되기 때문에 괜히 인정했다가 꼬투리를 잡혀 연봉 협상에서 불리해지거나 승진에 악영향을 미칠 수도 있고 심지어 처벌까지 받을 수 있다. 이러니 아무래도 잘못을 인정하는 일을 주저하게 된다.

잘못을 인정하는 것은 책임을 지는 첫 번째 단계다. 잘못을 저질렀을 때, 그것을 은폐하거나 책임을 떠넘길 생각은 금물이다. 용감하게 잘못을 인정하고 만회하기 위해 가능한 한 모든 방법을 동원해서 잘못으로 말미암은 부정적 영향을 최소화해야 한다. 모든 일에는 양면성이 있는 법, 잘못을 인정하고 책임을 긍정적으로 받아들이는 과정에서 끊임없이 배우고 성장할 수 있다.

교만은 신분, 지위의 고귀함을 의미하지 않으며 사상과 영혼의 수준 높음을 보여주지도 않는다. 단언컨대 그것은 그 사람의 우매와 무지를 드러내는 일종의 질병이다.

봄이 오자 한 여인이 화원의 흙을 다시 고르고 다져서 화초를 심었다.

그녀는 나팔꽃 씨앗은 아무 데나 뿌리고, 장미꽃 씨앗은 눈에 잘 띄는 곳에 조심스럽게 심었다.

나팔꽃이 부러운 듯 말했다. "여주인은 너를 정말 소중하게 여기나 봐. 그렇게 높은 곳에 혼자 두었으니 말이야. 네가 피우는 꽃은 정말 아름답겠다."

장미꽃은 거만하게 "당연하지. 내 꽃을 나팔꽃 따위에 비교할 수 있겠니?"라고 말하더니 고개를 홱 돌려 나팔꽃을 무시했다.

나팔꽃은 무안해서 더 이상 아무 소리도 하지 않았다.

시간이 빠르게 흘러 눈 깜짝할 사이에 장미꽃과 나팔꽃이 만개할 때가 되었다. 나팔꽃을 배경으로 피어난 장미꽃은 더 화려하고 고상해 보였다. 장미꽃은 사람들 앞에서 그 매력적인 자태를 뽐내면서 벌과 나비를 끌어들였다. 많은 사람이 장미꽃에 감탄했는데 특히 여자들은 장미꽃을 마치 보석처럼 바라보았다.

어느 날 밤, 갑자기 비바람이 세차게 불더니 나팔꽃이 옆으로 크게 휘어졌다. 나팔꽃들은 무서워서 서로 꼭 껴안고서 무자비한 바람을 막아보려고 했다.

착한 나팔꽃들은 혼자 고립무원인 장미꽃을 향해 크게 소리쳤다. "장미꽃아! 어서 이리 와서 우리를 껴안아. 그래야 바람을 함께 막아낼 수 있어!"

하지만 장미꽃은 나팔꽃을 경멸하듯 바라보며 "너희를 껴안으면 내 정체성이 사라지잖아!"라고 말하더니 일부러 더 거리를 두려고 했다.

그 순간, 다시 비바람이 몰아쳤고 장미꽃은 세찬 바람에 허리가 확 꺾여서 부러졌다. 불쌍한 장미꽃은 어찌해보지도 못하고 그대로 바람에 날아갔다.

교만은 날카로운 검과 같아서 남을 해칠 뿐만 아니라 자신도 해친다. 장미꽃이 비바람 앞에서 고개를 숙이고 나팔꽃들을 껴안았다면 부러지는 꼴을 당하지는 않았을 것이다. 물론 정말 그렇게 했다면 그건 장미꽃이 아니다.

하버드 감성지능 강의

많은 사람이 스스로 내세우는 '정체성'을 유지하고자 한다. 예를 들어 내가 스타라면 이미지가 손상될 수 있으므로 언행에 특히 주의하고 팬에게 너무 가까이 가지 않는다. 또 만약 내가 부자라면 빈곤층 사람들과 거리를 둬서 정체성이 훼손되지 않게 한다. 사실 이런 것들은 모두 무의미하고 유치한 자기표현이다. 사람이 자기 마음 가는 대로 살지 못하고 부와 지위는 붙잡고 있으나 정작 자유를 잃는다면 무슨 의미가 있겠는가?

어느 날, 소크라테스의 제자들이 모여 이야기를 나누고 있었다. 부유한 집안 출신인 학생 한 명이 모두에게 자기 집이 아테네 근처에 넓은 논밭을 가지고 있다고 신나게 자랑했다.

그가 허세를 부리는 동안, 옆에서 잠자코 있던 소크라테스가 지도를 꺼내더니 말했다.

"아시아가 어디인지 알려다오."

학생이 지도를 가리키며 득의양양하게 말했다.

"여기 이 큰 땅이 전부 아시아입니다."

"그렇구나! 그럼 그리스는 어디인가?"

학생이 지도에서 가까스로 작은 조각 하나를 찾았는데 아시아에 비하면 턱없이 미미한 수준이었다.

소크라테스가 다시 물었다.

"아테네는 어디에 있는가?"

학생이 작은 점 하나를 가리키며 말했다.

"아테네는 더 작습니다. 여기인 것 같습니다."

마지막으로 소크라테스는 학생을 바라보며 "이제 너의 그 드넓은 논밭이 어디에 있는지 알려다오"라고 말했다.

학생은 땀을 흘리면서 찾았지만, 당연히 그의 논밭은 지도 위에 그림자도 없었다. 학생은 부끄러워하며 말했다.

"죄송합니다. 제가 잘못했습니다!"

교만은 알려진 사람에게만 국한된 것이 아니라 일반인에게도 아주 흔하다. 예를 들어 두 친구가 작은 일로 다투었는데 잘못한 사람은 체면 때문에 자기 잘못을 인정하지 않고, 다른 한 사람은 절대 양보하지 않는 일이 비일비재하다. 그 결과, 아주 사소한 일로 절교하고 서로 연락을 끊는 일이 생긴다.

대학 시절 절친한 사이였던 두 남자가 할리우드에서 일했다. 한 명은 감독, 다른 한 명은 배우였다.

한번은 두 사람이 같이 영화를 찍게 되었다. 배우들에게 늘 깐깐한 편이었던 감독은 촬영 내내 오랜 친구인 배우에게 전혀 거리낌 없이 다소 무례하게 비난을 퍼부었다.

그날 감독은 몇 장면이 계속 잘 나오지 않자 자기도 모르게 화가 치밀어 배우에게 "나는 너처럼 형편없는 배우는 본 적이 없어!"라고 소리쳤다. 자존심이 상한 배우는 더 이상 참지 못하고 대기실로 들어가 촬영을 거부했다.

모두의 설득 끝에 감독은 친구에게 사과하기로 하고 대기실로 가서 말했다.

"너도 알다시피 사람이 화가 나면 마음에도 없는 막말이 나오고 그러잖아. 지금 생각해보니까……"

하지만 배우는 감독이 사과하러 왔다는 말을 듣고 고개를 들고 냉랭하게 굴었다. 감독은 그 모습을 보고 우물쭈물하며 뒷말을 잇지 못하다가 한참 만에 입을 열었다.

"내가……, 내가 한번 생각을……, 아니 역시 넌 형편없는 배우야!"

이 말이 나오자마자 배우는 너무 화가 나서 영화에서 하차했고 두 사람은 절교했다.

몇 년 후, 배우가 중병에 걸렸다. 이 소식을 들은 감독은 급히 병원으로 뛰어갔고, 배우가 마지막 숨을 삼키기 전에 그제야 눈물을 흘리며 말했다.

"맹세코 너는 내 평생 만난 최고의 배우야!"

배우는 웃으며 세상을 떠났다.

우리가 사는 세상에 후회와 아쉬움이 너무 많은 까닭은 서로가 한 발짝도 양보하려 하지 않았기 때문이다. 잘못을 인정하는 것은 대체 얼마나 어려운가? 혼자 길을 걷다가 잘못 왔음을 깨달았을 때 자연스럽게 맞는 길을 찾아가는 정도다. 문제는 잘못을 반복할지언정 절대 인정하지 않는 사람이 있다는 것이다. 이런 사람들이야말로 진짜 겁쟁이다. 용감한 사람만이 잘못을 담담하게 직면하고 고칠 방법을 찾는다.

모두 빳빳이 세운 고개를 숙이고 잘못을 인정하는 법을 배울 수 있기를, 자신과 타인에게 솔직하고 성실하여 감성지능이 높은 사람이 되기를 간절히 바란다.

힘들어도
자기 부정은 금물이다

살다 보면 많은 어려움과 우여곡절이 있기 마련이고 곤궁한 상황을 겪기도 한다. 그러므로 적시에 고개를 숙이고 자신을 명확하게 보며 내면의 가장 진실한 욕구를 찾는 법을 배우는 것이 중요하다.

대로우는 〈선타임즈〉의 주필이다. 그는 원고를 읽을 때 중요하다고 생각하는 부분에 빨간 펜으로 표시해서 교정자들에게 '절대 삭제하지 말 것'이라는 메시지를 전달하는 습관이 있다.

그가 빨간 펜으로 표시한 부분은 단 한 번도 삭제된 적이 없었다. 한 젊은 교정자가 이 관행을 바꾸어 놓기 전까지는 말이다.

이 젊은 교정자는 우연히 대로우가 빨간 펜으로 표시한 부분을 읽게 되었는데 내용은 대략 이러했다.

"독자이신 래빗 씨가 커다란 사과를 주었는데 빨간 사과 껍질 위에 흰색 글자가 한 줄 있었습니다. 자세히 보니 주필의 이름이더군요. 인공재배의 기적이죠! 생각해보세요. 완벽한 사과 껍질 위에 뭘 했길래 이렇게 가지런하고 윤기 나는 글자가 나오게 했을까요? 우리는 놀라면서도 여러 각도로 추측했는데 이런 기적들이 어떻게 된 건지 끝까지 모르겠더군요."

사실 이 교정자는 이쪽 분야에 꽤 익숙해서 사과 껍질 위에 글씨를 남기는 법을 잘 알고 있었다. 우선 사과가 아직 빨갛게 익기 전에 종이를 글자 모양대로 잘라 붙인다. 이렇게 그냥 두었다가 사과가 빨갛게 익고 나서 종이를 떼면 하얀색으로 글씨가 남아 있다.

처음에 교정자는 그냥 웃기만 했지만, 곧 이 글이 그대로 나가면 분명히 사람들의 조롱거리가 될 것이라는 생각이 들었다. 아마 독자들은 주필이 이렇게 간단한 트릭조차 '여러 각도로 추측해도 끝까지 몰랐다니' 상당히 멍청하다고 생각할 거야. 이 젊은 교정자는 대로우에게 따로 알리지 않고 알아서 이 부분을 삭제했다.

다음 날 아침, 신문을 보고 크게 화가 난 대로우가 교정자에게 가서 물었다.

"어제 빨간 펜으로 표시한 '이상한 사과'에 관한 글이 있었는데 왜 신문에 실리지 않았지?"

긴장한 교정자가 떨면서 이유를 설명하자 대로우는 진지하면서도 친절하게 말했다.

"그런 거로군! 정말 잘했어. 다음부터는 내가 빨간 펜으로 표시했더라도 확실한 이유만 있다면 알아서 취사선택해도 좋네!"

세상에 완벽한 사람은 없으며 누구나 장단점이 있다. 실수하거나 잘못을 저지르면 용감하게 고개를 숙여 자신의 잘못을 인정해야만 진정한 자아가 될 수 있다. 하지만 안타깝게도 많은 사람이 잘못을 인정하는 대신 자기 딴에는 고쳐 보려다가 오히려 일을 그르치고서 자신을 부정하곤 한다. 실패와 난관에 부닥치기만 하면 자신을 부정하는 것이 습관이 된 사람은 자신감이 없어 성공하기 어려우며 당연히 장밋빛 미래를 기대하기 힘들다. 아무리 실패한 사람이라도 분명히 빛나는 면이 존재한다.

고대 그리스의 한 웅변가는 어렸을 때 목소리가 작고 말더듬이 심했다. 그는 커서 꼭 유명한 웅변가가 되기를 간절히 바랐지만, 사람들은 말도 안 되는 소리를 한다고 비웃었다. 그러거나 말거나 그는 웅변가가 되기 위해 노력을 아끼지 않았다. 목소리를 우렁차게 내려고 바닷가에 가서 고함을 질렀고, 폐활량을 늘리기 위해서 뛰거나 등산을 했으며, 혀를 잘 굴리기 위해 자갈을 물고 낭독 연습을 했다. 또 매일 거울 앞에서 연설 중에 하는 동작과 자세 등을 반복적으로 훈련했다.

마침내 한 변론대회에서 그는 아주 큰 성공을 거두었고, 당시 가장 유명한 웅변가 중 하나가 되었다.

만약 이 웅변가가 남들의 비웃음이나 조롱을 걱정하면서 자신의 잠재력을 부인했다면 그의 삶은 그다지 밝지 않았을 것이다. 오직 자신을 믿고 자신에 대한 희망으로 가득 찬 사람만이 비로소 성공을 이룰 수 있다.

자신을 부정하는 습관이 있는 사람들은 스스로 원해서라기보다 어렸을 때의 가정환경, 성장한 후의 생활 환경 등 객관적 요소에 영향을 받아서인 경우가 훨씬 더 많다. 타인에게 끊임없이 부정당하는 사람은 자신이 정말 그렇게 엉망인 사람인지, 정말 아무짝에도 쓸모없는 사람인지 자기도 모르게 의심하게 된다.

스코틀랜드 북부에 종종 귀신이 나타난다는 묘지가 있었는데 한 남자가 일이 바빠서 한밤중에 그 묘지를 지나 귀가해야 했다. 묘지를 지날 때, 가끔 소름 끼치는 비명이 들리고 박쥐들이 유령처럼 소리 없이 날아다녔으며 악마의 발톱처럼 뻗어 나온 죽은 나뭇가지들이 때때로 그의 얼굴을 할퀴었다. 그래도 이 남자는 이곳이 꽤 익숙한 편이라 전혀 겁먹지 않았다.

그렇게 잘 가나 싶었는데 뜻밖에도 낮에 새로 판 무덤구덩이를 못 보고 그만 빠지고 말았다. 이 구덩이는 너무 깊고 커서 키가 크고 건장한 그도 빠져나오기가 쉽지 않았다. 여러 차례 시도해봤지만 올라가지 못하자 이 남자는 그냥 포기하고 날이 밝으면 사람을 불러 도움을 청하기로 했다. 잠시 후, 또 다른 사람이 지나가다가 역시 이 구덩이에 떨어졌다. 그는 매우 당황해서 죽을힘을 다해 올라가려고 발버둥 쳤지만, 첫 번째 남자보다 훨씬 왜소해서인지 젖 먹던 힘까지 다해도 구덩이를 빠져나가지 못했다.

첫 번째 남자는 보다 못해 "괜히 힘쓰지 말고 그냥 있어요. 어차피 못 올라가요"라고 설득했다. 안 그래도 무섭고 당황스러운데 뒤에서 그런 소리까지 들리자 두 번째 남자는 귀신이 나타난 줄 알고 기겁했다. 그는 비명을 지르면서 손과 발을 마구 움직이며 몇 번을 버둥거리더니 기어코 구덩이를 빠져나가 흔적도 없이 달아났다.

구덩이 안에 남은 첫 번째 남자는 두 번째 남자가 나가는 것을 보고 뒤에서 소리쳤다. "기다려요. 나 좀 당겨줘요!" 말하면서도 올라가보려고 노력했지만, 그는 여전히 올라갈 수 없었다.

이 이야기에서 구덩이에 먼저 빠진 사람은 키가 크고 건장한 사람인 반면, 나중에 떨어진 사람은 상대적으로 왜소하고 힘이 없었다. 하지만 두 번째 남자는 구덩이를 빠져나왔는데 첫 번째 남자는 오히려 나오지 못했다. 그 이유는 첫 번째 남자가 자신을 부정하면서 속으로 자신에게 '올라갈 수 없다'라고 암시했기 때문이다.

자기 부정에 익숙한 사람은 타인의 칭찬에 더 주목하고 비방은 더 무시해야 한다. 무슨 일을 하든지 스스로 자신을 격려하는 법을 배우고 항상 자신의 장점을 기억해야 한다. 좌절을 겪고 상처를 입거나 의기소침할 때도 자신을 더 많이 격려하고 응원해야 한다.

나는 안 돼, 나는 할 수 없어 같은 말은 아예 입에 올리지도, 아니 생각하지도 말자. 심리적 암시의 효과는 생각보다 훨씬 더 크다. 부정적인 생각은 점차 당신의 잠재의식 속에 침투해서 시간이 흐를수록 스스로 생각하고 상상하는 방향을 바뀌게 한다.

자기 의심이나 자기 부정은 감성지능을 약화하므로 반드시 없애야 한다.

타인의 기대에
부응할 필요는 없다

　노르웨이의 유명한 극작가 헨릭 입센Henrik Ibsen은 "온 세상을 손에 넣고도 '자신'을 잃는다면 쓴웃음을 짓는 해골 위에 왕관을 씌우는 것과 같다"라고 말했다. 모든 삶의 의미는 자신을 창조하는 데 있다. 자기가 없으면 타인을 아무리 열심히 따라 하고 똑같이 흉내 내도 결국 남의 그늘 속에서 살아가게 된다. 타인의 발자국을 밟으며 걷는 사람은 절대 자신의 발자취를 남기지 못한다. 타인을 모방해서 위대해진 사람은 없다. 처음에는 모방으로 성공을 거두었더라도 일정한 시간 안에 자신만의 색깔을 찾아내야 하며 그렇지 않으면 잠시 피었다 사라지는 꽃처럼 환하게 빛나는 무대 위에서 한순간에 추락할 수도 있다.

　프랑스 생물학자 파브르Jean Henri Fabre가 재미있는 실험을 했다. 그는 애벌레들을 큰 화분의 테두리 위에 올려놓고 선두 애벌레가 테두리를 돌게 유도했다. 그랬더니 다른 애벌레들도 선두 애벌레를 따라갔다. 애벌레들은 화분 테두리 위에서 서로 꼬리에 꼬리를 물고 기어서 하나의 원을 이루었다. 그렇게 끝도 없이 먹지도 쉬지도 않고 계속 며칠을 돌던 애벌레들은 결국 영양 부족으로 화분 아래로 툭툭 떨어졌다. 이 실험이 시사하는 바는 무분별한 모방은 올바른 방향을 볼 수 없게 한다는 점이다. 모방하는 대상 자체가 틀렸는데 제대로 분석하지도 않고 무조건 따라 하다 보면 오류의 심연으로 치달을 수밖에 없다.

개성을 중시하고 자기 가치를 드러내야 하는 이 시대에 모든 사람은 분명히 자신만의 특성과 강점이 있다. 하지만 안타깝게도 많은 사람이 자신의 잠재력을 발견하지 못하고 맹목적으로 타인을 따라 하는 과정에서 점차 자신을 잃는다.

오래전 영국의 시골 마을에 서로 의지하며 사는 할아버지와 손자가 있었다. 어느 날 아침, 두 사람은 생필품을 사러 평소보다 조금 일찍 일어나 시장에 갔다. 그들은 필요한 물건을 사고 가축을 파는 노점에서 당나귀 한 마리도 샀다. 돌아오는 길에 지친 할아버지는 당나귀를 탔고, 손자는 그 뒤를 따라 걸었다. 잠시 후, 한 노부인이 다가오더니 "정말 이기적인 사람이군요. 자기는 나귀를 타고 편하게 가면서 손자는 걷게 놔두다니요. 아이가 아직 어린데 혼자 먼 길을 걷게 해서는 안 되죠!"라고 말했다. 이 말을 들은 할아버지는 일리가 있다고 여겨 미안한 듯 손자를 보고서 노부인에게 말했다. "맞는 말씀입니

다. 고맙습니다!" 할아버지는 당나귀에서 내려와 손자를 안아 당나귀
에 태웠다.

　노부인이 떠나가는 모습을 보며 할아버지와 손자는 한숨을 쉬면
서 계속 앞으로 갔다. 잠시 후, 또 한 명의 노인이 나타났다. 노인은
두 사람을 보더니 얼굴까지 붉히며 손자에게 "이런 불효자 같으니라
고! 연로한 할아버지를 걷게 하고 너는 당나귀 위에서 편하게 앉아
가면 기분이 좋으냐!"라고 꾸짖었다. 노인의 말을 들은 손자는 부끄
러워서 얼른 당나귀에서 내려 할아버지를 부축해 태우고 자신도 올
라탔다. 두 사람은 함께 당나귀를 타고 집으로 향했다.

　잠시 후, 이번에는 당나귀를 키우는 사람이 걸어왔다. 그는 할아
버지와 손자가 모두 당나귀를 타고 있는 모습을 보고 냉큼 쫓아오더
니 가로막고서 잔뜩 화난 표정으로 쳐다보았다. "정말 너무 하시네!
이렇게 잔인하게 동물을 학대하는 법이 어디에 있소? 두 사람이 같이
타면 당나귀가 얼마나 힘이 들겠냐는 말이에요. 말 못 하는 동물이라
고 함부로 하면 어떻게 합니까? 동물도 감정이 있다고!" 이 말을 들은
할아버지와 손자는 겁을 먹고 어쩔 수 없이 둘 다 당나귀에서 내려
끌고 갔다.

　얼마 지나지 않아 두 사람은 방금 학교를 마친 듯한 학생들을 만
났다. 학생들은 할아버지와 손자를 보고 비웃으며 "정말 바보 같다!
당나귀가 있는데 타지도 않고 끌고 가다니 진짜 이상한 사람들이네!"
라고 말했다. 할아버지와 손자는 이 말도 일리가 있다고 여겼지만,
다시 당나귀에 타지는 않았다. 또 누군가가 보고 소란을 피울까 봐
두려웠기 때문이다. 이제 그들은 당나귀를 메고 걷기 시작했다.

　하버드 감성지능 강의

집까지 가려면 다리를 건너야 했다. 할아버지와 손자는 조심조심 걸었지만, 물살이 너무 세서 겁을 먹은 당나귀가 버둥거리는 바람에 그만 놓치고 말았다. 당나귀는 휘몰아치는 강물 속에서 순식간에 사라졌고, 할아버지와 손자는 아무것도 얻지 못했다.

사람은 살아가면서 타인의 기대에 부응하기보다 자신의 본성에 충실해야 한다. 가장 진실한 자신이 되어야 가장 아름다운 미래를 맞이할 수 있다.

베토벤Ludwig van Beethoven은 바이올린을 배울 때, 자신의 곡만 연주하고 당시 대중적으로 유행하던 여러 기교를 배우려 하지 않았다. 친구들은 그런 그를 보고 작곡가가 되기에 적합하지 않다고 말했다. 아인슈타인은 어린 시절에 반응이 느리고 친구들과 잘 어울리지 못하며 공상만 하는 아이라는 소리를 들었다. 다윈은 어린 시절에 친구들에게 지극히 평범한 아이라는 말을 들었으며, 미식축구 감독 빈스 롬바르디Vince Lombardi는 미식축구를 전혀 모른다는 비난을 받았다. 톨스토이Lev Tolstoy는 대학 재학 중 성적이 나빠 자퇴를 권고받았고, 프랑스 조각가 로댕Auguste Rodin의 아버지는 아들이 바보라고 불평을 늘어놓았다.

세상이 인정한 천재들은 어릴 때 모두에게 좋은 평가를 듣지 못했으나 남의 기대에 부응하지 않고 자신의 길을 갔다. 그들처럼 스스로 자신을 삶의 무대 위에 주인공으로 올려야 더 찬란한 삶을 살 수 있다.

원칙을 고수해야만
진정한 자아를 찾을 수 있다

하버드가 세계적으로 유명한 까닭은 그곳이 지식의 전당일 뿐만 아니라 모든 학생의 마음을 움직이게 하는 정신과 품격으로 가득하기 때문이다. 하버드 교수들은 모두 각 분야에서 걸출한 학자들로 언제나 '말보다 경험이 중요하다'라는 교육 이념을 마음에 새기고 학생들에게 모범이 되기 위해 자신의 언행을 철저히 단속한다. 이런 분위기 역시 하버드의 명성을 널리 알리는 데 일조했다.

하버드는 학생들에게 무엇을 하든지 반드시 자신만의 원칙을 세워야 한다고 강조한다. 이 원칙에는 일을 처리하는 방법뿐 아니라 타인을 대하는 관점도 포함된다. 맹목적으로 남의 말을 잘 따르고 수용하는 태도는 그가 얼마나 나약한지 보여 줄 뿐이다. 사람에게 원칙이 없으면 옳고 그름을 가늠하는 잣대도 없는 것이다.

미국의 제18대 대통령 율리시스 그랜트Ulysses Grant는 "특별한 상황에서도 원칙을 지킬 수 있는가는 그 사람의 도덕적 수준을 판단하는 중요한 근거다"라고 말했다. 실제로 '원칙을 얼마나 중요시하는가'는 그 사람의 수양과 품격을 가늠하는 기준이 된다.

1764년 어느 날 밤, 갑작스러운 화재로 하버드대학교의 도서관이 불에 타고 수많은 고서적이 소실되었다. 이튿날 학교 안팎에 이 사건이 알려졌는데 한 학생이 유독 심각한 표정이 되었다.

화재 발생 전, 이 학생은 존 하버드John Harvard 목사가 기증한 책 한 권을 도서관에서 몰래 들고나왔다. 물론 다 읽고 나서 다시 가져다 둘 요량이었으나 기본적으로 규칙을 어긴 셈이었다.

그런데 도서관에 불이 나는 바람에 책을 아무도 모르게 가져다 두는 일이 불가능해졌다. 이제 방법은 홀리오크Edward Holyoke 총장에게 사실을 말하고 책을 돌려주거나 그냥 아무도 몰래 자기가 가지는 것뿐이었다. 학생은 하버드 목사가 기증한 책 300권 중 유일하게 남은 한 권을 바라보며 깊은 고민에 빠졌다. 머릿속에서 한바탕 전쟁을 치른 듯 생각에 생각을 거듭한 학생은 마침내 총장실 문을 두드리고 이유를 설명한 뒤, 책을 반납했다.

책을 건네받은 홀리오크 총장은 먼저 고마움을 표시하고 학생의 용기와 정직함을 칭찬한 후, 그를 퇴학시켰다.

많은 사람이 이 학생을 안타깝게 여기면서 이해하기 어려운 결정이라는 의견을 내놓았지만, 홀리오크 총장은 단호하게 말했다. "나

역시 마음이 아프지만, 교칙으로 하버드를 지키는 일은 그 무엇보다 안전하고 믿을 수 있는 우리의 철학입니다. 인정 때문에 원칙을 깨뜨릴 수는 없습니다!"

집단이든 개인이든 모두 저마다의 원칙이 있다. 원칙은 행위를 지도하는 일종의 마지노선으로 한번 깨지면 질서가 흐트러지고 이후로는 더 이상 준수하기 어려워지는 결과를 초래한다. 이런 의미에서 혹자는 원칙을 지키지 않는 일이야말로 가장 나쁜 일이라고 말한다.

물론 현실에서 원칙을 지키며 강직하게 사는 사람은 종종 기구한 운명으로 살아갈 수도 있다. 어쩌면 원칙을 고수하기보다 세상 물정에 밝고 약간은 약삭빠른 사람이 오히려 더 잘 살 수 있음을 부인하지 않는다. 그러나 이는 일시적인 성패일 뿐, 오랜 시간 길게 흐르는 강물에 일렁이는 작은 물보라에 불과하다.

감성지능이 높은 사람은 시대의 변화에 스스로 적응할 수 있는 사람이다. 하지만 그 전제는 반드시 원칙을 준수하고 이를 바탕으로 자신을 끊임없이 성장시키며 발전하는 것이다.

감정을 적절히 '흘려' 보낸다

　감성지능 연구자들이 감정에 대한 자기조절과 제어를 강조하기는 하지만, 적절한 감정 배출 역시 꼭 필요하다. 감정의 정화와 배출을 의미하는 '카타르시스'는 마음의 균형을 유지하고 정신 건강을 향상하는 중요한 방법이다. 부정적 감정이 닥쳤을 때, 그것을 무조건 억압하고 통제할 것이 아니라, 적절한 방법으로 그것이 우리에게서 멀어지도록 할 필요가 있다.

　살면서 스트레스가 점점 커지는데 성인聖人이 아닌 이상, 부정적 감정이 하나도 없을 수는 없다. 사실 많은 사람이 강한 자제력으로 부정적 감정을 교묘하게 숨기지만, 시간이 지나면 뇌 기능에 영향을 미치거나 신체적, 정신적 질병을 유발할 수도 있다. 따라서 억눌린 부정적 감정을 즉각 해소할 필요가 있다.

때로는 자신을 괴롭히는 문제들을 그냥 말하기만 해도 마음이 편해진다. 이것이 바로 카타르시스다.

하버드의 한 강의실에서 중국계 심리학 교수가 학생들에게 다음과 같은 이야기를 들려주었다.

20대 청년 장빈은 한창 젊은 혈기가 왕성할 때로 종종 다른 사람들과 부딪히곤 한다.

어느 날 저녁, 친구가 찾아와 강연을 들으러 가자고 제안했다.

"뭐 그리 대단한 강연이라고 이 밤에 가자는 거야?"

친구는 장빈의 시큰둥한 반응에 자신의 선의가 무시당한 것 같아 따졌고 장빈도 물러서지 않는 바람에 두 사람은 크게 말다툼을 벌였다.

당시 두 사람은 공원에 있었는데 결국 친구는 사리 구분을 못 하는 장빈에게 질려서 화를 내며 떠났다. 그때 저쪽에서 누군가 장빈을 불렀다.

"장빈, 이리 와!"

고개를 돌렸더니 동네에서 눈에 잘 띄지 않는 류 씨 아저씨였다.

은퇴한 류 씨는 평일에 항상 공원 정자에 자리를 잡고 친구들과 담소를 나누거나 혼자 차를 마셨다. 장빈은 그와 별로 친하지 않았다.

류 씨가 그를 불렀을 때, 장빈은 아직 방금 있었던 친구와의 말다툼에서 완전히 벗어나기 전이었다. 그래서 잠시 머뭇거렸지만, 어느새 가서 일단 몸을 굽혀 정중하게 인사했다.

"앉아, 차 한 잔 마셔!"

자리에 앉은 장빈은 희미한 가로등 아래에서 류 씨가 매우 침착하고 느긋하게 움직이는 모습을 보았다. 그는 유유히 찻주전자를 들고 장빈 앞에 놓인 찻잔에 차를 따르기 시작했다.

"어, 어! 아저씨, 다 찼어요."

찻잔이 이미 가득 차서 낡은 나무 탁자 위에 찻물이 사방으로 흐르는데도 류 씨가 멈추지 않고 차를 따르자 장빈이 참지 못하고 소리를 질렀다.

"그러네, 이제 다 찼네, 다 찼어."

류 씨는 웃으며 대답했지만, 여전히 계속 찻잔에 차를 따랐다. 이어서 그는 장빈의 찻잔을 들고 땅에 찻물을 쏟은 다음 다시 탁자 위에 놓고 말했다.

"전부 비우고 다시 담으면 더 낫지 않을까?"

이후 장빈은 항상 이 장면을 기억했다. 다른 사람과 충돌하거나 오해받을 때마다 류 씨가 자신을 위해 차를 따르는 모습이 머릿속에 떠올랐다. 그래, 전부 비우고 다시 담으면 더 낫지 않을까?

이야기에서 류 씨 아저씨가 알려준 '감정 비우기'는 무척 훌륭한 자기 관리법이다. 먼저 자신을 '텅 비우고' 마음을 가라앉힌 후에 상대방의 말에 귀를 기울인다면 또 다른 마음의 공간이 생긴다. 정서적 어려움이나 고통을 겪을 때는 그때그때 감정을 비워낼 출구를 찾아야 한다. 카타르시스는 분명히 필요하지만, 애꿎은 낯선 사람에게 함부로 쓰디쓴 찻물을 퍼부을 수는 없는 노릇이다. 감정을 배출하는 가장 적절한 방법은 무엇일까?

1. 자기 생각을 다른 사람에게 털어놓는다.

불쾌한 일을 겪을 때, 괜히 혼자 속끓이면서 부정적 감정을 억누르지 말고 털어놓는 법을 배워야 한다.

2. 다른 사물이나 일들을 통해 감정을 발산한다.

다른 사물이나 일들을 이용해서 마음속 슬픔, 걱정, 우울감, 후회를 배출하면 부정적 감정을 해소할 수 있을 뿐만 아니라 오해와 갈등을 피할 수 있다.

3. 자극원에 직접 화를 낸다.

화를 내는 것이 문제를 해결하는 데 유리하다면 그렇게 해도 무방하다. 다만 반드시 긍정적인지, 분명한 이점이 있는지, 합리적인지를 먼저 따져보아야 한다. 이 방법으로 부정적 감정을 해소할 뿐 아니라 원칙을 고수하고 정의를 구현할 수 있다.

4. 소리 내어 운다.

우는 것도 카타르시스의 한 방법이다. 너무 아프고 슬플 때는 눈물을 참기보다 차라리 큰 소리로 우는 편이 낫다. 연구에 따르면 감정을 표출하기 위해 흘리는 눈물은 다른 눈물과 달리 혈압 상승, 심장 박동 증가, 소화 불량 등 바람직하지 않은 증상을 유발할 수 있는 화학 물질을 체내에서 배출하는 데 도움이 된다. 많은 이가 경험했겠지만, 가족이나 친구들 앞에서 펑펑 울고 나면 고통과 슬픔이 한결 가벼워진다.

아무리 교양 있는 사람이라도 성질이 없을 리 없고, 화나지 않을 리는 더더욱 없다. 감성지능이 높은 사람은 적당한 때에 적당한 대상을 찾아 남에게 해 끼치지 않으면서 감정 쓰레기를 효과적으로 배출한다.

Harvard Emotional Quotient Lecture

7

일곱 번째 수업

좌절 속에서
다시 태어나
도약하라

좌절은
의지를 꺾을 수 없다

가장 아리따운 꽃들은 가장 검은 땅에서 피어나며, 가장 우람하고
우뚝 솟은 나무들은 늘 가파른 바위에 뿌리를 내린다. 이것은 자연
의 선택이자 자연이 주는 경고다. 인생에서 겪는 모든 불행은 재난이
아니며, 과거의 역경은 앞으로의 삶을 위한 행운의 씨앗이다. 고난은
우리의 여린 두 손을 꿰뚫기도 하지만, 동시에 우리의 마음을 강하게
만들고 앞으로 더 치열하게 경쟁할 수 있는 경험이 된다.

현실에서는 맡은 역할이 미약해서 자신의 지혜를 부정하고, 남에
게 괄시받아 의기소침해지며, 인정받지 못해 괴로워하는 사람이 많
다. 혹독한 추위를 이겨내는 매화가 유달리 향기롭고, 고난을 겪은
사람이야말로 숭고한 영혼을 가지는 법이다. 다만 이렇게 되려면 자
신에게 닥친 좌절과 고통을 감내해야 한다. 결국, 인간의 일생은 좌

하버드 감성지능 강의

절 속에서 끊임없이 분발하여 점차 이겨내고 희망을 싹틔우고 이상을 실현해서 행복의 저편으로 나아가는 과정이다.

어린 시절에 부모를 여의고, 가난하게 살고, 사랑하는 사람이 떠나고, 친구에게 배신당하고, 자녀를 잃고……, 삶의 불행들은 천차만별이나 어떠한 불행이든 그것을 대하는 태도는 두 가지뿐이다. 하나는 비관과 절망이고, 다른 하나는 좌절할수록 용기를 내어 희망을 잃지 않는 것이다.

영국 로이드 보험Lloyd's Insurance Company이 경매에서 거액을 들여 배한 척을 낙찰받았다. 1894년에 첫 항해를 시작한 이 배는 대서양에서 138개의 빙산에 부딪혔으며, 13차례 불이 났고, 116개의 암초와 충돌했다. 또 폭풍을 만나 돛대가 부러진 횟수는 무려 207번에 달했다. 그러나 단 한 번도 침몰한 적은 없었다.

로이드 보험은 이 배가 놀라운 경험을 했고 상당한 보험료 수익을 가져올 수 있다고 판단해 네덜란드에서 사들여 영국에 기부하기로 했다. 현재 이 배는 영국 포트 세일럼 국립 선박 박물관에 정박해 있다.

이 배가 진짜 유명해진 것은 우연히 관광을 온 변호사 덕분이다. 당시 그는 얼마 전 소송에서 져서 의뢰인이 스스로 목숨을 끊는 일을 겪었다. 이전에도 패소한 적 있고 주변 사람이 자살한 일도 처음은 아니었으나 이 일이 터졌을 때 그는 커다란 죄책감을 느꼈다. 그는 사업 실패라는 불행을 당한 사람들을 어떻게 위로해야 좋을지 몰라 괴로웠다.

이 변호사는 국립 선박 박물관에서 이 배를 보고 문득 깨달았다. 뜻하지 않은 불행을 겪고 실의에 빠진 사람들에게 이 배를 보여주면 어떨까? 이후 그는 이 배의 역사를 쓴 글과 배의 사진을 액자에 넣어 사무실에 걸어놓고 사업에 실패한 사람이 변호를 의뢰하러 오면 먼저 한번 보도록 권했다. 큰 바다를 항해하는 배가 상처를 입지 않을 수는 없다. 어느 누가 평생 순탄하게만 살 수 있겠는가? 여러 번 좌절하더라도 우리는 여전히 꿋꿋하게 버티고 인내해야 한다.

사람은 누구나 살면서 크고 작은 좌절을 겪는다. 이때 어떤 사람들은 좌절을 맛보고도 여전히 고개를 꺾지 않고 웃지만, 어떤 사람들은 삶에 대한 의지를 잃고 자포자기한다. 좌절은 두려운 것이 아니다. 사람이 강인하면 좌절이 알아서 떠나가지만, 사람이 유약하면 좌절이 밧줄처럼 두 발을 꽁꽁 묶는다. 좌절을 대하는 사람들의 태도가 그렇게 판이한 까닭은 저마다 감성지능의 수준이 다르기 때문이다. 감성지능이 높은 사람은 좌절에 저항하는 능력이 있다.

한쪽 다리가 사라진 미군 병사가 베트남 전쟁터에서 고향으로 돌아오자 주위에 아이들이 몰려왔다. 그중 한 아이가 다리가 하나 없으면 옷을 만들 때 옷감을 아낄 수 있겠다고 비웃었다. 이런 소리를 듣고도 병사는 슬퍼하기는커녕 웃으면서 말했다. "맞아, 그래서 나도 기쁘단다. 그런데 말이야, 나는 다른 동료가 부러워. 다리를 둘 다 잃어서 옷감을 나보다 더 많이 아낄 수 있거든!"

이 병사는 다리를 잃었다고 비관하기보다 자조적인 태도로 더 어려운 처지에 놓인 사람들과 자신을 비교해서 삶을 마주할 용기를 북돋웠다. 이는 그가 좌절에 대한 저항력이 무척 강하고, 감성지능이 매우 높은 사람임을 보여준다.

역경을 겪으며 좌절할 때, 자신보다 더 불행한 사람을 생각하라. 그러면 지금의 그 고통이 아무것도 아니라는 생각이 들 것이다. 두 눈을 모두 실명한 헬렌 켈러Helen Keller, 전신이 마비된 장하이디張海迪(중국의 작가이자 번역가, 혈관종양으로 사지가 마비된 채 독학으로 3개 국어를 공부했다.-옮긴이 주) 같은 사람에 비하면 당신의 불행이 얼마나 보잘것없고 하찮은 것인지 깨닫게 될 것이다. 그러면 곧 좌절감이 사라진다.

좌절 자체가 문제가 아니라 당신이 좌절을 직면하지 않는 것이 더 문제다.

꼿꼿이 서서
운명의 일격에 맞선다

하버드의 과제는 양이 많고 수준이 높아 웬만큼 강인한 사람이 아니라면 엄청난 학습 스트레스에 압도될 가능성이 크다. 이 때문에 하버드 교수들은 학생들의 좌절 저항력을 훈련하는 데 많은 관심을 기울인다. 이는 감성지능 교육의 중요한 일부이기도 하다.

강인한 사람은 수천 번의 시련을 겪어도 여전히 단단하고 삶을 사랑하는 마음을 잃지 않는다. 강인함은 나약한 사람을 자립하게 만들고, 가난한 자가 스스로 삶의 탈출구를 찾도록 한다. 아메리카 신대륙의 발견은 개척자들의 강인함과 집념이 이룩한 인류 역사의 위대한 업적이다. 개척자들은 그 과정에서 보통 사람들이 상상할 수 없는 수많은 난관에 봉착했지만, 그때마다 특유의 끈기와 의지로 극복하고 인내하며 집요하게 나아갔다.

캐나다인 샘 설리번은 19세에 스키장에서 친구의 다리 사이로 스키를 타고 지나가는 게임을 하다가 목이 부러져 목 아래 전신이 마비되었다. 이후 키가 크고 잘생긴 이 청년은 고개만 움직이는 장애인이 되어 평생 휠체어에 의지해 살게 되었다.

한창 나이인 청년에게 이런 종류의 불행은 의심할 여지 없이 치명적이다. 목이 부러진 후, 몇 년 동안 집에만 있던 설리번은 계속 살아야 할지 죽어야 할지 고민하며 고통 속에 몸부림쳤다. 결국, 자살을 결심한 그는 다치기 전에 아르바이트로 번 돈을 모두 들여 장애인 전용 자동차를 한 대 샀다. 집에서 죽으면 부모님이 너무 슬퍼할까 봐 이 차를 몰고 절벽 아래로 추락해 죽을 요량이었다. 그러나 운명의 신이 그가 죽기를 원치 않았던지 몇 차례 시도가 모두 실패했다. 이후 설리번은 이미 노인이 된 부모님께 더 이상 폐를 끼치고 싶지 않다며 집을 나가겠다고 고집을 부려 나라에서 제공하는 비영리 아파트로 이사했다.

아파트에서의 생활은 외롭고 쓸쓸했다. 어느 날 저녁, 설리번은 혼자 방안에서 절망의 고통을 음미했다. 사방의 텅 빈 벽을 보고 있자니 꼭 자신의 공허한 삶인 것만 같아 괴로웠다. 답답해서 휠체어를 타고 밖으로 나가 보니 저 멀리 석양의 잔광 속에 펼쳐진 도시가 보였다. 그곳에는 삶의 활력이 끓어오르고 있었고, 사람들은 삶의 돛을 올려 저마다 앞으로 나아가고 있었다. 설리번은 자신도 돛을 휘날리며 넓은 바다를 항해하는 보통 사람이 되고 싶었다. 왜 안 되지? 정말 안 될까? 나는 머리가 좋아, 혼자 밥을 먹고 옷도 입을 수 있지, 심지어 미소를 지을 수도 있잖아. 그는 자신에게 말했다. "저 사람들처럼 될 수 있어! 너는 일도 하고 더 좋은 삶을 살 수 있어. 다치기 전에 기회가 10억 개라면 지금은 5억 개 정도겠지. 아직 희망의 빛은 꺼지지 않았어!" 바로 그 순간에 새로운 샘 설리번이 탄생했다.

이후 설리번은 광범위하게 지식을 섭렵하며 용감하게 삶에 도전했다. 비행기 조종을 배웠고, 다른 장애인 20명에게 비행 기술을 가르치기도 했다. 설리번은 캐나다에서 나고 자란 토박이지만, 밴쿠버 인구의 3분의 1 이상이 중국인이어서 광둥어도 배웠는데 이는 나중의 시장 선거에서 큰 도움이 되었다. 선거 유세를 다닐 때, 설리번이 광둥어를 하면 중국인들은 큰 박수와 응원을 보냈다. 사실상 밴쿠버에 사는 중국인들은 거의 설리번에게 표를 던졌다고 할 수 있다.

시간이 흐를수록 밝게 빛나는 오라가 설리번의 몸을 감싸는 것 같았다. 삶에 희망을 잃었던 장애인이었던 설리번은 세상에 자신의 존재 가치를 증명해 보였다.

사람이 얼마나 멀리 갈 수 있는지는 도전에 직면했을 때의 태도와 의지에 달려 있으며 휠체어를 타고 있는지와는 아무런 관련이 없다. 운명에 맞서는 설리번의 집념과 용기는 사지가 멀쩡한 사람들을 부끄럽게 만들기에 충분했다.

들풀은 너무 흔해서 어디에서나 볼 수 있다. 봄이 시작되면 싹을 틔워 파릇파릇해지고, 가을에 바람이 불 때도 여전히 초록색이다. 서리가 내리며 추워진 날씨가 의지를 꺾으려 해도 그 누렇게 말라버린 들풀은 여전히 꼿꼿이 서 있다. 그러다 혹독한 겨울이 되어서야 풀은 진흙으로 녹아 다음해를 위한 양분이 된다.

하버드 감성지능 강의

사람은 정말 들풀처럼 살아야 한다. 아무리 열악한 환경이라도 꿋꿋하게 똑바로 서서 매서운 추위도, 바람과 서리도 두려워하지 않아야 한다. 사람은 태어나서 한세상을 살고, 초목은 나서 봄 한 철을 산다고 했다. 들풀의 생명은 짧지만, 강인하고 끈질기다. 머리를 밟혀도 들불에 타도 완강히 굽히지 않던 그 생명은 내년에도 계속될 것이다.

세월의 변천과 우여곡절을 겪으면 강인함과 끈기를 잃기 쉽다. 우울하고 폐쇄적으로 변하며 방황하거나 아예 주저앉기도 한다. 때로는 세상을 탓하고, 때로는 운명을 한탄한다. 뚜렷한 개성을 잃지 않고 자신을 지키는 사람, 내면의 초심을 기억하는 사람은 무척 드물다.

들풀은 봄부터 겨울까지, 사람은 태어나서 늙어 죽을 때까지 산다. 봄여름의 한 계절은 덧없는 순간이고 인생 역시 너무나 짧아 해보지 않은 일로 가득한데 불만과 한탄만 쏟아낸다면 너무 아깝지 않은가? 타오르는 들불은 풀잎이 다시 나기를 재촉하는데 왜 우리는 좌절의 타격을 견디지 못하는가? 삶의 목적지는 모두 같지만, 그 해석과 과정이 다를 뿐이다. 이왕 같은 결말이라면 그 과정을 좀 더 강인하고 끈질기게 이끌어가는 편이 더 흥미진진하지 않을까?

고개를 들어 좌절에도 무너지지 않는 강인함을 보여라.

절망의 바닥에서
희망을 찾다

하버드인들은 누구나 절체절명의 순간이 있지만, 그것은 결코 인생의 절망이 아니라 정신과 신념의 절망이라고 굳게 믿는다. 정신이 무너지지 않는 한 분명히 희망이 있고, 희망이 있으면 스스로 자신을 구원할 수 있다!

인생에서 좌절과 고난은 불가피하다. 자만심과 좌절감은 모두 한 순간에 불과하며 그다음 순간에 어떤 일이 일어날지는 아무도 예측할 수 없다. 우리가 반드시 기억해야 할 것은 단 하나, 절대 절망할 수 없다는 사실이다. 역경이 닥쳤을 때, 비관하고 낙담하지 마라. 무슨 일이든 지금 아무리 견디기 어려울 정도로 고통스럽다 해도 그 안에 푹 파묻혀 스스로 빠져나갈 수 없게 가두어서는 안 된다. 고통이 마음속에 오래도록 도사리지 않도록 하라. 강한 의지로 맞서고 극복할 방법을 찾아 마침내 이겨내야 한다.

강한 신념이 있는 한 희망은 사라지지 않는다. 많은 사람이 곤경에 빠지면 비관하고 실망하며 자신에게 보이지 않는 엄청난 압박까지 준다. 그럴 때일수록 이 고난이 희망의 시작이며 훗날 더 좋은 삶으로 이어질 수 있음을 굳게 믿어야 한다. 긴장을 풀고 희망은 어디에나 있다고 굳게 믿는다면 아무리 큰 어려움이 닥쳐도 그렇게 어렵지 않을 것이다.

프랑스 유명 IT 기업 아시아 지부장이자 수석 대표인 류리뤼도 성공하기 전 1,000번이 넘게 거절당한 경험이 있다.

류리뤼는 1990년에 남편을 따라 프랑스에 정착했다. 일상적인 의사소통조차 어려운 시절부터 프랑스 사회에 적응하고 현지 유명 IT 기업의 임원이 되기까지 언뜻 보면 무척 순조로운 것 같으나 사실은 그렇지 않았다. 그 시간 동안 그녀가 얼마나 많은 고난과 역경을 거쳤는지 아는 사람은 그리 많지 않다.

누군가 성공의 비결을 묻자 그녀는 옅은 미소를 지으며 "시련을 이겨내고 좌절에서 성공의 기회를 발견한 덕분이죠"라고 말했다.

류리뤼는 1963년에 중국의 지식인 집안에서 태어났다. 그녀의 가족은 매일 다음 끼니를 걱정할 정도로 가난했다. 아버지는 젊은 시절 우파로 몰려서 온 가족이 톈진 근처 시골로 내려가 힘들게 살아야 했다. 간신히 중학교만 마치고 시골로 내려간 언니를 보며 여덟 살 류리뤼는 들판에 앉아 앞날을 걱정하곤 했다.

중국 대학 입시가 재개되자 류리뤼는 1981년에 중국정법대학中國

政法大學에 입학했다. 졸업한 후에는 학교에 남아 법률 자문직으로 일했는데 당시 급여가 이미 다른 사람들보다 훨씬 많았다. 이후 25세가 되던 해에 젊은 물리학자와 결혼하고 1990년에 남편과 함께 프랑스로 건너가면서 류리뤼의 인생 궤적이 크게 바뀌었다.

"다들 해외 이주를 좋은 탈출구라고 생각하는데 사실 저에게 해외 이주는 더 이상 길이 없다는 의미랍니다."

당시 류리뤼는 마치 블랙홀에 들어간 듯 삶의 빛을 찾지 못하고 방황했다.

"갑자기 제가 아무것도 모르는 어린아이만도 못하다는 생각이 들더군요. 정신적 고통이 상당했습니다. 힘들 때는 오히려 조급해지면 안 됩니다. 에너지가 고갈되거든요."

류리뤼는 디자인을 배우기 시작했고, 동시에 언어 실력을 끌어올리며 발전을 도모했다.

안타깝게도 현지에 불황이 계속되는 가운데 외국인이 일자리를 구하기란 쉬운 일이 아니었다. 구직 편지를 100통 보내면 기껏해야 10분의 1 정도 답장이 왔고 하나씩 면접을 보러 다녔다. 연락 온 회사가 외딴 교외에 있으면 아침 일찍 일어나 버스나 기차를 타고 가까스로 도착했다. 하지만 애초에 직원이 부족하지 않은 곳이거나 류리뤼에게 적합하지 않은 직장임을 알고 빈손으로 집으로 돌아오면 이미 한밤중인 일이 부지기수였다.

류리뤼가 정성 들여 써서 보낸 구직 편지들은 대부분 버려졌다. 보다 못한 남편이 이제 그만 하라고 말렸지만, 류리뤼는 아무리 생각해도 종일 집안일만 하는 주부로 살 수는 없었다.

그렇게 몇 년에 걸쳐 보낸 구직 편지만 1,000통이 넘었다. 하지만 그녀는 1,000번 거절당할 때마다 1,000번 일어나서 혼잣말했다. "할 수 있어! 여기서 멈추지 않을 거야!"

수년의 끈질긴 노력이 마침내 빛을 발했다. 1,000번의 거절 후에 모바일 디지털 기기를 연구 및 생산하는 기업에서 그녀에게 기회를 준 것이다. 류리뢰는 어릴 적부터 신기술 분야를 동경해 왔기에 이내 업무를 파악했고, 법률을 공부한 배경은 더 높이 도약할 수 있는 날개가 되었다. 결국, 류리뢰는 이 기업의 전 세계 지부 임원 10명 중 유일한 여성이 되었다.

누구나 살면서 고난과 역경을 겪을 수 있다. 문제는 그것을 이겨 내느냐인데 이겨낸다면 그 자체로 당신은 삶의 강자이자 영웅이다. 어떤 의미에서 좌절은 의지를 다지고 능력을 강화하는 좋은 기회다. 한번 실패했다고 해서 노력을 포기하지 않기 바란다. 끊임없이 시도하면 언제든 성공할 수 있다.

제2차 세계대전 중 독일 나치의 포로수용소 군인들은 종종 영국 전쟁 포로들에게 함께 축구를 하자고 제안했다. 경기는 수용소 안 모래와 자갈로 가득한 부지에서 벌어졌는데 말이 경기지 솔직히 말해서 나치들이 전쟁 포로를 괴롭히는 방식 중 하나에 불과했다.

나치는 포로들에게 충분한 음식을 제공하지 않았기 때문에 영국인들은 아무 기력도 없이 비틀거리며 공을 찼다. 당연히 큰 점수 차로 이긴 나치들은 영국인들을 향해 돼지라며 조롱하곤 했다.

크리스마스를 앞둔 어느 날, 어김없이 열린 축구 경기에서 전혀 예상하지 못한 일이 일어나 지켜보던 사람들을 모두 충격에 빠뜨렸다. 대부분 나치 고위 관리들이었다.

포로로 잡혀서 끌려오기 전, 벨룸은 기량이 뛰어난 스트라이커였다. 경기 시작 전, 수용소 동료들은 그가 충분히 실력을 발휘할 수 있도록 각자 모아둔 빵을 전부 그에게 주었다. 경기 시작 3분 만에 벨룸은 상대편 수비선을 완전히 무너뜨리고 돌파해 공을 차 나치의 골문을 뚫었다. 비록 나치들이 큰 점수 차로 승리하기는 했지만, 그들의 '무패 신화'는 제대로 먹지도 못한 포로들을 상대로 했다는 점에서 치욕이나 다름없었다. 얼마 후, 벨룸은 비밀리에 처형되었다.

사실 처음 이 일을 계획했을 때, 벨룸은 이미 결말을 알고 있었다. 여러 차례 벨룸의 영웅적인 모습을 언급한 작가에 따르면 그 경기 후에 벨룸은 수용소에 있는 모든 포로에게 정신적인 지주이자 반드시 전쟁에서 승리하리라는 신념의 상징이 되었다고 한다.

그 경기가 있고 50여 년이 지난 후, 벨룸의 이야기가 영국의 한 라디오 방송에서 소개되었다. 감동한 청취자 수천 명이 방송국에 전화를 걸었는데 그중 한 사람은 바로 벨룸의 전우였다. 그는 벨룸이 골을 넣는 모습을 보고 영국의 승리를 확신했다고 말했다.

프랑스 시인 베를렌Paul Verlaine은 "희망은 햇빛과 같아서 빛으로 승리한다. 전자는 황폐한 마음을 어루만지는 신성한 꿈이고, 후자는 흙탕물을 눈부신 황금빛으로 빛나게 한다"라고 했다.

희망은 확신을 준다. 희망이 없으면 다시 뜨는 해를 기다릴 수 없다. 그리고 가장 아름다운 희망은 항상 가장 어려운 상황에서 생긴다.

인생은 일종의 시합과 같아서 항상 선두에 설 수 없고 어쩌면 탈락할 수도 있지만, 계속 참여하기만 한다면 분명 만족스러운 결과를 얻을 수 있다. 재능이 많다고 반드시 부자가 되는 것은 아니고, 똑똑하다고 반드시 행복한 것은 아니다. 지금의 시련과 고통에서 벗어나고 싶다면 마음을 희망의 햇빛으로 가득 채워야 한다. 그래야만 그 시련과 고통 뒤에 숨겨진 승리를 향해 뚜벅뚜벅 걸어나갈 수 있다.

무슨 일이 있든 마음은 희망으로 가득 차 있어야 한다. 그래야만 계속해 나갈 수 있는 동력과 꺾이지 않는 의지가 생긴다.

고난은 저항의 힘이자
성장의 힘이다

철학자들은 인생이 기나긴 강과 같다고 했다. 고난을 겪지 않은 삶은 단조롭고 미숙하다. 이와 관련해서 하버드의 한 교수는 다음과 같은 이야기를 했다.

한국의 김대중 전 대통령은 분명 세계 정치 역사의 기적이다. 그는 대부분 인생을 고난과 역경 속에 살았지만, 강한 정신력과 인간적 매력으로 한국 역사는 물론 인류의 역사에 전설을 남겼다.

김대중 전 대통령이 걸어온 험난한 삶의 여정은 다음과 같다.

1945년, 한국전쟁 당시 포로로 잡혀 총살형을 선고받았으나 탈출했다.

1971년, 대통령 선거에서 낙선했다.

1973년 도쿄에서 묵고 있던 호텔에서 한국 중앙정보부에 납치되었다. 한국으로 강제 송환되어 감금됐다가 후에 가택연금되었다.

1976년, 3·1 민주구국선언으로 체포되어 징역 8년 형을 선고받고 33개월을 복역한 후에 풀려났다. 이후 다시 내란 음모죄로 체포되어 군사 법원에서 사형을 선고받았다.

1980년 1월, 종신형으로 감형되었다.

김대중 전 대통령의 생애에서 가택연금과 해외 망명 기간은 총 14년이다. 그는 5번이나 체포되었고 교통사고 모살, 납치, 암살 시도 등 독재정권의 계속된 핍박에 시달렸으며 사형까지 선고받았지만, 죽지 않았다. 6년 이상을 감옥에서 보냈고, 죽음의 문턱까지 간 일이 5번이나 되었다. 거의 40년에 가까운 정치적 박해를 받았으나 이 모든 일이 그를 굴복시키지는 못했다.

김대중 전 대통령은 젊은 시절 사업을 접고 정계에 입문해서 국회의원 선거에 나갔지만, 5전 5패하며 가산을 탕진했다. 아내는 가난과 질병으로 세상을 떠났다. 4번이나 대통령 선거에 출마했지만 연전연패였다. 하지만 이 일련의 고난은 김대중 전 대통령을 실패자로 살게 하지 않았으며 오히려 투지를 불러일으켰다. 그는 실의에 빠지지 않았으며 의지를 불태우며 영국 케임브리지대학에서 연구 활동에 매진했다. 그리고 정계에서 물러난 지 3년 만에 전격적으로 다시 한국 정계에 복귀했다.

1997년 12월, 김대중이 대한민국의 제15대 대통령으로 당선되었다. 73세의 이 남성은 한때 국가로부터 사형 선고를 받았으나 18년 만에 젊은 경쟁자들을 모두 물리치고 국가 권력을 거머쥐었다. 이 같은 경험은 한국 국민뿐 아니라 전 세계가 박수를 보내며 경탄할 만한 것이었다. 북한의 최고 지도자 김정일은 '몇 차례나 목숨을 잃을 정도의 탄압을 받고도 마침내 정권을 장악하다니 상상도 할 수 없는 일'이라고 평가했다.

빌 클린턴Bill Clinton 전 미국 대통령은 김대중 전 대통령에게 "당신은 그토록 길고 험난한 삶을 살면서도 조국의 민주주의와 자유에 대한 희망을 잃지 않았습니다. 모든 역경과 시련 앞에서도 결국 인간의 정신력이 승리할 수 있음을 보여주었습니다"라고 말했다.

성공은 쉽게 얻을 수 없으니 성공하고 싶다면 고통 속에서 진화해야 한다.

삶은 파란만장한 경험으로 더 다채로워진다. 고난을 즐기는 사람은 없겠지만, 고난이 닥치면 용감하게 직면하고 받아들여야 한다. 고난은 악귀와 같아서 한번 오면 당신 스스로 극복하기 전까지 포기하지도 않고 따라다닌다. 이겨내려 하지 않고 피하거나 도망가기를 선택한 사람들은 끊임없이 고난에 시달릴 뿐이다.

큰일을 이루려는 사람은 먼저 고난과 시련을 경험해야 한다. 사람은 바람에 휩쓸리고 비를 맞아야 진화할 수 있다. 성공을 추구하고 포부가 있는 사람은 고난을 전진의 동력으로 삼을 줄 안다. 하늘이 주신 고난을 받아들여야 진정한 철인이며, 남에게 부러움을 받지 않는다면 평범한 사람에 불과하다. 단언컨대 고난은 성공을 위한 발판이며 귀중한 자산이다.

성공하는 삶은 고통과 실패로 가득하며 고난과 평온이 끊임없이 교차한다. 훌륭한 삶은 훌륭한 목표로부터 시작되며, 훌륭한 목표 뒤에는 가시덤불과 우여곡절이 있기 마련이다. 이 가시덤불과 우여곡절을 겪어야만 성공을 향한 의지가 더욱 확고해진다. 고난의 경험은 인생에서 얻기 힘든 소중한 보물이며 이 보물을 품고 있어야 앞으로 다가올 고난을 극복할 힘이 생긴다.

어떠한 고난도 사람을 무너뜨릴 수 없으며 지금의 시련과 역경은 성공을 향한 초석이다.

고통은 마주해야
이겨낼 수 있다

하버드대의 콘래드 블로흐Konrad Bloch 교수는 학생들에게 이렇게 말했다. "지금의 삶이 좋든 나쁘든 고통이 닥치면 낙담하거나 피해서는 안 됩니다. 고통은 우리 인생의 소중한 자산이니 용감하게 맞서면 삶의 또 다른 맛을 느낄 것입니다."

하버드의 탈 벤 샤하르Tal Ben Shahar 교수에 따르면 우리는 인생의 여정에서 필연적으로 슬픔에 빠질 수밖에 없다. 하지만 실패를 겪거나 사랑하는 사람을 잃었더라도 우리는 여전히 행복하게 살 수 있다. 행복이야말로 우리 삶의 주인이며 고통은 왔다가 떠나는 손님일 뿐이다. 고통이라는 손님이 왔을 때, 우리가 그것을 피하지 않고 마주한다면 인생의 강자가 될 수 있다.

고통을 견디는 능력은 개인의 감성지능 수준을 판단하는 기준 중

하나다. 감성지능의 수준은 심리적 자질에 따라 달라지는데 이에 관해 하버드의 한 교수는 학생들에게 다음과 같은 이야기를 들려주었다.

미국의 유명한 흑인 사진작가인 케니는 태어날 때부터 하체를 쓰지 못하는 뇌성마비아로 태어났다. 부모님과 가족은 견디지 못할 정도로 슬펐지만, 케니를 세심하게 돌보아 행복하게 키웠다. 다 자라서 철이 든 케니는 점차 가족의 고충을 깨닫고 스스로 자신을 돌보는 법을 익혀 오랫동안 고생한 부모님을 도와야 한다고 생각했다. 이때부터 케니는 '자립'을 계획했다.

우선 케니는 집에서 손으로 걷기를 연습했다. 그러려면 양팔의 힘으로 몸을 지탱해야 하는데 끝까지 버티지 못하고 땅바닥에 쓰러져 오랫동안 일어나지 못하는 일이 잦았다. 이렇게 두 달이나 연습했는데 효과는 좋지 않았다. 이에 영리한 케니는 다른 방법을 생각해 냈다. 집안 계단과 방의 벽에 일정한 간격으로 나무 손잡이를 달아서 몸을 지탱할 수 있도록 한 것이다. 케니는 매일 집안에서 10바퀴씩 돌면서 손으로 걷는 연습을 했다.

그리 높지 않은 20계단이지만, 2~3계단을 오를 때마다 그 송곳 같은 통증에 땀이 뻘뻘 났다. 하지만 그는 절대 포기하지 않고 잠시 쉬었다가 다시 계속했다. 이렇게 오랫동안 훈련한 끝에 케니는 마침내 혼자서도 계단을 자유롭게 오르내릴 수 있게 되었다. 시간이 흘러 그는 혼자 자신을 잘 돌볼 수 있을 뿐만 아니라 가족들의 식사나 세차, 잔디 깎기, 쓰레기 버리기 등 간단한 집안일도 도울 수 있게 되었다.

이후 케니는 점차 사진에 매료되어 종종 먼 곳에 가서 찍은 멋진 풍경을 친구나 가족들과 공유하기 시작했다. 다양한 각도에서 사물을 보는 데 능한 그의 사진은 상도 여러 번 받았다. 이제 케니는 진정으로 아름다운 삶을 누리게 되었다.

강인해진 케니는 이렇게 말했다. "신은 내게 두 다리를 주는 것을 잊었지만, 나는 포기하지 않고 살아남았습니다. 이것은 내 인생의 자산입니다. 나는 불공평한 대우를 받았더라도 역경을 이겨내고 성공할 수 있다고 굳게 믿습니다. 내가 해냈으니 여러분도 해낼 수 있습니다!"

누구나 저마다의 고통을 겪지만, 그 고통에 직면했을 때 취하는 태도가 다르므로 결과 또한 다르다. 고통에 맞서는 강인함을 선택해 새 삶을 사는 사람이 있는가 하면, 어떤 사람은 무력감을 느끼고 자포자기해서 무너지기도 한다. 강인한 사람만이 고통에 직면할 수 있는데 미국 정치인 존도 그러했다.

존은 시골에 살면서 직접 큰 채소밭을 경작했다. 어느 날, 그는 덩굴을 지탱할 받침이 필요해서 산에 가서 작은 나뭇가지를 베러 갔다. 산에서 넉넉히 나뭇가지를 베어 차에 가득 싣고 돌아오는 길, 존은 노래를 흥얼거리며 기분 좋게 집으로 향했다. 그런데 이때 전혀 예상치 못한 재앙이 닥쳤다. 모퉁이를 도는데 나뭇가지 하나가 엔진으로 끼어 들어간 것이다. 차는 전복되어 길가의 큰 나무에 부딪혔고 존은 바로 정신을 잃었다. 병원에서 깨어난 그는 척추 손상으로 두 다리가 마비된 사실을 알았다. 사람들은 목숨을 건진 것만 해도 운이 좋았다고 말했지만, 존은 젊음이 이제 막 시작된 24살에 불과했다!

그날부터 존은 휠체어를 타야 했다. 처음에는 이 사실을 받아들이기가 너무 어려웠고 가슴은 분노와 고통으로 가득했다. 그는 운명을 원망하고 세상을 증오하며 종일 문을 꼭 닫은 채 비관과 실의에 빠져 사랑하는 사람들을 슬프게 했다.

오랜 시간이 흐른 후, 존은 가족과 친구들이 모두 자신을 사랑하며 열 일 제쳐두고 자신을 돌보았음을 깨달았다. 그렇다면 어떻게 보답해야 할까? 존은 자신을 변화시켜 오랫동안 잃어버렸던 자신감을 되찾기로 마음먹었다. 얼마 지나지 않아 주변 사람들은 드디어 그 열정적이고 활달한 청년이 돌아왔다고 생각했다. 이제는 집에서도 존의 시원한 웃음소리를 들을 수 있었다.

몇 년 후, 존은 사고의 상처에서 벗어나 긍정적인 마음가짐으로 세상을 대하는 데 오랜 시간이 걸렸다고 회고했다. 그는 사고 후 14년 동안 거의 모든 종류의 책을 2,000권 가까이 읽었다. 이 책들은 그를 구원하고 새로운 세계로 인도해 세상의 경이로움과 아름다움을 보여주었다. 존은 이렇게 말했다. "우리는 비교를 잘해야 합니다. 자신에게 닥친 고난이 비참하다고 생각합니까? 아닙니다. 사고로 목숨을 잃은 사람들과 비교하면 당신은 너무나 운이 좋습니다. 굳이 이런저런 이유를 들어 스스로 의기소침해질 필요가 있나요?"

나중에 정치에 관심이 생긴 존은 다양한 사회 문제를 조사하고 사회 갈등과 민생고의 해법을 연구하며 점차 자신만의 정치적 견해를 형성했다. 그는 휠체어를 타고 강연을 다니며 남다른 지식과 매력으

로 한 걸음 한 걸음 사람들의 주목을 받았다. 그리고 마침내 국회 의
사당에 입성해 가장 인기 있고 사랑받는 의원이 되었다. 존은 대중으
로부터 존경받았을 뿐만 아니라 성공의 기쁨까지 얻었다.

살면서 고통은 피할 수 없기에 그것을 두려워할 필요는 없다. 오직 긍정적인
태도로 용감하게 마주하고 대처해야만 고통을 이겨내고 삶의 강자가 될 수 있
다.

실패에 담담해져야
승리한다

칼 마르크스Karl Marx는 "좋은 마음가짐은 10가지 좋은 약보다 육체적 피로와 질병의 고통을 덜어준다"라고 말했다. 항상 편안한 마음으로 좋은 기분을 유지한다면 삶의 주도권을 손에 쥘 수 있다. 때때로 우리는 환경을 바꿀 수 없다. 하지만 환경에 대한 태도를 바꿔 더 나은 삶의 경험을 얻을 수는 있다.

알다시피 하버드는 엘리트 양성의 요람으로 많은 졸업생이 각자의 분야에서 성공을 거두었다. 그러나 성공을 거두지 못한 사람, 적어도 남의 기준으로 보면 성공하지 못한 사람도 분명히 있다. 이에 관해 하버드는 학생들에게 "편안한 마음으로 바꿀 수 있는 부분을 바꾸려고 열심히 노력하고, 바꿀 수 없는 부분은 담담하게 직면해야 한다. 그러면 모든 고통이 행복으로 바뀔 것이다"라고 강조한다.

마음의 편안함은 사람을 낙관적이고 쾌활하게 만든다. 이런 마음으로 삶을 바라본다면 마음속에 마르지 않는 행복의 샘을 파는 것과 같아서 더할 나위 없는 만족감과 행복을 누릴 수 있다.

톰은 뉴욕에서 완구 제조회사를 경영한다. 이 회사는 캘리포니아와 디트로이트에 지사를 두고 있다.

1980년대에 톰은 시장 잠재력이 큰 제품인 루빅큐브를 출시했는데 반응이 아주 좋았다. 이에 톰은 대량생산을 결정하고 두 지사의 거의 모든 자금과 인력을 투자했다. 그런데 뜻밖에도 아시아 시장은 한 일본 업체가 장악하고 있었다. 톰의 회사에서 생산한 루빅큐브가 아시아 시장에 출시되었을 때, 시장은 이미 포화 상태였다! 유럽 시장에서도 테스트 판매를 해봤지만, 이곳 역시 포화 상태였다. 톰은 패닉에 빠졌다. 생산을 멈추고 싶었으나 이미 늦어서 결국 창고에 재고가 높이 쌓이고 말았다. 두 지사는 자금 압박을 받고 있었고, 실패를 만회할 신상품을 출시해 보관하려면 당장 창고를 비워야 했기 때문에 톰은 큰 손실을 보았다. 재무 상태로 보아 아무래도 더는 지사를 유지하기 어려웠기에 톰은 어쩔 수 없이 캘리포니아와 디트로이트에서 철수하고 본사만 유지하기로 했다.

이상이 톰이 패배한 첫 번째 세트다. 그는 괴로웠으나 우울감에 빠지거나 낙심하는 대신 다시 시작했다.

얼마 지나지 않아 재무 상황이 회복되면서 톰은 아시아 시장을 개척하기 위해 이란의 테헤란에 지사를 설립했다. 그러나 좋은 시절은 오래가지 않았다. 이란 이라크 전쟁이 다시 발발한 것이다. 이 전쟁이 생각보다 훨씬 길게 이어지면서 톰의 아시아 시장 개척 계획은 무산되었다. 게다가 미국의 완구업계 노동자들이 대대적인 파업에 들어가면서 안 그래도 비바람에 휘청거렸던 톰의 회사는 곧 파산하고 말았다. 그는 모든 것을 잃었다.

이렇게 해서 톰은 두 번째 세트에서도 패배했다! 그래도 그는 주저앉지 않았다. 지난 두 번의 실패와 좌절을 자신을 시험하는 운명의 장난질이라고 여기며 다음번에는 반드시 성공할 거라고 믿어 의심치 않았다.

실패의 경험을 곱씹고 또 곱씹어 본 톰은 다시 거대한 계획을 세웠다. 우선 그는 완구 회사를 다시 열기 위해 은행에서 돈을 빌렸다. 치밀한 계획과 철저한 시장 조사 및 판매 분석을 거쳐 생산하기로 한 제품은 바로 자전거였다. 관건은 일본 업체들이 뛰어들기 전에 시장을 장악하는 것이었다. 결과는 대성공이었다. 톰의 회사는 빠른 속도로 미주 시장을 점령했고, 유럽 시장에서도 우위를 점했다. 2년 후, 자전거 시장이 포화 상태에 이르자 톰은 생산을 중단하고 다른 제품을 개발하기로 했다.

톰은 마지막 세트에서 드디어 승리를 거두어 전체 게임에서 최종 우승했다! 운명이 그에게 제안한 3번의 시험을 통과한 것이다!

이 이야기에서 톰은 연이어 큰 타격을 입었지만, 좌절에 무너지지 않았다. 반대로 실패를 직시하고 마음을 다잡아 실패를 성공으로 가는 길 위에서 자신을 갈고닦는 도구로 삼았다. 그리고 실패의 경험에서 교훈을 얻어 다음번에는 기어코 성공해냈다.

인생이란 이런 것이다. 때론 성공과 실패가 노력의 시간이나 경중으로 결정되지 않을 수도 있다. 이런 이유로 우리는 자신의 노력과 추구하는 바에 더 많은 관심을 기울여야 한다. 이는 일종의 용기이자 생활 태도다. 고군분투하며 최선을 다했을 때만이 스스로 부끄럽지 않게 "나는 충분히 노력했어!"라고 말할 수 있다.

많은 사람의 감정이 자만과 좌절이라는 양극단을 오간다. 이런 사람들은 아쉬움 없는 삶은 불완전하다는 사실을 잊고 있다. 우리는 조금 더 여유롭고 편안한 마음으로 자만과 좌절에 사로잡히지 않아야 한다. 인생의 성공과 실패, 이득과 손해를 마주하고도 웃을 수 있는 사람만이 더 많이 행복하고 다채로운 삶을 살 수 있다.

인생은 원래 성공과 실패의 결합체다. 성공했다고 지나치게 기뻐하지 말고, 실패했다고 너무 슬퍼할 필요 없다. 낙천적이고 열린 마음을 유지해야 비로소 성공의 기쁨을 누리고 실패를 이겨낼 수 있는 용기를 잃지 않는다.

하버드 감성지능 강의

좌절 극복 훈련

삶의 가치라는 관점에서 좌절의 고통을 겪었다는 것은 우리가 인생을 날아오르게 하는 날개를 달았다는 의미다. 카이사르가 말했듯이 시련과 고난이 닥치면 "왔노라, 보았노라, 이겼노라!"를 외치자. 역경 속에서도 웃는 사람이야말로 진정으로 우아하고 멋지다. 그렇다면 어떻게 해야 좌절을 극복할 수 있을까?

1. 정확하게 인식한다.

살면서 좌절은 필연적이며 중요한 건 좌절을 올바른 태도, 즉 긍정적인 태도로 대하는 것이다. 좌절을 대하는 긍정적인 태도란 좌절을 두려워하거나 피하지 않고 과감히 받아들여 사고의 방식과 각도를 바꾸고, 자기 성찰을 통해 좌절의 원인을 찾아 정리함으로써 교훈을 얻는 것이다. 낙심하지 않고 용감하게 싸우며 옳은 방향으로 정리한다면 실패 속에서도 발전할 수 있다.

2. 적극적으로 도움을 요청한다.

스스로 극복할 수 없는 좌절이 닥쳤다면 적극적으로 선생님, 학부모, 친한 친구에게 도움을 구해야 한다. 이는 물러서는 것이 아니며 문제를 해결할 수 없을 때 타인의 힘을 빌려 자신감을 키우는 것이다. 우리를 돕는 사람은 좌절을 이겨낼 구체적인 방법을 제시하며, 그 구체적인 방법을 실천하는 사람은 우리 자신이다. 그러므로 도움을 요청하되 타인이 자신을 대신하게 해서는 안 된다. 더불어 도움 요청이 자기 부정은 아님을 기억하자. 당사자는 제대로 보지 못할 때, 오히려 방관자가 또렷이 보는 경우가 많다. 지혜로운 눈을 빌려 가장 좋은 해결책을 찾으면 자신감을 키우고 난관을 헤쳐나갈 수 있다.

3. 좌절을 훈련한다.

좌절을 받아들이는 능력 역시 다른 심리적 자질과 마찬가지로 공부하고 훈련해야 한다. 우리는 이 과정에서 경험적 교훈을 얻을 수 있다. 좌절을 경험한 후에 다시 한 번 좌절이 닥치면 수용력 역시 강해져서 지혜롭게 대처하고 반드시 성공하리라는 믿음이 생긴다. 옛말에 아무것도 하지 않고 지혜를 얻을 수는 없다고 했다. 좌절은 성장의 초석이니 당신을 찾아오면 감사하고 이겨내야 한다.

하버드 감성지능 강의

이지(理智)

◆

적이 지른 불에 몸을 내던지지 마라.

Harvard Emotional Quotient Lecture

분노 속에서도
이성적으로
말과 행동을
제어하라

분노는 타인뿐 아니라
자신을 다치게 한다

분노는 감성지능을 마비시키는 요인으로 이성과 판단력을 상실케 해서 타인에게 상처를 주고 자신에게도 해를 입힌다.

윌리엄 셰익스피어는 이렇게 말했다. "적이 불을 질렀다고 자신을 불태울 수는 없다. 당신이 분노할 때 그 불꽃은 타인을 불태우고, 안쪽을 향해 당신의 육체적, 정신적 건강까지 불사른다."

모든 사람은 항상, 특히 인생의 중요한 순간에 자신의 감정을 잘 관리해야 한다. 분노가 치밀어오르면 밖으로 표출하기 전에 먼저 자신에게 물어보자. "타인은 나의 이 나쁜 성질머리를 '책임지지' 않겠지. 그럼 나는 할 수 있을까?" 이때 자신도 뒷일을 책임지고 싶지 않다면 즉각 분노의 불꽃을 거둬들이는 편이 좋다. 개인의 성격은 사실 그의 감성지능이 외현화外現化한 모습이다. 분노가 일어날 때 진정하기란 정말 어려운 일이지만, 분노를 제대로 다스리지 않으면 너무 많은 것을 잃게 된다.

성질이 고약한 남자아이가 있었다. 이 아이는 종일 집에서 짜증을 내고 말로 남에게 상처를 주며 제멋대로 굴었다. 어느 날, 아버지는 아이를 뒷마당 울타리 옆으로 데려갔다. 그는 아이에게 못이 가득 담긴 자루 하나를 건네며 "앞으로는 화를 내고 싶을 때마다 울타리에 못을 하나씩 박아라. 얼마 후면 네가 하루에 몇 번이나 그러는지 알 수 있을 거야. 알았지?" 아이는 고개를 끄덕였다. 이날부터 아이는 짜증이 나고 화를 내고 싶을 때마다 직접 울타리에 못을 박았다. 첫날에는 울타리에 박힌 못이 37개였고, 다음날은 29개였다. 몇 주가 지난 후, 울타리 위에 박힌 못의 수가 현저히 줄어들었고 아이는 마침내 자신의 분노를 조절하는 법을 배웠다. 그는 자신의 나쁜 성질을 억누르는 편이 울타리에 못을 박기보다 훨씬 쉽다고 생각하게 되었다. 그러던 어느 날, 아이는 자신이 하루 동안 울타리에 못을 하나도 박지 않았다는 걸 깨달았다. 즉 종일 성질을 부리지 않았다는 이야기다. 아이는 기쁜 마음으로 이 일을 아버지께 알렸다.

아버지는 아이를 칭찬하면서 앞으로는 하루 동안 한 번도 화를 내지 않으면 울타리에 박아 놓은 못을 하나 뽑아보라고 제안했다. 아이는 속으로 '박는 건 화를 낼 때마다 하나씩인데, 뽑는 건 온종일 화를 내지 않아야 한다니 꽤 어렵겠는걸'이라고 생각했다. 하지만 울타리 위에 박힌 못의 개수를 줄이기 위해 아이는 매일 최선을 다해 나쁜 성질을 억누르려고 애썼다.

마침내 어느 날, 아이는 울타리에 박혀 있던 못을 모두 뽑았다. 그는 자신이 이미 분노를 다스리는 법을 깨우쳤음을 알아차렸다. 아이는 매우 기뻐하며 아버지에게 달려가 흥분해서 말했다. "아버지, 빨리 가서 좀 보세요. 울타리 위에 못들이 전부 뽑혔어요. 앞으로는 예전처럼 마구잡이로 짜증 내지 않을게요!"

아이의 손에 이끌려 뒷마당으로 간 아버지는 울타리에 못 구멍이 숭숭 뚫려 있는 것을 보면서 말했다. "우리 아들, 정말 잘했구나. 그런데 저 구멍들 보이니? 못은 전부 뽑았지만, 구멍들은 영원히 남겠지. 울타리는 더 이상 원래의 모습이 아니게 돼. 네가 다른 사람에게 화를 내는 건 그 사람의 가슴에 못을 박는 것과 같단다. 나중에 못을 뽑더라도 구멍은 영원히 없어지지 않아."

분노는 사람이 이성을 잃게 만들어서 타인을 다치게 할 뿐 아니라 자신에게도 해를 입힌다. 성난 사람들은 사소한 일을 너무 크고 심각하게 여기면서 자신이 입은 상처를 과장하곤 한다. 분노를 드러내면 더 위력적으로 보인다고 생각하지만, 사실 다른 사람들 눈에 그는 이성과 자제력이 부족한 사람일 뿐이어서 도리어 하찮아 보인다.

우리는 현자가 아니니 세상을 살아가면서 늘 여러 가지 일로 분노할 수 있다. 그러므로 분노하는 것 자체가 걱정하거나 고쳐야 할 일은 아니다. 다만 반드시 그것을 통제하고 소화할 줄 알아야 한다.

찰스 스튜어트 파넬Charles Stewart Parnell은 아일랜드의 위대한 지도자이자 민족운동가다. 이런 그가 청년 시절에는 성미가 거칠고 비이성적인 사람이라 많은 이의 미움을 샀다는 사실은 뜻밖이다.

한번은 파넬이 길가에 앉아 있는데 지나가던 사람이 보고서 물었다. "이보게, 청년. 혹시 무슨 문제가 있나?" 너무나 평범한 질문이었으나 파넬은 발끈해서 마치 미친개처럼 상대방과 싸움을 벌였다. 이 일로 그는 재학 중이던 케임브리지대학에서 퇴학당했다. 변호인들조차 파넬이 비이성적이고 성격적으로 결함이 있음을 인정해야 했다.

그래도 다행히 이 퇴학 사건으로 파넬은 자신의 부족함을 깨닫고 깊이 반성하게 되었다. 그는 자신을 완전히 바꾸기로 하고 감정 조절과 이성적 사고 유지를 훈련하기 시작했다.

몇 년 후, 파넬은 정치 운동에 투신하여 두각을 드러내고 큰 권력을 손에 넣게 되었다.

다른 정치인이 그를 두고 이렇게 말했다. "파넬은 내가 본 사람 중에 가장 대단한 인물입니다. 한번은 내가 연설 중에 그를 강하게 비난했는데 그는 줄곧 조용히 앉아서 꼼짝도 하지 않더군요. 주의 깊게 귀를 기울였고, 얼굴에는 아무런 표정도 없었습니다. 흥분한 기색이 전혀 없고 차분했죠. 담담하게 연설하고 반대 의견에도 흔들리지 않는 모습은 정말 예사롭지 않습니다. 보통 그런 자리에서 다른 사람들이 보이는 행태와는 전혀 달랐어요."

파넬의 엄청난 변화는 정말 놀랍다. 충분히 이지적이고 자신을 제어할 수 있는 사람은 남다른 매력과 카리스마가 있으며 무언가를 성취할 가능성도 크다.

하버드 학자들은 '분노는 독'이라고 잘라 말한다. 감정이 문제의 표면에 머무르게 놔두어서는 안 되며 분노가 치미는 상황에서는 얼른 생각을 바꿀 줄 알아야 한다. 더 많이 포용하고 더 적게 미워하며, 향기를 내뿜고 악취를 줄이자. 부정적인 생각을 멀리하고 긍정적인 생각으로 인생을 맞이하는 법을 배워야 한다.

감성지능이 높으면
화를 조절할 수 있다

고대 중국인들은 '간은 화로 상한다'라며 화가 몸에 끼치는 해를 경계했다. 실생활에서 순간적인 화가 큰 잘못이나 재앙을 일으키는 것은 결코 드문 일이 아니다.

고대 그리스 철학자 피타고라스Pythagoras 역시 비슷한 생각을 했다. 그는 사람들이 화를 내면 비이성적으로 행동하는 경우가 많음을 지적하면서 "화는 어리석음에서 시작해 후회로 끝난다"라고 일갈했다.

물론 대부분 화에는 원인이 있고 어쩔 수 없는 경우가 많다. 이런 저런 상황에서 화로 반응하는 데는 그만한 원인이 있음을 부인하지는 않는다. 문제는 사람이란 이성이 있고 사고할 수 있으며 사람의 행동은 감정에 의해 지배되기도 하지만 이성의 통제를 받는다는 점이다. 화를 내는 행위방식으로는 자신의 정당한 이익을 보호할 수 없으므로 이성적이고 합리적인 사고를 통해 더 나은 대응책이나 전략을 찾아야 한다.

어떻게 하면 화를 풀고 더 이성적으로 문제를 해결할 수 있을까? 가장 간단한 방법은 '치환법'이다. 예를 들어 우리는 돌부리에 걸려 넘어져도 돌부리에 화를 내지 않는다. 따라서 필요한 경우, 자신에게 해를 끼치거나 기분을 상하게 하는 사람을 '돌멩이'로 치환하면 마음을 진정하는 데 도움이 될 수 있다. 화난 마음이 진정되면 다음 문제는 더 쉽게 풀릴 것이다.

헌터는 꽤 알려진 정신과 의사다. 한 번은 다른 의사들과 학술회의 중에 그가 견해를 밝히자 의사 한 명이 '황당무계'하다고 평가했다. 헌터는 순간적으로 화가 났지만, 이 첫 번째 반응에 따라 대응하지는 않았다. 대신 평소 환자를 대하듯이 차분하게 자신에게 세 가지 질문을 던지고 대답했다.

이게 중요한 일인가? 맞다, 무척 중요하다. 내 연구 성과를 이런 식으로 '황당무계'하다고 말할 수는 없다.

내가 이런 반응을 보이는 게 적절한가? 그렇다, 법정이었더라도 판사는 나의 화가 정당하다고 생각했을 것이다.

결과적으로 상황이 바뀔 수 있을까? 그렇다, 나는 이런 식으로 타인을 존중하지 않는 태도는 잘못된 것임을 그 사람이 깨닫게 해야 한다. 최종적으로 내 연구 결과는 더 많은 사람에게 인정받게 될 것이다.

여기까지 생각을 마친 헌터는 방금 자신에게 '황당무계'하다고 말

하버드 감성지능 강의

한 의사에게 말했다. "죄송하지만, 선생님. '황당무계'라는 말로 제 연구 성과를 폄훼하지 말기 바랍니다." 그 의사는 즉시 헌터에게 즉시 사과했고, 긴장되고 불쾌했던 기분도 바로 얼음 녹듯이 풀렸다.

이야기의 헌터는 감성지수가 매우 높은 사람이다. 그는 자신의 학문적 성과에 대한 '비아냥'에도 냉정함을 유지하며 자문자답의 방식으로 화를 풀어냈다. 덕분에 타인의 존중을 얻은 동시에 자신의 인격적 수양 수준이 얼마나 높은지 보여주었다. 한 사람의 행동은 수양의 수준에서 비롯되며 조금만 억울해도 화를 내고 복수하려는 태도는 인격적으로 훌륭한 사람의 태도라 할 수 없다.

화를 다스리는 법을 터득하는 것은 마음을 편안하게 하는 가장 중요한 단계다. 감성지수가 낮은 사람은 화를 다스리는 법을 모르므로 도리어 자신의 화에 해를 입는 대상이 되곤 한다. 감성지능의 수준은 사람이 감정을 관리하는 능력과 직결되며 이는 곧 개인의 성취 수준을 결정한다. 화를 다스리는 법을 배우라는 말은 무조건 참고 양보하라는 뜻이 아니라 화라는 부정적 감정을 적절한 경로로 해소하라는 의미다.

하버드 학생들이 흔히 쓰는 방법은 화가 나면 속으로 조용히 숫자를 세는 것이다. 작은 화라면 1부터 10까지, 큰 화라면 100이나 1,000까지 센 후에 행동한다.

이외에 구체적으로 다음과 같은 방식이 있다.

1. 화의 근원에 맞선다.

관찰해보면 화를 부른 진짜 근원이 아니라 가까이에 있는 누군가에게 화를 내는 경우가 드물지 않다. 다른 사람에게 화를 낼 때는 자신이 누구에게 화를 내는지, 상대방을 화나게 하는 건 아닌지 자문한다. 상대방의 무고함을 생각해본다면 화가 좀 줄어들 것이다.

2. 불완전함을 받아들인다.

많은 경우, 화가 나는 까닭은 당신이 너무 까다롭거나 비판적이기 때문이다. 자신과 타인은 모두 불완전한 존재라는 사실을 받아들이자.

3. 적절한 방법으로 해소한다.

화가 나고 울화통이 터져 부정적 감정이 잔뜩 쌓였는데 무조건 참기만 하다가는 어느 순간에 한꺼번에 터져서 큰 재앙을 불러오기도 한다. 화도 정상적인 감정이다. 억지로 억누르지 말고 일기를 쓰거나 믿을 수 있는 사람에게 이야기해서 이 감정을 풀어주는 것이 좋다.

4. 폭발하기 전, 딱 1초만 생각해본다.

사람은 다양한 본능이 있고, 본능은 이성을 제치고 행동을 끌어낼 수 있다. 화도 본능이다. 타인이 나를 공격하거나 상처를 주었다고 판단하면 생리적으로 화를 내는 조건반사가 발생하지만, 일단 잠시 멈추자. 크게 심호흡을 한 후에 정말 화를 낼 만한 가치가 있는지, 상대방이 고의로 그런 것인지 생각해보자.

5. 독단하지 않는다.

화를 내는 이유 중 꽤 많은 것이 타인의 생각을 잘못 추측했기 때문이다. 다른 사람이 무심코 던진 시선이나 몸짓이라도 의심과 추측을 거치면 왠지 좋은 의도가 아니라는 느낌이 들고 그로 인해 설명할 수 없는 부정적 감정이 상승한다. 특히 연인들 사이에서 자주 발생하는 일이다. 괜히 남의 생각을 추측하지 말자. 궁금한 점이 있으면 물어보고 직접 소통해서 불필요한 오해를 피해야 한다.

화는 피할 수 없으나 그 피해를 최소화할 수는 있다. 화가 날 때, 말과 행동을 삼가기만 해도 어리석은 짓을 하지 않을 수 있다.

자제력은
자기 수양이다

성공하는 사람과 실패하는 사람을 구분하는 것은 바로 자제력이다. 자제력은 성공을 부르지만, 자제력 부족으로 생겨나는 감정적 행동과 충동적 분노는 실패로 이어진다. 사람이 감정적이거나 논쟁을 일삼으며 좀처럼 무언가에 몰두하지 못한다면 모두 자제력이 부족하다는 신호다.

세계적인 처세술 전문가 데일 카네기는 이렇게 말했다. "만약 당신이 논쟁하기를 좋아하고 어떻게든 이기려고 애쓰며 무슨 말에든 반대하고 나선다면 때로는 승리할지도 모르나 이는 공허한 승리에 불과하다. 논쟁으로 최대 이익을 얻는 방법은 단 하나, 논쟁을 피하는 것뿐이다."

모든 사람에게 당신과 같은 의견이나 관점을 가지라고 강요할 수

하버드 감성지능 강의

는 없다. 1만 명이 당신에게 동의해도 1만 첫 번째 사람까지 동의한다는 보장은 없음을 기억하자. 세상에는 늘 다른 목소리가 존재하며 우리는 그것을 받아들일 줄 알아야 한다. 우격다짐으로 오해를 풀고 공감대를 형성하기는 불가능하다. 미국 우드로 윌슨Thomas Woodrow Wilson 대통령 시절에 재무장관을 지낸 윌리엄 깁스 매커두William Gibbs McAdoo는 오랜 정치 인생에서 얻은 경험으로 "논쟁으로 무지한 사람을 설득하기는 불가능하다"라고 말했다.

에이브러햄 링컨Abraham Lincoln은 젊은 시절에 쉽게 흥분하고 다소 공격적인 사람이었다. 물론 나중에는 반성하고 스스로 자제하는 법을 배웠는데 이에 관해 "블랙호크 전쟁Black Hawk War 당시 내 성질을 좀 눌러야 할 필요성을 느꼈고, 그때부터 인내심이라는 좋은 습관을 기르게 되었다"라고 언급했다.

링컨이 미국 대통령이었을 때, 에드윈 M. 스탠턴Edwin M. Stanton 육군 참모총장은 링컨이 자신의 권한을 무시하고 간섭한다며 발끈해 명령을 거부하고 노골적으로 링컨을 '나쁜 놈'이라고 욕했다.

누군가 스탠턴의 말을 전하자 링컨은 표정 하나 변하지 않고 침착하게 말했다. "스탠턴이 나를 '나쁜 놈'이라고 했다면 그 말이 맞겠지. 정말 그런지 직접 가서 한번 알아봐야겠군."

링컨은 곧장 스탠턴이 있는 곳으로 갔고, 스탠턴은 링컨에게 명령에서 잘못된 부분을 조목조목 짚어주었다. 링컨은 즉시 문제를 인정하고 잘못된 명령을 취소했다. 이후 링컨은 비판을 진지하게 받아들이는 링컨의 고귀한 인품으로 대중의 사랑과 찬사를 받았다.

링컨이 큰 성공을 거둔 것은 바로 남다른 자제력 덕분이었다. 그는 공공연히 '나쁜 놈'이라는 비난을 받고도 침착하게 진상을 살피고 괜한 오기를 부리거나 체면을 내세우지 않았다. 이런 사람이 국민의 사랑을 받는 건 당연한 일이다.

감성지능을 향상하고 크게 성취하고 싶다면 강한 인내력과 자제력이 필수다. 성공한 이후에도 자제하는 습관을 유지해야 성공적인 상태를 유지하고 한순간에 추락하지 않을 수 있다.

토니는 화가 나면 냉큼 집으로 가서 자기 집과 땅 주위를 세 바퀴 뛰어서 도는 습관이 있는 재미있는 사람이었다. 처음에는 사업을 시작한 지 얼마 되지 않아서 형편이 좋지 않았으므로 집과 땅이 작아 돌기가 수월했다. 하지만 나중에 사업이 잘되어 집이 커지고 땅도 넓어지자 한번 화가 나서 세 바퀴를 전부 돌고 나면 숨이 차고 땀이 흘렀다.

늙어서는 지팡이를 짚고 걸어야 했지만, 화가 나면 어김없이 집과 땅을 세 바퀴 돌았다.

어느 날, 손자가 이런 행동을 이해할 수 없다는 듯이 "할아버지, 화가 나면 집과 땅을 세 바퀴 도시는 건 왜 그래요?"라고 물었다.

토니는 씩씩한 어린 손자를 보며 미소를 지으며 말했다.

"젊었을 때 나는 다른 사람과 말다툼을 하거나 시비에 휘말려서 화가 나면 집과 땅을 세 바퀴 뛰었단다. 나는 뛰면서 내 집이 좁고 땅이 작은데 화낼 시간과 에너지가 어디 있냐고 생각했어. 그렇게 생각하면 화가 풀렸어. 화가 사라지면 더 많은 시간과 에너지로 일하거나 배울 수 있었지."

손자는 잠시 생각하더니 다시 물었다.

"그럼 지금은 늙고 돈도 많은데 왜 아직도 집과 땅을 돌아요?"

토니는 웃으면서 "성공한 뒤에는 집과 땅을 세 바퀴 돌면서 내 집이 이렇게 크고 땅도 넓은데 화낼 일이 뭐가 있냐고 생각하면서 돈단다. 그러면 화가 저절로 풀리거든"이라고 대답했다.

화가 났을 때 바로 주의를 돌리지 않으면 생각할수록 화가 더 나서 이성을 잃고 과격한 행동을 하게 된다. 이를 알고 있는 토니는 화가 났을 때 바로 자기 집과 땅을 세 바퀴 돌았는데 감정을 제어하는데 아주 효과적이었다. 토니처럼 화나게 하는 것들로부터 시선을 돌리면 화는 점차 사라질 것이다.

세상에서 가장 만나기 어려운 사람은 바로 자제력이 강한 사람이다. 사람이 자기 약점에 굴복하면 환경의 지배를 받을 수밖에 없으나 자신의 역량을 충분히 활용하면 환경을 바꿀 수 있다. 한 사람의 자제력은 그의 성공과 실패를 결정한다.

화가 났을 때 주의를 돌려 분노를 자제하는 것은 감성지능이 높은 사람들의 중요한 능력이다.

진짜 현명한 사람은
분노를 지혜로 바꾼다

하버드의 한 강의에서 분노를 다스리는 법을 이야기할 때, 군인이 언급되었다. 교수는 불공평과 불의가 넘쳐나는 이 세상에서 정의와 공익을 대변하는 군인들은 아무래도 분노할 일을 자주 겪는다고 말했다. 군인 이야기를 하자면 미국 웨스트포인트 육군사관학교를 언급하지 않을 수 없다.

웨스트포인트는 생도들이 용기를 키워 세상의 어두운 면과 용감하게 맞서 싸우도록 독려하는 한편, 무모하고 힘만 센 용사가 아니라 이성적인 용사로 키우는 데 더 많은 관심을 기울인다. 이성적인 용사는 지혜와 용기로 승리할 수 있지만, 분노만 하는 무모한 사람은 쓸데없이 자기 목숨을 바치고 미리 계획한 작전까지 무산시켜 수많은 사람을 해할 수 있기 때문이다. 어느 시대에서든 진짜 용사는 용기와 지혜를 겸비한 사람이다. 이는 웨스트포인트의 교훈 "충동은 진정한 영웅의 것이 아니다"에서도 잘 드러난다.

진짜 현명한 사람은 분노를 지혜로 바꿀 수 있다.

'전장의 사자'라 불리는 조지 패튼George Patton 장군은 분노를 지혜로 바꾸는 그런 군인이었다. 보통 사람들의 눈에 패튼은 성격이 거칠고 대담한 사람이지만, 실제 작전에서는 비범한 지혜와 뛰어난 지휘 능력을 발휘했다. 좋은 머리와 정확한 판단 없이 무모하기만 한 사람이었다면 패튼은 전 세계에 이름을 떨친 4성 장군이 될 수 없었을 것이다. 다음의 작은 에피소드는 그가 얼마나 지혜로웠는지 보여준다.

제2차 세계대전 기간에 패튼 장군은 보고서를 검토하면서 연합군 전사자의 절반이 낙하산 추락사고로 사망했음을 알게 되었다. 무척 화가 난 그는 즉시 군수공장으로 달려갔다.

당시 낙하산 생산을 담당하던 사업가 코번트리는 자신의 잘못을 추궁하러 온 패튼을 보고 급하게 말했다.

"여기서 생산하는 낙하산의 품질 합격률은 99.9%로 세계 최고 수준입니다!"

그러자 패튼은 더 화를 내면서 다그쳤다.

"낙하산 하나에 병사 한 명의 목숨이 달려 있는데 합격률이 왜 100%가 안 됩니까?"

코번트리는 쓴웃음을 지으면서 "나는 최선을 다했다고요! 99.9% 면 최고 수준입니다. 기적이 생기지 않는 한, 더 높아질 수는 없어요!"라고 말했다.

이에 패튼은 씩씩거리며 작업장에 들어서더니 갑자기 생산라인에서 낙하산 가방 하나를 집어 들고 큰소리로 외쳤다.

"이건 당신이 만든 제품이지. 그러니 직접 매고 비행기에 타시오. 이건 명령이요."

이 낙하산 가방은 생산라인에서 나온 지 얼마 되지 않아 한 번도 검품하지 않은 제품으로 만일 0.1%에 해당하는 불량품이라면 하늘에서 뚝 떨어져 몸이 산산이 부서질 것이 뻔했다. 코번트리는 잔뜩 겁에 질렸지만, 어쩔 수 없이 비행기에 올랐다.

다행히 코번트리는 별 탈 없이 지상으로 내려왔다. 바지에 오줌을 지릴 정도로 겁먹었던 코번트리가 멍한 표정으로 돌아오자 패튼은 호탕하게 웃더니 "앞으로도 아무 때나 와서 당신에게 새로 만든 낙하산을 메고 하늘에서 뛰어내리라고 명령하겠소"라고 말했다. 이후 이 공장은 납품 때마다 품질 검사원이 낙하산을 무작위로 몇 개 골라 책임자가 직접 하늘에서 뛰어내리는 과정을 거쳤다. 그러자 정말 기적이 일어났는지 품질 합격률이 100%에 도달했다. 패튼 장군의 행동은 무모해보였으나 덕분에 수많은 장병의 생명을 구했다.

대부분 사람은 패튼 장군이 험악한 인상에 화를 잘 내고 막말을 일삼는다고 생각했지만, 이는 겉모습일 뿐이었다. 사실 패튼 장군은 감성지능이 높은 사람으로서 중요한 때에 분노를 지혜로 바꾸어 일을 좋은 방향으로 발전시킬 줄 아는 사람이었다. 패튼 장군이 정말로 그렇게 무모한 사람이었다면 어떻게 세상을 놀라게 한 전공을 세우고 군사 역사상 그토록 많은 전설을 만들 수 있었겠는가?

제2차 세계대전 중에 패튼 장군은 '사막의 여우'로 알려진 독일 총사령관 에르빈 롬멜Erwin Rommel과 직접 대치하게 되었다. 이때 그는 "롬멜, 잔인한 인간 같으니라고! 내가 너를 반드시 무너뜨리겠다! 숨어만 있지 말고 나와!"가 아닌 "아, 롬멜 장군! 사막의 여우, 장군의 책을 읽었소!"라고 외쳤다.

이 얼마나 지혜로운 '무모함'인가! 전쟁터에서 적과 대치한 상황에 상대방이 쓴 책을 읽었다고 말하다니 그 유머러스함에서 패튼 장군의 기품과 패기가 묻어난다. 비록 당신은 나의 적이나 나는 당신의 책을 보았고 존중한다는 의미다. 물론 책에서 이미 네 전략을 전부 간파했으니 제아무리 여우라도 나에게서 무슨 이득을 볼 일은 없을 거라는 뜻도 담겨 있다.

일반적으로 군인들은 운동을 자주 하므로 보통 사람들보다 호르몬 분비가 왕성해서 더 충동적으로 화를 낼 수 있다. 하지만 웨스트포인트에서는 그런 종류의 과민반응이나 이로 말미암은 폭력 사건이 거의 일어나지 않는다. 모든 생도가 분노로 문제를 해결할 수 없으며 가슴 가득 쌓인 분노를 지혜롭게 바꿀 줄 알아야 자격을 갖춘 군인이 될 수 있다고 생각하기 때문이다.

군인뿐 아니라 일반인들 역시 분노를 다스리고 그것을 지혜로 바꾸는 법을 배워 익혀야 한다. 걸핏하면 발끈하고 쉽게 이성을 잃는 사람들은 감성지능이 높다고 할 수 없다. 그들은 재난이 닥치거나 자기 이익이 해를 입더라도 항상 침착하게 문제를 분석할 줄 안다. 분노를 지혜로 바꿀 수만 있다면 이 시대의 진짜 영웅이 될 수 있음을 알기 때문이다.

Harvard Emotional Quotient Lecture

반성으로 끊임없이
성숙해지고,
자기관리로 끊임없이
발전하라

자기반성을 잘하는
사람만이 자신을 능가할 수 있다

완전무결한 사람은 없으며 한 번도 실패한 적 없는 사람은 더더욱 없다. 그런데 왜 감성지능이 높은 사람은 모든 일에 완벽하고 쉽게 성공하는 것처럼 보일까? 바로 '자기반성'의 습관이 몸에 배어 있기 때문이다. 이런 사람들은 완벽에 더 가까워지고 더 이상의 실패를 피할 수 있다. 공자孔子가 성현으로 불리는 까닭 역시 그가 매일 '삼성오신三省吾身', 즉 하루에 세 번씩 자신을 살피고 반성했기 때문이다.

이른바 자기반성이란 자신을 돌아보고 성찰하는 것으로 구체적으로는 자신의 말과 행동을 검토하고 개선의 여지가 없는지 살펴보는 것을 의미한다. 완벽한 사람이 존재하지 않는 이상, 누구에게나 성격적, 지적 결함이 존재하기 마련이다. 특히 젊은이는 사회적 훈련이 부족해서 종종 말실수를 하고 엉뚱한 일을 저질러 타인을 화나게 하

하버드 감성지능 강의

거나 미움을 사는 경우가 더러 있다. 잘못을 저질렀을 때, 때로는 누군가가 옆에서 깨우쳐 주기도 하지만, 대부분 사람은 수수방관한다. 따라서 반드시 자기반성을 통해 자신이 무엇을 어떻게 하고 있는지 알 수 있어야 한다.

오스트리아의 유명한 심리학자 알프레드 아들러Alfred Adler는 '인간의 가장 놀라운 특성 중 하나는 부정적인 것을 긍정적인 것으로 바꾸는 능력'이라고 말했다. 자기반성은 성공으로 가는 길일 뿐 아니라 진정으로 성숙하다는 징표이기도 하다. 우리는 자기반성을 통해 끈기, 관용, 겸손 등 아름다운 품격을 얻어 더 성숙해질 수 있다.

하버드의 한 교수는 "내가 어떤 일을 효과적으로 처리하지 못한다면 이는 분명 아직 배우지 못한 것이 많이 있다는 이야기다. 다른 사람에게 도움을 청해야 할 수도 있고, 어쩌면 일의 추이를 보고 어떻게 해결할지 알게 될 수도 있다. 어떤 경우든 나 스스로 나의 잘못을 인정해야만 답을 찾을 수 있다"라고 말했다. 끊임없이 자신을 돌아보고 성찰하는 사람만이 성숙하고, 자기반성을 잘하는 사람만이 스스로 자신을 능가할 수 있다.

하루는 전능한 신이 말씀했다. "생명이 있는 동물은 모두 내게로 오거라. 누구든지 자신의 겉모습에 불만이 있다면 두려워하지 말고 말해도 좋다. 내가 구원해 줄 테니! 어디, 원숭이부터 시작해보자. 너는 모두의 아름다움과 비교해 네 겉모습에 만족하느냐?"

"저요?" 원숭이가 깜짝 놀랐다는 듯이 말했다. "설마 제 팔다리가 다른 동물보다 못하다는 건가요? 저는 외모 때문에 부끄러운 적이 없거든요! 저기 저 곰처럼 거칠게 생긴 동물도 있는데요 뭐. 제가 곰이라면 자기 얼굴도 보기 싫을 것 같습니다."

곰은 기가 막힌다는 듯이 앞으로 나오더니 역시 자신의 외모를 높이 평가하고서 코끼리에게 화살을 돌렸다.

"코끼리는 꼬리가 좀 더 길어져야 해요. 또 귀는 좀 깎아내는 편이 좋겠네요. 아무리 봐도 너무 둔하고 못생겼어요."

코끼리도 별반 다르지 않아서 고래를 물고 늘어졌다.

"고래는 쓸데없이 너무 큰 거 같습니다."

이어서 파리는 개미가 너무 작다면서 자기는 그에 비하면 아주 거대하고 멋지다고 으스댔다.

신은 동물들이 하는 말을 다 듣고서 모두 그냥 돌려보냈다.

이 우화에서 어리석고 오만한 동물들은 모두 자신을 높이 평가한다. 재미있게도 다른 동물들에게는 온갖 트집을 잡으면서도 자신에게는 한없이 너그럽다. 그런데 곰곰이 생각해보면 우리 역시 살면서 비슷한 마음을 가지고 있지 않은가? 많은 사람이 자신의 단점은 애써 숨기면서 타인의 단점은 장황하게 평가하거나 말하곤 한다. 이는 자신과 타인을 보는 눈이 다르기 때문이다. 대인관계에서 우리가 타인을 보는 태도는 타인이 우리를 보는 태도에 영향을 미친다. 곳곳에 누군가 당신을 반대하고 나서는 사람이 있다고 느낄 때, 평소의 태도와 행동을 반성하고 심리적으로 변화를 주는 것도 좋다.

어떤 사람이 한 하버드 교수에게 "나는 매일 죽일 힘을 다해 일하는데 왜 아무리 노력해도 성공하지 못할까요?"라고 하소연했다. 교수는 잠시 생각하더니 그에게 성공은 내적 요인이 많이 작용하고 실패 역시 대부분 자신의 결점에서 발생한다고 말했다. 끊임없는 자기반성과 개선을 반복해야만 제자리에서 맴돌거나 같은 돌에 다시 걸려 넘어지는 일을 막을 수 있다. 인간은 오직 '자기반성'을 통해 수시로 자신을 엄히 점검해야만 비로소 실패의 굴레에서 벗어나 성공으로 나아갈 수 있다.

그렇다면 우리는 무엇을 반성해야 하는가?

1. 대인관계를 처리하는 방식

오늘 사람들에게 좋지 않은 행동을 했는가? 누군가와 언쟁할 때 잘못하지 않았는가? 누군가에게 한 그 말이 정말 적절했는가? 누군가가 나에게 불친절한 이유가 있는가?

2. 일하는 방식

오늘 한 일의 처리방식이 적절했는가? 합당하지 않은 부분이 있는가? 어떻게 하면 더 좋았을까? 보완책이 있는가?

3. 현재 삶의 모습

지금까지 무엇을 했는가? 진정이 있었는가? 시간을 낭비하지 않았는가? 어떤 목표를 달성했는가? 얼마나 성취했는가?

자기반성을 잘하는 사람은 모두 감성지능이 높다. 이들은 스스로 자신을 돌아볼 줄 아는 사람으로 심리적 건강 상태가 완벽하며 저급한 취미에서 벗어나 병적인 기형을 벗어남으로써 마음을 정화한다.

실패를
변명하지 않는다

실패하면 덮어놓고 자기는 조건이 좋지 않고 환경도 열악하며 심지어 운이 나빠 이렇게 되었다고 하소연하는 사람들이 있다. 살다 보면 이런 사람을 어렵지 않게 발견할 수 있다. 이들은 실패의 원인을 자신에게서 찾으려고 하지 않지만, 사실 대부분 실패는 모두 자기 탓이다.

하버드 학자들은 학생들에게 "실패는 두려운 것이 아니다. 진짜 두려운 것은 실패를 잘 다루지 못해 제대로 자신을 반성하지 않고 실패의 원인을 묻지 않는 태도다"라고 강조한다.

감성지능이 높은 사람은 실패를 변명하지 않는다. 모든 일은 남 탓만 할 것이 아니라 스스로 자신에게서 그 이유를 찾아야 하는데 이는 높은 감성지능과 자기 수양을 갖춘 사람만이 가능한 일이다.

데이비드 브라운David Brown은 훌륭한 영화 제작자지만 안타깝게도 일이 순조롭게 풀리지 않아 잇달아 세 회사에서 해고되었다. 처음에 그는 할리우드에서 20세기 폭스20th Century-Fox의 부사장 자리까지 올라 영화 〈클레오파트라〉를 제작했는데 이 영화가 뜻밖에도 흥행에 참패하고 말았다. 절체절명의 위기에 놓인 회사는 결국 대폭 감원을 결정했고 당연히 브라운도 해고되었다.

뉴욕으로 옮긴 브라운은 출판사 뉴 아메리칸 라이브러리New American Library에서 편집부장으로 일하게 되었으나 일부 주주가 고용한 외부인사와 뜻이 맞지 않아 해고되었다. 캘리포니아로 돌아온 그는 다시 20세기 폭스에 합류해서 6년 동안 고위직을 거쳤지만, 이사회는 그가 제작을 제안한 영화를 여러 차례 퇴짜 놓았고 다시 해고되었다.

브라운은 여러 번 해고를 당하면서 자신이 대형 조직에서 일하기에 적합하지 않다고 여기고 자신의 업무 스타일을 면밀하게 검토하기 시작했다. 그는 조직 안에서 항상 과감하고 위험을 감수하며 직관에 의지해 일을 처리하기를 좋아했는데 이런 점들은 모두 경영자의 모습에 더 가까웠다. 또 브라운은 위원회 방식의 총괄 관리, 대기업의 경영 스타일을 무척 싫어했다. 자기반성을 통해 실패의 원인을 분석한 브라운은 독립해 자신만의 영화 제작사를 세워 〈죠스〉, 〈심판〉, 〈코쿤〉 등의 인기 영화를 제작했다.

브라운은 거듭되는 좌절에도 핑계를 대거나 실패의 원인을 남에게 돌리지 않았다. 대신 적극적으로 자신을 반성하며 스스로 문제의 원인을 찾은 끝에 자립해서 성공을 거뒀다. 그의 경험은 문제가 발생했을 때 문제의 원인은 다른 곳이 아니라 우리 자신에게 있을 가능성이 크다는 사실을 보여준다.

무역회사에서 일하는 톰은 늘 자기 업무에 불만이 많았다. 하루는 화가 나서 친구에게 씩씩거리며 말했다. "상사는 내가 안중에도 없어. 내가 조만간 할 말 다 한 다음에 사직서를 던지고 바로 나올 거야!"

이 말을 들은 친구는 "그 회사를 완벽하게 파악했어? 국제 무역 분야가 어떻게 돌아가는지도 터득했고?"라고 물었다.

"아니."

"그러면 나올 때는 나오더라도 우선 그 회사의 모든 무역 업무 노하우, 비즈니스 문서, 조직 체계, 그리고 고장 난 복사기 수리하는 법까지 싹 배운 후에 나와. 그냥 회사를 '무료 강습소' 쯤으로 생각해. 거기서 배울 수 있는 걸 다 배우고 나와도 늦지 않아. 그래야 화풀이도 되고 나름대로 보람도 있잖아!"

톰은 꽤 일리 있다고 여겨 친구의 조언대로 했다. 업무 틈틈이 보고 익혔고, 심지어 퇴근 후에도 사무실에 남아서 비즈니스 문서 작성법을 연구했다.

1년 후, 그 친구는 거리에서 톰을 우연히 만났다.

"이제 대부분 배웠을 텐데 할 말 다 하고 나와야지?"

톰은 겸연쩍은 미소를 지었다.

"응. 그런데 최근 6개월은 상사가 나를 다시 보았는지 중요한 업무를 전부 나한테 맡기지 뭐야. 연봉도 오르고 승진도 했거든. 지금은 회사에서 내가 제일 잘나가!"

친구는 환하게 웃으면서 "그럴 줄 알았어!"라고 대답했다.

"애초에 상사가 너를 무시한 게 아니라 네 실력이 부족하고 노력도 제대로 안 해서 그랬던 거야. 그런데 이제는 아주 열심히 하면서 실력이 오르는 게 보이니까 당연히 다시 보지!"

당신 주변에도 항상 남을 탓하면서 이것도 마음에 안 들고 저것도 마음에 안 든다면서 세상에 자신이 최고라는 듯 구는 사람이 있을 것이다. 월급을 올려주지 않는 사장이 구두쇠라고 비방하고, 헤어진 여자친구가 너무 속물 같아서 가난한 자신을 떠났다고 욕한다. 이런 사람들은 자신의 온갖 실패와 불행이 모두 다른 사람 탓이다. 이들은 절대 자신에게서 원인을 찾지 않으므로 영원히 끝없는 불평과 고통 속에서 산다. 이야기의 톰은 회사에서 배울 수 있는 모든 지식을 습득하고 떠나기로 하는 과정에서 자신도 모르게 실력이 월등히 향상해서 상사의 눈에 들었다. 이는 많은 경우, 문제의 진짜 원인은 자신에게 있음을 보여주기에 충분하다.

자신에게서 문제의 원인을 찾는 것은 자신을 제대로 아는 방법인 동시에 발전의 시작이다. 실수하거나 잘못을 저질러도 괜찮다. 기꺼이 인정하고 바로잡는다면 이는 곧 탁월함을 향한 작은 발걸음을 내디딘 것과 같으니 아직 승자가 될 기회가 있다. 냉철하게 분석하고 공정하게 대처하며 자신을 제대로 이해한다면 걱정과 고민을 훨씬 덜 수 있다.

감성지능이 높은 사람이 되고 싶다면 먼저 핑계를 버리고 모든 일의 원인을 자신에게서 찾아야 한다. 또 타인에게 관대하고 그의 장점을 더 많이 보며 더 가까이 다가가려고 노력하자. 그래야만 스스로 자신을 완성하고 능가할 수 있다.

넘어졌다면
생각하고 다시 일어선다

마음이 열린 사람은 과거에 얽매이지 않고, 성숙한 사람은 미래를 두려워하지 않는다. 특히 감성지능이 높은 사람은 과거의 실수나 실패로 겁먹지 않으며 과거의 잘못을 마음에 담아두고서 전전긍긍하지 않는다.

사람은 누구나 앞으로 나아가는 길에 서로 부딪히기 마련이다. 매번 새로운 경험이므로 넘어져 다치는 일도 불가피하다. 그래도 같은 문제에 다시 부딪혔을 때, 지난번의 경험에서 얻은 교훈으로 현명하게 대처하며 똑같은 실수를 반복하지 않을 수만 있다면 괜찮다. 이전에 받았던 고통, 소모했던 에너지는 모두 가치 있으며 귀중한 재산이다.

리쑹은 젊었을 때, 한 의류공장에서 기술자로 일했다. 그는 자기 일에 상당히 만족하는 편이었으나 대규모 경제 위기에 산업 전체가 크게 흔들렸고 의류공장 역시 예외가 아니었다. 이미 주문서를 냈던 도매상들이 연이어 주문을 취소하면서 창고에 팔지 못한 제품이 잔뜩 쌓이자 공장은 결국 작업중단을 선언했다. 노동자들은 하는 일 없이 종일 카드놀이나 하며 시간을 보냈다. 이대로는 방법이 없다고 생각한 리쑹은 의류공장을 그만두었다.

하지만 새로운 일자리는 좀처럼 구해지지 않았다. 리쑹은 일이 없는 동안 장사라도 해야겠다고 생각했지만, 의류업 말고는 아는 것이 전혀 없는 그가 대체 무얼 할 수 있겠는가? 이제 어쩌지? 계속 이렇게 허송세월하며 살 수 있을까?

그러던 어느 날, 리쑹은 버스에서 한 젊은 엄마가 아동복 가격에 대해 친구들에게 하는 이야기를 들었다. 그녀는 아동복 가격이 너무 비싸서 한 벌만 사 입혀도 수십 위안이 드는데 그나마 아이가 너무 빨리 자라 몇 번 입히지도 못한다고 투덜거렸다. 리쑹은 이 말을 듣고 아이디어를 떠올려 아동복 장사를 하기로 했다. 가족들은 잘못된 결정이라고 반대했지만, 아랑곳하지 않고 과감하게 장사를 시작했다.

반 달 후, 리쑹은 매우 저렴한 아동복 재고품을 찾아내서 놓칠세라 냉큼 구매했다. 그런데 나중에 보니 전부 품질이 별로여서 잘 팔리지 않았고, 큰 손해를 떠안게 되었다. 사업 실패로 많은 돈을 잃은 리쑹은 아동복 장사는 가격도 저렴해야 하지만, 아이들이 입는 것이니 품질도 꼼꼼히 신경 써야 한다는 사실을 깨달았다.

실패의 경험에서 교훈을 얻은 리쑹은 다시 두 번째 도전에 나섰다. 이번에는 가격과 품질이라는 두 마리 토끼를 모두 잡아 꽤 괜찮은 물건을 구매했다. 리쑹의 전략은 적중했다. 얼마 지나지 않아 첫 물량이 완판되었고, 이전의 손실을 메울 정도로 많은 돈을 벌었다. 이어 리쑹은 광저우와 청두 같은 대도시로 가서 좋은 공급처를 찾았다. 리쑹의 아동복 장사는 점점 더 번창해 수십만 위안에 달하는 순이익을 얻었다. 몇 년 후, 리쑹은 자신만의 의류 회사를 설립했다.

리쑹은 첫 장사에서 겪은 실패에도 기죽거나 포기하지 않고 오히려 실패로부터 경험과 교훈을 얻었다. 그리고 이를 바탕으로 두 번째 장사부터 승승장구하여 성공을 거둔 후, 자기 회사를 설립하고 제대로 의류 사업을 시작했다. 길을 걷다가 어딘가에 걸려 넘어지는 일을 두려워할 필요 없다. 한곳에서 두 번 넘어지지 않도록 경험과 교훈을 얻을 수만 있다면 실패 역시 가치 있다.

위대한 철학자 소크라테스는 "반성 없는 삶은 살 가치가 없다"라고 했다. 길을 잃어봐야 깨달음을 얻을 수 있는 법, 이전에 갈 길을 모르고 헤맸던 경험은 지금 당신이 깨달음을 얻는 계기가 될 것이다. 수시로 자신을 돌아보고 성찰하며 점검해야만 정도正道를 벗어나지 않을 수 있다.

자기반성은 단순한 심리적 활동에 그치지 않고 반드시 실생활에 반영되어야 한다. 제때 자신의 잘못을 발견하고 인정해야 하며 그로부터 배우는 것이 있어야 한다.

성공하려면 실수와 실패에서 배우고 성장할 줄 알아야 한다. 한 번도 잘못을 저지르지 않는 사람은 겁쟁이고, 늘 잘못을 저지르는 사람은 멍청이다. 작은 잘못을 저질렀지만, 거기에서 경험과 교훈을 얻어 더는 비슷한 잘못을 저지르지 않는다면 성공보다 더 값진 일이다.

IBM의 한 선임 책임자가 새로운 프로젝트에서 심각한 실수를 저질러 1,000만 달러라는 막대한 손실을 낸 적이 있다. 당시 많은 사람이 그를 즉각 해고해야 한다고 혹은 해고되리라고 생각했다. 하지만 경영진은 진지한 논의 끝에 순간의 실수는 혁신 정신의 '부작용'이라는 데 뜻을 모으고 그의 진취적인 정신과 재능을 높이 사 계속 일할 기회를 주기로 했다.

덕분에 이 선임 책임자는 해고되기는커녕 이전과 다름없이 중요한 프로젝트를 맡게 되었다. 이 일로 사내에서 의혹이 불거지자 회장은 직원들을 달래기 위해 "그를 해고하면 회사가 그에게 들인 1,000만 달러의 학비를 그냥 버리는 셈이지 않습니까?"라고 유머러스하게 해명했다. 이후 이 일의 당사자인 선임 책임자는 회사의 두터운 신뢰와 높은 기대에 부응하여 IBM의 발전에 지대한 공헌을 했다.

인생의 길에서는 한 걸음, 한 걸음이 모두 달라 완전히 똑같은 어려움은 없다. 하지만 다행히도 우리에게는 이미 경험한 바가 있고 이전보다 성숙했기 때문에 비슷한 어려움을 직면해 더 자신감을 가지고 대할 수 있다. 감성지능이 높은 사람은 과거의 실패에서 경험과 교훈을 얻어 자신을 더욱 가다듬으며 바로잡는 데 능숙하므로 일과 생활에서 큰 성공을 거둔다.

엎질러진 우유 때문에
울지 않는다

　사람은 한 번의 성공을 위해 무수한 실패를 겪게 마련이다. 감성 지능이 낮은 사람들은 과거의 실패에 집착해 내일을 맞이할 용기를 잃어버리는 경향이 있다.

　세상은 성공하는 사람을 중심으로 돌아가지 않으며 모든 사람은 저마다 존재의 의미가 있고 누구나 성공의 기회가 있다. 오늘 실패했는가? 그렇다면 성공할 확률이 조금 더 높아진 것이다.

　실패는 세상의 일부이며 그것과 공생하는 것은 인간이 받아들일 수밖에 없는 운명이다. 사실 꼭 나쁜 것만도 아니다. 앞에서 이야기했듯이 그로부터 배우고 성공으로 나아간 사례도 비일비재하다. 따라서 잘못된 것이 있다면 창의적 사고를 동원해서 그 잠재적 가치를 이해하고 성공의 정점에 오르기 위한 '디딤돌'로 삼아야 한다.

하버드에서 학생 몇 명이 팀을 이뤄 과학 대회에 나갔으나 바랐던 성적을 거두지 못해 의기소침해졌다. 지도교수는 분위기를 바꾸기 위해 우유 한 병을 들고 실험실로 갔다. 학생들은 교수가 무슨 짓을 할지 몰라 그냥 조용히 자리에 앉아 있었다.

교수는 아무 말 없이 주위를 죽 둘러보더니 갑자기 일어나 우유를 싱크대에 전부 부어버렸다. 학생들은 깜짝 놀라 혹시 교수가 무슨 약이라도 잘못 먹었는지 의심했다.

이어서 교수는 미심쩍은 시선으로 바라보는 학생들을 향해 말했다.

"보다시피 우유는 다 엎질러졌습니다. 우리가 아무리 후회하고 불평해도 우유는 한 방울도 돌려받을 수 없죠. 앞으로 주의를 기울이고 조심하면 우유를 지킬 수 있겠지만, 일단 지금은 엎질러진 게 사실이에요. 이미 늦었으니 우리는 지금 해야 할 일만 하고 엎질러진 우유는 잊어버릴 수밖에 없습니다."

교수는 다시 학생들을 둘러보며 힘주어 강조했다.

"기억해요. 엎질러진 우유 때문에 절대 울지 마세요!"

인생은 어디를 가나 곳곳이 시험대이니 돌이킬 수 없는 일을 후회할 겨를 따위는 없다. 이야기에서 교수의 조언을 들은 학생들은 애타는 마음을 가라앉히고 얼굴을 가득 덮었던 근심을 날려버렸다.

고대 그리스의 시인 호메로스Homeros는 "과거의 일은 지나갔고 돌이킬 수 없다"라고 했고, 인도 시인 라빈드라나드 타고르Rabindranath Tagore는《길 잃은 새》에서 "그냥 걸어갈 뿐, 멈추어 꽃을 꺾지 않기를.

가는 길 위에 꽃은 계속 피어 있을 테니"라고 했다. 그렇다, 어제의 햇살이 아무리 아름다웠어도 지금 스케치북에 옮길 수는 없다. 길가의 꽃봉오리가 떨어졌어도 저 앞에는 더 많은 꽃봉오리가 있다.

사람은 과거의 잘못을 끝까지 움켜쥐고 있을 때 가장 어리석다. 스스로 자신을 비난할 때, 수많은 기회가 곁을 스쳐 지나간다. 그러니 지금 가진 것을 소중히 여기고 현재에 집중하라. 먼지를 툭툭 털고 계속 길을 걸어가야 한다. 더 아름다운 풍경이 눈앞에 기다리고 있을 테니.

미국의 한 건축자재 업자가 바닷길을 통해 캐나다에서 뉴욕으로 목재를 운송하고 있었다. 그런데 항해 중에 폭풍을 만나 나무를 묶은 밧줄이 끊어지는 바람에 대부분 목재가 그만 한순간에 바다로 떨어지고 말았다. 이 업자는 목재가 하나씩 바다로 들어가는 장면을 멍하니 보면서 자기 돈이 바닷물에 빠지는 것 같아 정신이 혼미해졌다. 어쨌든 그는 행여 바다 위 목재 때문에 다른 배들이 위험할까 봐 급히 현지 해양 조사국에 지원을 요청했다. 해양 조사국은 이 지역을 지나는 여러 나라의 선박들에 표류하는 목재를 주의하라는 긴급 메시지를 발송했다.

수년에 걸쳐 여러 선박이 바다에서 발견된 목재의 위치와 시간을 실시간으로 해양 조사국에 보고했다. 해양 조사국은 이 목재들이 표류하는 방향에 따라 시간과 날짜를 꼼꼼히 계산해 조수의 흐름을 측정하는 항해도를 만들었다.

수많은 관찰과 기록, 여러 차례의 수정을 거쳐 만들어낸 이 항해도는 항해 역사상 큰 성과물이었는데 알다시피 이 모든 일은 그 건축자재 업자로부터 시작되었다. 만약 그가 목재를 잃어버리지 않았다면 그리고 해양 조사국이 그의 목재를 찾지 않았다면 조수의 흐름을 구체적으로 측정한 항해도를 제작하는 일은 애초에 불가능하다. 이에 국가는 이 업자에게 큰 상금을 주었는데 그의 재정적 손실을 훨씬 웃도는 액수였다.

인생은 몇 번의 역경과 실패가 왔다가 지나가고, 다시 왔다가 지나가는 일이 반복되는 과정이다. 그러나 실패에서 반성하는 법을 배우고 역경 앞에서도 희망을 잃지 않는다면 반드시 기회가 있다. 실패의 늪에 빠져 허구한 날 과거의 일로 슬퍼하고 무기력하게 시간을 흘려보낸다면 그것만큼 끔찍한 일도 없다. 과거 실패의 그림자에 갇혀 있는 삶은 내일의 찬란한 태양을 보기 힘들다. 과거의 실패와 좌절은 잊고 삶의 새로운 도전에 용기를 내야 한다.

하버드 감성지능 강의

자기반성에는 반드시
자기관리가 수반되어야 한다

인생에서 자기반성은 분명히 매우 중요하다. 그런데 자기반성을 통해 자신에게서 오류를 발견하고, 문제를 알아차리고, 일이 꼬인 부분을 찾아낸 후에는 어떻게 해야 할까? 이때 우리는 잘못된 부분을 바로잡기 위한 강력한 자기관리가 꼭 필요하다.

자기관리는 상당히 심각하고 무거운 주제다. 인간이란 천성적으로 게으르고 나태하며 방종과 방만을 일삼고 어떻게든 미루려고 하는 동시에 쉽게 포기하는 존재이기 때문이다. 결국, 자기관리란 사람이 내면 깊은 곳에 뿌리를 내린 여러 결함과 투쟁하는 일이다.

이런 점에서 하버드는 아주 좋은 본보기를 보인 적 있다.

1986년, 하버드대가 개교 350주년을 맞았다. 대학 측은 기념일과

259

졸업식을 통합해 진행하기로 하고 당시 미국 대통령이던 로널드 레이건Ronald Reagan을 초청했다.

그런데 레이건 대통령이 하버드가 전혀 예상하지 못한 요청, 그러니까 명예박사 학위를 수여해달라는 요청을 했다.

대부분 사람은 하버드 입장에서 이것이 큰 문제가 아니리라 생각했으나 그렇지 않았다. 하버드는 교수 초빙이든 명예 학위 수여든 어느 정도 학문적 수준에 도달해야 한다고 여겼기에 이 일이 학교 규정에 어긋난다고 보았다. 결국, 하버드는 레이건 대통령 초청을 철회했다.

오늘날까지 하버드는 여전히 수준 높은 자기관리를 통해 수많은 우수한 인재를 배출하고 있다.

하버드대는 학생들에게 자기관리를 강조하는 동시에 어떤 상황에서도 인간으로서의 원칙을 준수하라고 주문한다. 사실 하버드 학생이 아니라 누구라도 반드시 그래야만 인간의 존엄을 유지하고 존경받는 사람이 될 수 있다.

자기관리는 비단 옳고 그름의 문제에만 해당하는 것이 아니며, 일상적인 학습과 생활, 일의 모든 면에 반영되어야 한다.

미국 한 대학의 일본어 강의에 50대로 보이는 여성이 나타났다. 이 자유로운 나라에서 누구든 원한다면 하고 싶은 일을 할 수 있으니 모두 이상하게 생각하지 않았다.

얼마 지나지 않아 학생들은 이 여성이 단순히 퇴직 후의 허전함을 달래려고 이곳을 찾은 것이 아니라는 느낌을 받았다. 그녀는 항상 가장 일찍 강의실에 와서 지난번에 배운 내용을 복습하고 강의가 시작되면 누구보다 열심히 선생님을 따라 읽었다. 질문을 받으면 자못 긴장하면서 이마에 땀이 맺히는 거로 보아 틀리지 않으려고 애쓰는 것이 분명했다. 또 나중에 학생들이 참고용으로 빌려 갈 정도로 매우 깔끔하게 노트 필기를 했으며 매번 시험을 앞두고는 더욱 긴장하면서 부족한 부분을 보충했다.

어느 날, 노교수가 학생들에게 말했다. "부모가 자녀를 제대로 교육하려면 우선 자신부터 철저히 관리해야 합니다. 우리 강의를 듣는 이 존경스러운 부인께서는 분명히 아주 교육을 잘 받은 자녀를 두셨을 겁니다."

알고 보니 이 여성의 이름은 주무란朱木蘭, 그녀의 딸은 미국 최초의 중국계 여성 장관인 자오샤오란趙小蘭이었다.

자기관리는 개인의 품격을 드러낸다. 자기관리를 잘하는 사람일수록 품격 높으며 승리할 확률도 높다. 당신이 무언가를 할 때 사람들은 당신이 사실을 말하는지, 믿을만한 사람인지, 좋은 품성이 있는지를 지켜본다. 이때 하지 말아야 할 말은 하지 않는 등 자신을 엄격하게 단속할 필요가 있다. 자기관리를 잘하는 사람은 좋은 습관이 많다. 매일 책을 읽거나 노래를 듣는 습관, 글을 쓰는 습관, 좋은 친구를 사귀는 습관, 현명하게 돈을 관리하는 습관, 부정적인 생각을 닫는 습관, 남을 칭찬하는 습관, 자신보다 나은 사람과 시간을 보내는 습관, 품격 향상하는 데 투자하는 습관……, 작고 사소하나 이런 습관들이 쌓이면서 그 사람의 독특한 멋이 드러나고 모두가 사귀고 싶은 사람이 될 수 있다. 한마디로 정리하자면 자기관리는 삶의 열쇠다!

아름다운 삶을 살고 어디에서나 환영받는 감성지능이 높은 사람이 되고 싶다면 오늘부터 자기관리를 배워라!

자기관리 하는 법

우선 자기관리를 좀 더 세세히 분석해보자. 자기관리는 크게 5개 영역이 있는데 바로 인정acceptance, 의지willpower, 근면hard work, 부지런함industry, 꾸준함persistence이다. 각각을 의미하는 영단어의 첫 글자를 조합하면 'a whip', 즉 '채찍'이라는 말이 나온다. 이 채찍이야말로 자기관리의 관건이다.

1. 인정

자신에 대한 명확한 이해가 있어야 현실을 정확히 통찰하고 의식적으로 자신의 감정을 받아들일 수 있다. 간단하게 들리나 막상 구체적인 행동으로 옮기려고 하면 쉽지 않은 일이다.

만약 자기관리 방면에서 자신이 처한 상황을 인정하지 않는다면 어떠한 발전도 이룰 수 없다.

예컨대 살을 빼려는 사람이 자신의 상황에 맞게 다이어트 계획을 세우지 못하면 어떤 결과가 있을지는 불 보듯 뻔하다. 자기관리 능력을 높이려면 현재 자신의 상황을 아는 것이 먼저다. 현재 당신은 어느 정도의 자기관리를 하는가? 어떤 도전이 쉽거나 어려운가? 실제로 할 수 있거나 없는 것은 무엇인가?

2. 의지

자기관리는 강한 의지와 떼려야 뗄 수 없는 관계다. 의지는 화염을 뒤로 내뿜는 일종의 추진체와 같아서 당신에게 강력하나 단기적인 힘을 제공한다. 각도를 적절하게 조절하면 엄청난 동력을 만들어서 관성을 극복하고 힘을 만드는 데 큰 도움이 될 것이다. 의지는 당신이 모든 에너지를 집중해서 힘차게 전진하도록 돕는다.

3. 근면

어려움은 피할수록 더욱 어려워지므로 어렵다고 생각하는 일에 적극적으로 도전해야 한다. 어려운 일을 두려워하거나 피하지 말고 기꺼이 받아들여 꾸준히 하는 쪽을 선택한다면 남들이 도달할 수 없는 삶의 새로운 고도에 이를 수 있다. 어려움을 적이 아닌 친구로 대하면 더 많은 것을 얻으리라 믿는다.

4. 부지런함

무슨 일을 하든지 시간이 필요하다. 부지런함이란 충분한 시간을 들여서 무언가를 자주 함을 의미한다. 하지만 반드시 꼭 필요한 곳에 시간을 써야 한다. 부지런한 것과 지혜로운 것은 같지 않으나 이런 태도가 개인의 발전에 중요한 역할을 한다는 사실을 부인할 수는 없다. 일단 어떤 행동을 결정하고 계획했다면 부지런함보다 더 유용한 것은 없다. 장기적으로 보았을 때, 당신의 결과는 당신의 행동에서 비롯되며 부지런함은 가장 좋은 행동 방식이다.

5. 꾸준함

알다시피 습관이란 기르는 데 꽤 오랜 시간이 걸리며 자기관리도 물론 예외가 아니다. 세상에 꾸준함을 대체할 수 있는 것은 없다. 다양한 재주, 타고난 재능, 교육 수준 등 그 어떤 것도 꾸준함을 대체하지 못한다. 어떤 일이든 꾸준함과 결심만 있다면 못 할 것이 없다. 큰 목표를 달성하는 과정에서 동기부여가 강할 때도 약할 때도 있지만, 꾸준함은 이런 감정과 관계없이 당신이 항상 멈추지 않고 행동할 수 있도록 한다.

자기관리 습관을 기르는 일은 쉽지 않지만 해낸다면 평생 유익하다.

긍정적 마음가짐

◆

무한한 잠재력을 발휘해 열정과 활력이 넘치는 자신을 만든다.

Harvard Emotional Quotient Lecture

10

─ 열 번째 수업 ─

마음의 짐을
벗어 던지고
온전히 나로서
꿈을 좇아라

할 수 있다고 믿으면
할 수 있다

"나는 승리하고 싶다. 나는 승리할 수 있다. 나는 또 승리했다." 데일 카네기가 항상 자신을 일깨운 말이다. 그렇다. 우리도 카네기처럼 스스로 자신에게 긍정적 암시를 주고, 자신을 의심하지 않으며, 무엇을 하든지 반드시 자신을 믿어야 한다. 사람이 무언가를 할 수 있는 까닭은 할 수 있다고 믿기 때문이다!

닉 발렌다Nik Wallenda는 미국의 유명한 고공 줄타기 아티스트였으나 불행히도 대형 공연 도중에 실족사했다! 사고 후에 발렌다의 아내는 "남편이 공연 전에 계속 '이번 공연은 정말 중요해서 절대 실패하면 안 돼!'라고 계속 말했습니다. 그래서 나는 무슨 일이 날 줄 알았죠"라고 말했다. 결국, 발렌다는 자신을 불신한 탓에 실패하고 말았다.

세르게이 부브카Sergey Bubka는 우크라이나의 전설적인 장대높이뛰기 선수로 '장대높이뛰기의 차르'라고 불린다. 그는 세계 기록을 무려 35번이나 갈아치웠고, 지금까지 그가 세운 두 개의 세계 기록은 아직 누구도 깨뜨리지 못했다. 2001년 레오니드 쿠치마Leonid Kuchma 우크라이나 대통령은 부브카에게 국가 훈장과 함께 '우크라이나의 영웅'이라는 칭호를 수여했다. 성대하게 치러진 서훈식에서 취재진이 부브카에게 '성공의 비결'을 물었다. 부브카는 미소 지으며 "간단합니다. 매번 점프하기 전에 마음으로 먼저 넘습니다"라고 대답했다. 이 이상한 대답에 기자들은 다시 어떻게 하면 '마음으로 먼저 넘는지' 물었고, 부브카는 여유롭게 비밀을 설명했다.

한때 부브카는 슬럼프를 겪었다. 당시 그는 고민하고 좌절했으며 자신의 가능성을 의심하기까지 했다. 그렇게 의기소침한 채로 훈련을 계속하던 어느 날, 훈련장을 찾은 부브카는 저 높은 곳에 있는 바bar를 바라보다가 감정이 북받쳤다. 코치가 고개를 저으며 "도저히 뛸 수 없다"라고 말하는 부브카에게 담담하게 물었다.

"지금 어떤 생각을 하고 있어?"

"폴pole을 들고 저 위에 있는 바를 보는 순간 덜컥 겁이 납니다. 아무래도 저는······"

부브카가 말을 다 끝내기도 전에 코치가 말했다.

"세르게이, 먼저 눈을 감고 몸이 아니라 네 마음으로 바를 넘어봐. 그다음에 점프하는 거야!"

코치의 엄한 조언에 부브카는 마치 꿈에서 깨어난 것 같았다. 그는 폴을 다시 고쳐 잡고 점프를 준비했다. 코치가 시키는 대로 눈을 감고 먼저 마음으로 바를 넘은 후에 힘차게 달려 점프했다. 그랬더니 매번 실패하던 높이였는데 놀랍게도 이번에는 단번에 성공했다! 부브카는 드디어 비결을 찾았고 이후 연이어 기적을 일궈내며 세계 기록을 갈아 치웠다. 그는 계속해서 스스로 자신을 뛰어넘었다.

이야기에서 세계 챔피언이 말한 성공의 비결, '마음으로 먼저 넘는다'라는 말은 단순하지만, 탁월한 인생의 지혜다. 무슨 일이든 할 수 있다는 믿음이 있어야 몸이 흐트러지지 않고 여유롭게 목표를 달성할 수 있는 법이다. 마음의 장벽을 돌파해야만 자신을 능가할 수 있다.

"신의 문은 잠겨 있지 않다"라는 짐 하인즈Jim Hines의 말처럼 성공은 그다지 어려운 것이 아니다.

1968년 멕시코 올림픽 육상 100미터 결승, 미국 대표 짐 하인즈가 결승선을 통과하자 전광판에 '9.95'라는 숫자가 표시되었다. 인류 최초로 100미터 달리기에서 10초의 벽이 깨진 것이다. 경기장 전체가 흥분에 휩싸였고 하인즈는 두 팔을 벌리며 말했다. "신이시여, 문을 잠그지 않으셨군요!" 그의 말처럼 성공의 문은 닫혀 있으나 잠겨 있지 않으니 누구나 힘껏 밀면 열고 들어갈 수 있다. 대부분 사람은 감히 성공을 생각하지 못하기 때문에 문이 잠겨 있지 않아도 들어갈 자신이 없다. 부정적인 마음가짐은 실패의 가장 큰 원인이다. 실패를 걱정하고 두려워하며 자신이 성공할 수 있으리라 믿지 않는 것은 가장 흔한 부정적인 사고방식이다.

아마 어떤 사람들은 부족한 능력을 이유로 들어 자신을 정당화할 것이다. 단언컨대 실패로 운명지어진 사람도, 무가치한 사람도 없다.

하버드 감성지능 강의

오직 자신의 능력을 믿지 않으며 유약한 사람만 있을 뿐이다.

한 고등학생이 하버드 심리학과 교수 로버트에게 전화를 걸어 삶이 엉망진창이라 너무 우울하다고 하소연했다.

진지하게 듣던 로버트 교수가 물었다.

"지금 말한 내용이 사실이라고 확신합니까?"

"네, 저는 친구들과 사이가 좋지 않아요. 모두 저를 싫어하죠. 선생님도 저를 본체만체합니다. 어머니는 제게 큰 기대를 걸고 있지만, 저는 아마 기대에 부응하지 못할 거예요. 또 좋아하는 남자애가 있는데 저를 좋아하지 않아요. 제 인생은 빛을 잃었어요."

학생은 아무 희망도 없다는 듯이 말했다.

로버트 교수는 다시 "그럼 왜 전화를 걸었나요?"라고 물었다.

"글쎄요. 아마 누군가와 이야기를 하고 싶어서 일 거예요!"

학생은 계속해서 자신에 대한 부정적인 평가를 늘어놓았다.

"저는 사람을 사귀는 일도 서툴고 대화도 잘하지 못해요. 학교도 가기 싫고, 제대로 아는 것도 없어요……"

로버트 교수는 도무지 이해할 수가 없었다. 이 학생은 왜 이렇게 자신을 비하할까? 이어진 대화에서 그는 학생의 부모가 모두 교사라는 사실을 알게 되었다. 부모는 기대한 만큼 해내지 못하는 학생을 노골적으로 타박했다. 늘 부족한 부분을 지적하고 심하게 질책하기까지 했다. 학생은 점차 자신이 쓸모없다고 생각하게 되었다.

로버트 교수는 마침내 이 학생의 문제가 '격려 부족'임을 알게 되었다! 사람이 오랫동안 격려와 인정을 받지 못하고 부정적인 환경에서 살다 보면 자신이 정말 아무것도 할 수 없다고 생각하는 자기부정에 휩싸인다.

통화하면서 로버트 교수는 학생의 여러 장점을 찾아냈다. 더 나아지려고 하고 분별력 있는 아이였다. 목소리가 좋고 예의가 발랐으며 언어 표현 능력이 뛰어나고 성실해서 사람들과 잘 소통할 수 있었다.

"잠시 이야기를 나눴을 뿐인데 나는 학생에게 이렇게 많은 장점을 발견했어요. 그런데 왜 자신을 그렇게 비하하죠?"

"그런 것들을 장점이라고 할 수 있나요? 아무도 그런 말을 해주지 않았어요."

"그럼 오늘부터 자신의 장점을 최소 10개씩 써보세요. 그리고 매일 큰소리로 몇 번씩 읽으면 자신감이 서서히 회복될 거예요. 새로운 장점을 발견하면 추가하는 거 잊지 말아요!"

학생은 처음보다 훨씬 밝아진 목소리로 그러겠다고 대답하고 전화를 끊었다.

많은 사람이 이야기에 등장하는 학생처럼 자신이 아무것도 할 수 없다고 생각한다. 그들은 자신의 또 다른 면, 즉 밝게 빛나는 모습을 완전히 잊고 있다. 개인의 잠재력은 헤아릴 수 없으니 함부로 "나는 안 된다"라고 단언할 이유가 없다.

> 자신감 있는 사람만이 높은 감성지능을 가질 수 있고, 모든 역량을 발휘하여 일을 성공시키거나 인간관계를 유지한다. 자신 외에는 누구도 자신을 부정할 수 없지만, 스스로 자신을 부정한다면 아무리 강력한 외부의 힘이 작용해도 실패의 덫에서 벗어날 수 없다. 나조차 나를 믿지 않는다면 누가 나를 믿겠는가?

좌절된 삶을
긍정적으로 마주하다

　엄청난 압박을 받고 사는 현대인들은 순탄하기만 한 삶을 살 수는 없음을 인정하면서도 마음으로는 늘 희망의 끈을 놓지 않는다. 삶의 여정이 평탄하기를, 설령 좌절과 고난이 있어도 극복하고 실패하지 않기를 간절히 바란다. 하지만 불행히도 인생은 시나리오 작가가 줄거리를 쓰는 영화가 아니니 우리는 살면서 항상 예기치 않은 실패를 마주하게 된다. 가장 견디기 힘든 것은 실패 그 자체가 아니라 무력감의 고통이다.

　좌절이란 엄청난 도전 끝에 실패했을 때가 아니라 아예 도전의 기회가 없을 때 느끼는 감정이다. 도전하지 않은 삶은 남들이 보기에 순탄하고 실패도 없어 보이나 성공의 기쁨을 누리지 못한다는 점에서 좌절감을 불러일으킨다. 도전이 없는 삶은 희망이 보이지 않는 좌절의 여정이다.

한 여성이 영문도 모른 채 해고당했다. 사장은 이유도 제대로 말하지 않고 그저 오후에 재무팀에 가서 급여를 정산해 가라는 말만 했다. 점심시간에 여성은 분수대 옆 벤치에 앉아 슬퍼하면서 앞으로 어떻게 살아야 하나 생각했다. 그 순간, 뒤쪽에서 '킥킥'거리며 웃는 소리가 들렸다. 고개를 돌렸더니 어린 남자아이가 있었다.

"왜 웃니?"

"오늘 아침 그 벤치 등받이에 페인트를 새로 칠했거든요. 일어났을 때, 등이 어떻게 됐는지 보고 싶어요!"

아이의 말에 기가 막혀서 넋을 놓고 있던 여성은 문득 생각했다. 못된 동료들이 지금 이 아이처럼 뒤에서 나의 실패와 몰락을 비웃으려고 하지 않을까? 그들이 원하는 대로 될 수는 없지. 나갈 때 나가더라도 비웃음거리가 되지는 않겠어!

여성은 잠시 생각했다가 남자아이에게 "저기 봐, 연 날리는 사람들이 많네!"라고 말했다. 아이가 고개를 돌려 연을 찾자 여성은 얼른 일어나 입고 있던 외투를 벗어서 손에 쥐었다. 안에 입은 노란색 스웨터는 그녀를 더 생기 있고 아름다워 보이게 했다. 남자아이가 속은 걸 알고 고개를 돌렸을 때, 여성의 등은 깔끔하기만 했다. 아이는 실망한 듯 입을 삐죽거리더니 가버렸다.

그날 오후, 여성이 자기 물건을 정리해서 떠나려 하자 옛 동료들은 마치 약속이라도 한 듯 다 같이 작별 인사를 하러 나왔다. 여성은 그들이 자신을 놀림거리로 삼으려 한다는 걸 알았지만, 감정을 잘 조정한 덕에 좌절감에서 벗어나 차분한 상태였다. 동료들은 여느 때와 다름없이 평온하고 아름다운 얼굴만 보았을 뿐이다.

좌절은 이야기에 나오는 페인트가 마르지 않은 벤치처럼 우리를 낭패스럽게 만든다. 그 벤치에 앉아 온몸에 페인트가 묻으면 하늘을 원망하고 운명을 한탄하는 사람도 있지만, 이야기의 그 여성처럼 자기 연민을 버리고 좌절에 적극적으로 대처하는 사람도 있다. 나의 좌절을 농담거리로 삼으려는 누군가에게 절대 기회를 주어서는 안 된다. 기억하자. 내 삶의 주인은 나 자신이며, 내 삶의 색깔은 전적으로 나 스스로 결정한다. 내가 웃으면 삶이 함께 웃고, 내가 울면 삶은 나에게 눈물을 보일 것이다.

긍정적인 마음을 가진 사람은 외부로부터의 적절한 자극을 받아들이고 신체 각 기관이 더 잘 움직이게 하며 반사적으로 대뇌피질과 뇌의 흥분도를 높여 잠재력을 충분히 발휘한다. 반대로 마음이 부정적이면 시종일관 억눌린 상태에 있게 된다.

"양이 한 번 울면 건초 한 입을 놓친다"라는 속담은 부정적인 사람을 표현하기에 안성맞춤이다. 부정적인 마음을 가진 사람은 조금이라도 여의치 않거나 불만족스러운 일을 당하면 곧 자신감을 잃고 끊임없이 불평을 늘어놓는다. 남보다 못한 능력, 안 좋은 환경, 사회의 부당한 대우를 불평하고 심지어 자기는 운까지 없다고 한탄한다. 한 번 불평하면, 즉 양이 한 번 울면, 입에 문 '건초'가 우수수 떨어진다. 이뿐 아니라 그들은 앞으로 더 많은 장애물에 부딪히고 점점 더 고통스러워질 것이며 건강과 행복을 파괴하는 적에게서 벗어나기가 점점 더 어려워질 것이다. 고뇌가 의식 속으로 스며들어 생각에 영향을 미치고 건강한 정신을 해치기 때문이다.

하버드 교수들은 학생들이 살면서 만나는 좌절에 적극적으로 대처하도록 다음의 이야기를 자주 한다.

가난한 집안 출신의 한 청년이 꿈꿔왔던 대학에 입학하게 되었다. 대학에서 2년을 보낸 후, 그는 학교의 교육 시스템에 많은 폐해가 있다는 사실을 알게 되었다. 청년은 고민 끝에 개선안을 총장에게 알렸지만 받아들여지지 않았고, 이 일 때문에 많은 사람으로부터 조롱받았다.

청년은 좌절에도 낙심하지 않았으며 자신이 교육 사업 분야에서 성공하리라고 굳게 믿었다. 그는 나중에 직접 대학을 세우고 이 대학에서만큼은 자신이 겪었던 그런 폐해가 없게 하겠다고 다짐했다. 하지만 대학을 세우려면 적어도 100만 달러는 있어야 했다. 대체 어디로 가야 이 큰돈을 구할 수 있을까? 졸업하고 돈을 벌어야 할까? 그래서 어느 세월에 100만 달러를 모을 수 있겠어?

청년은 물러서거나 포기하지 않고 '100만 달러를 마련하는 법'을 고민하기 시작했다. 친구들이 보기에는 거의 정신병자와 다름없었지만, 소문 따위에 흔들리지 않고 자신이 그 돈을 마련할 수 있다고 굳게 믿었다.

어느 날, 청년은 마침내 방법을 생각해냈다. 그는 '내게 100만 달러가 있다면'을 주제로 강연하기로 하고 이 소식을 신문사에 알렸다. 이 강연은 기발한 아이디어로 단숨에 많은 재계 인사들의 주목을 받앉으며 실제로 강연 당일에 많은 성공한 사람들이 참석했다. 청년은 수많은 청중 앞에서 전력을 다해 자신의 계획을 말했다.

강연이 끝난 후, 필립 아머Philip Armour라는 사업가가 청년에게 "멋진 강연이었습니다. 100만 달러를 기부할 테니 말씀하신 대로 써주세요"라고 말했다.

이렇게 해서 청년은 대학을 설립할 돈을 마련했고 마침내 아머 공과대학Armour Institute of Technology을 세웠다. 이후 아머 공과대학은 세계적으로 유명한 일리노이공과대학교Illinois Institute of Technology가 되었다. 그리고 이 청년은 훗날 많은 사람의 사랑을 받은 철학자이자 교육자인 프랭크 건솔러스Frank Gunsaulus다.

건솔러스는 개선안을 거절당하고도, 그리고 직접 대학을 세우지 못했을 때도 그대로 주저앉거나 무기력해지지 않았다. 오히려 긍정적인 마음으로 어떻게 하면 100만 달러를 마련해서 대학을 세우고 이 대학에 완벽한 교육 시스템을 구축할 수 있을지를 고민했다. 만약 조금이라도 실의에 빠져 자포자기했다면 아머 공과대학 설립은 말할 것도 없고, 그 자신 역시 후대에 이름난 위대한 철학자이자 교육자가 되지 못했을 것이다.

사람은 결국 자기 생각의 산물로 긍정적인 마음이 있어야 긍정적인 삶을 산다. 잠시 넘어져도 실패에서 긍정적인 요소를 찾고 희망을 본다면 실패의 그늘에서 벗어나고 궁극적으로 자기 목표를 달성해 이상적인 삶을 살 수 있다.

아름다운 꽃은 가장 빛나고 인기가 많지만, 꽃이 떨어지고 시들면

쓸쓸하고 외롭게 된다. 따뜻한 봄날은 가장 활기차고 많은 이로부터 환영받지만, 사계 순환이라는 자연의 법칙을 거스르지 못해 차가운 구석에서 잊힌다. 비옥한 땅은 가장 풍요로우나 거센 홍수에 휩쓸리면 크게 상처 입고 한숨을 쉰다. 세상에 영원한 광채는 없으며 항상 빛과 어둠이 교차한다. 마찬가지로 우리 삶도 평탄하지만은 않다. 걷기 좋은 길이 있는가 하면 거칠고 울퉁불퉁해서 걷기 어려운 길도 분명히 있다.

삶을 자랑스러워하는 것은 축복이지만 좌절감을 느낀다고 해서 남을 탓할 필요는 없다. 십중팔구 인생은 뜻대로 되지 않으며 누구나 살면서 몇 번의 좌절감을 느끼게 된다. 이때 고개를 숙이면 사악하고 절망적인 것만 보이며 정신이 몽롱한 상태에서 삶의 투지를 잃고 스스로 고통의 심연으로 빠져든다. 반면에 좌절에 직면해서도 무너지지 않고 고개를 든다면 희망으로 가득 찬 탁 트인 하늘을 보고 그 안에서 훨훨 날게 될 것이다.

질투에 마음을
빼앗기지 않는다

하버드 교수들은 학생들에게 질투는 인간의 모든 나쁜 감정 중 가장 사악하다고 말한다. 질투는 독을 뱉어내는 뱀과 같아서 자신과 타인을 모두 해친다. 특히 감성지능이 높지 않은 사람은 질투에 휩싸여 어리석은 짓을 저지르기 쉽다.

독수리 두 마리가 있었다. 한 마리는 아주 빠르게 날고 다른 한 마리는 조금 느리게 날아서 느리게 나는 독수리는 빠르게 나는 독수리를 몹시 질투했다.

한번은 느리게 나는 독수리가 사냥꾼에게 말했다.

"저 앞에 빠르게 나는 독수리를 총으로 쏴서 죽여주세요!"

사냥꾼은 동의했지만, 대신 총을 한 번 쏠 때마다 너의 깃털을 하나씩 뽑아서 달라고 했다.

"좋아요!"

사냥꾼은 느리게 나는 독수리의 깃털을 하나 뽑고 첫 발을 쏘았지만 명중하지 못했다. 두 번째 깃털을 뽑고 다시 총을 쏘았으나 역시 빗나갔다. 이후에도 사냥꾼은 몇 번이고 명중하지 못했고 그때마다 느리게 나는 독수리의 깃털을 하나씩 뽑았다. 결국, 느리게 나는 독수리는 깃털이 없어서 날지 못하게 되는 지경까지 되었다. 사냥꾼은 그 모습을 보고 크게 웃더니 이 독수리를 집어 들고 가서 맛있게 식사했다.

철학자 스피노자Baruch de Spinoza는 "질투는 일종의 증오다. 이 증오는 사람이 타인의 행복으로 고통받고, 타인의 고통으로 행복해지게 한다"라고 했다. 평등한 사회에서 모든 사람의 삶은 자신에게 달려 있으므로 자기 손으로 부와 지위를 얻으며 자신을 위해 살면 된다. 자기 삶을 돌보지 않으면 주변 사람이 아무리 행복해도 그 행복이 자신의 것이 아니니 비참할 뿐이다.

질투하는 사람이 받는 고통은 그 누구보다도 크다. 질투심이 많은 사람은 두 가지 고통을 감내해야 하는데 하나는 자신의 고통이고, 다른 하나는 타인의 행복이 가져다주는 괴로움이다. 이런 사람들은 종종 타인을 미워하는 것에서 시작해 자신을 해치는 것으로 끝난다.

어느 날, 신이 인간 세상을 둘러보다가 황폐한 작은 마을을 보고 가난한 주민들을 돕기로 했다. 신은 먼저 한 청년에게 소원이 무엇인

280

지 물으면서 원하기만 하면 무엇이든 해주겠으나 이웃은 그 두 배를 받게 될 거라고 말했다. 다시 말해서 청년이 집 한 채를 원하면 이웃은 집 두 채를 받게 되고, 청년이 자동차 한 대를 바라면 이웃은 자동차 두 대를 갖게 된다. 청년은 신의 말을 듣고 자기 덕에 자신의 두 배를 얻게 될 이웃 생각에 질투가 났다. 너무 불공평하잖아! 한참 생각하던 청년은 신에게 "한쪽 손을 잘라주세요!"라고 말했다. 손이 잘려 불행해질지언정 이웃이 자기보다 두 배 더 불행해지는 쪽을 선택한 것이다.

참으로 어처구니가 없는 이야기다. 질투는 이야기의 청년처럼 사람의 사고와 심리를 믿을 수 없을 정도로 뒤틀어버린다. 나와 타인을 해쳤으면 해쳤지 모두가 좋게 되는 꼴은 못 보는 거다. "질투가 길어지면 끝이 멀지 않다"라는 말이 있다. 타인을 맹목적으로 질투하면 자신은 어떠한 발전도 이루지 못한다.

질투하는 사람들은 질투의 대상을 끝도 없이 비판하면서 온갖 트집을 잡지만, 속으로는 그를 선망한다. 사실 내가 가장 하고 싶은 일을 누군가 이미 했는데 너무 잘하기까지 했다면, 내가 가장 꿈꾸는 목표를 누군가는 이미 이루고 유유자적 살고 있다면 미워하는 마음이 생길 수 있다. 하지만 그렇다고 공공연하게 나쁜 짓을 할 수는 없으니 남모르게 은근히 공격하면서 시기하는 것이다. 이런 사람들은 질투심 때문에 영원히 꿈에 도달하지 못한다.

오죽하면 중국의 위대한 문학가 루쉰魯迅이 당시의 사회 상황을 두고 "중국에서는 뭔가 조금만 튀어 보이면 칼을 뽑아서 편평하게 만드는 사람이 있다"라고 탄식했겠는가!

중국 작가 아이칭艾靑 역시 "질투는 영혼의 암 덩어리입니다! 질투의 불꽃은 언제나 자신을 태우는 데서 시작됩니다"라고 했다. 질투하는 사람은 타인이 실패로 고통스러워하는 모습은 좋아하면서도 성공으로 기뻐하는 모습은 보기 싫어한다. 이런 사람들이 남의 일에 보이는 관심의 정도는 자신의 성공이나 실패보다 훨씬 크다. 남을 모함하는 간계를 꾀하는 사람은 결국 자기가 만든 함정에 빠지게 된다.

이 세상에는 언제나 우리보다 더 나은 사람이 있다. 다행히도 우리는 불변하는 존재가 아니니 감사하는 마음으로 그에게서 배워 그와 같거나 더 나은 사람이 되기 위해 노력할 수 있다. 타인을 실패하게 만드는 것은 자신이 성공하는 방법이 아니다.

인간됨의 최고 경지는 타인의 장점을 인정하고 자신보다 나은 사람의 성공을 기꺼이 받아들이며 끊임없이 노력해 발전하는 것이다. 그래야만 성공할 수 있다.

하버드 감성지능 강의

단 한 번의 행동이
꿈을 현실로 바꾼다

꿈은 인간의 잠재력을 환하게 밝히는 횃불이지만, 망상은 인간을 홀려 더 깊이 빠지게 하는 늪이다. 사실 꿈과 망상은 생각의 차이다. 굳은 의지로 끝까지 노력하면 아무리 큰 꿈이라도 이룰 수 있지만, 의심과 두려움이 있으면 아무리 작은 꿈이라도 이루기 어렵다. 착실하게 차근차근 나아가야 당신의 꿈이 망상으로 전락하지 않고 현실이 된다.

감성지능이 높은 사람은 분수도 모르고 높은 곳만 바라보는 공상가가 아니다. 하버드에는 다음과 같은 이야기가 전해진다.

브라이언과 릭은 모두 코가 불편해서 이비인후과에 갔다가 우연히 만났다. 두 사람은 검사 결과를 기다리며 담소를 나눴다. 브라이언은 "만약 암이라면 바로 여행을 떠나 그동안 못 이룬 소망을 이루기 위해 노력하려고요"라고 말했다. 릭도 마찬가지라고 했다. 잠시 후, 브라이언은 단순한 용종이고 릭은 암이라는 결과가 나왔다. 브라이언은 병원에서 계속 치료받기로 했지만, 릭은 치료를 포기했다.

릭은 병원을 나온 후, 그동안 바라왔던 일들을 쭉 서서 목록을 만들었다. 북아프리카 여행, 아프리카코끼리와 사진 찍기, 그리스 소크라테스 상 아래에서 사진 찍기, 밀란 쿤데라Milan Kundera의 모든 작품 읽기, 하버드에 입학하기, 죽기 전에 책 한 권 쓰기……, 전부 쓰고 보니 20여 가지 정도였다.

후회 없이 세상을 떠나기 위해 과감하게 사직서를 제출한 릭은 자신에게 남은 마지막 몇 년 동안 목록의 소원들을 이룰 계획을 세웠다.

릭은 곧 북아프리카와 그리스로 떠났고 소원을 이뤘다. 집으로 돌아온 그는 놀라운 끈기와 집요함으로 공부에 매진해서 하버드 입학 시험에 합격해 문학과 학생이 되었다. 몇 년 만에 릭의 소원은 대부분 이루어졌고, 이제 책 한 권 쓰는 일만 남았다.

어느 날, 브라이언은 신문을 보다가 릭이 쓴 인생에 대한 에세이를 보고 전화를 걸었다. 릭은 밝은 목소리로 전화를 받았다.

"전부 이 병 덕분이죠. 암이 아니었다면 내 삶이 어떻게 되었을지 알 수 없어요. 하지만 병에 걸린 덕분에 내 삶은 기적적인 변화를 겪고 있습니다. 예전에는 기회가 없기도 했고 과감하게 도전할 용기도 없었어요. 이제 거의 다 이뤘고 마지막 꿈인 책 쓰기를 시도하고 있습니다. 당신은 어떤가요? 꿈을 모두 이루었나요?"

브라이언은 릭의 질문에 어떻게 대답해야 할지 몰랐다. 병원에서

284

용종을 치료한 후, 직장에 복귀해 일을 계속하면서 꿈을 접은 지 오래이기 때문이다.

시간은 멈추지 않고 흐르고, 우리는 과거로 돌아갈 수 있는 타임머신이 없다. 그러니 가장 좋은 선택은 생각을 즉시 현실로 만드는 것이다. 행동만이 목표 달성을 위한 첫걸음이다. 꿈을 행동으로 옮기는 사람은 성공하지만, 꿈만 꾸고 행동하지 않는 사람은 몽상가일 뿐이다.

우리는 모두 꿈이 있다. 대부분 사람은 꿈이 긍정적인 힘이자 계속 나아가게 하는 동력임을 알고 있지만, 실제로 꿈을 실현할 수 있는 사람은 소수에 불과하다.

하버드의 한 교수는 꿈이 '내가 지금 무엇을 가지고 있으며, 어떻게 해야 내 삶이 더 좋게 바뀔 수 있는지'에 관한 것이어야 한다고 말했다.

물론 하루 이틀 노력해서 꿈을 실현할 수 없으며 단기간의 투쟁으로 분명한 결과를 기대해서는 안 된다. 꿈을 이루려면 한 걸음 한 걸음 착실하게 걸어가야 한다.

특히 장기적인 목표를 달성하고자 한다면 끊임없는 노력과 성장으로 변화를 만들어낼 수 있음을 알아야 한다. 예를 들어 농구 경기의 최종 승리는 경기 전체 과정에서 작은 점수들이 누적되어 결정되며, 화려하고 웅장한 건물은 벽돌과 타일을 하나씩 쌓아 올려 세워지며, 상점의 매출은 고객 개개인이 쇼핑한 결과가 모여 산출된다.

어쩌면 벼락부자도 있지 않냐고 물을지도 모르겠다. 그렇게 만들어진 재산과 성공은 오기도 급히 오지만, 가기도 급히 간다. 탄탄한 기초와 축적된 경험이 뒷받침되지 않았기 때문이다.

그럼 하룻밤 사이에 유명해진 스타는 어떨까? 외부에서 보기에는 자고 일어나니 스타가 된 것 같지만, 실제로는 그렇지 않다. 그들의 성장 역사를 자세히 살펴보면 이 영광스러운 날을 위해 얼마나 많은 낮과 밤을 바쳤는지, 얼마나 견고한 성공의 기반을 갖추었는지 알게 될 것이다.

큰 뜻을 세우고 그에 걸맞은 큰일을 성취하고자 한다면 도리어 오랫동안 아무것도 이루지 못하고, 매일이 바쁘나 공허한 삶을 살게 된다. 반대로 큰 뜻은 숨기고 주변의 작은 일부터 착실하게 하나씩 실천하면 오히려 생각지도 못한 기회가 나타날 수 있다.

그래서 하버드는 꿈이 아무리 크더라도 손만 뻗으면 할 수 있는 작은 일부터 먼저 하라고 가르친다. 최종 목표를 향해 한 걸음 한 걸음 다가갈 때마다 기쁨과 열정, 자신감을 얻고, 매일 잘하려고 노력하다 보면 반드시 성공하리라는 믿음이 더 커질 것이다. 긍정적인 사고가 긍정적인 깨달음으로 바뀌었을 때, 그 어떤 것도 당신의 앞길을 가로막을 수 없다.

꿈은 망상이 아니라 실행 가능한 계획이다. 행동해야 할 때 발을 내디뎌야 비로소 꿈을 현실로 바꿀 수 있다.

하버드 감성지능 강의

긍정적인 태도는
돌을 황금으로 만든다

　늘 긍정적인 태도를 유지한다면 돌을 황금으로 바꾸어 빛나는 삶을 살 수 있다. 《보물섬》을 쓴 유명한 작가 로버트 스티븐슨Robert Stevenson은 이렇게 이야기했다. "지금부터 잠자리에 들 때까지, 임무가 아무리 고되어도 우리는 모두 밤이 올 때까지 버틸 수 있다. 하는 일이 아무리 힘들어도 누구나 그날 일을 완수할 수 있고, 누구나 즐겁고 순결하며 사랑스럽게 일몰까지 살 수 있다. 이것이 삶의 본질이다."

　스티븐슨의 말은 삶이 우리에게 요구하는 것이 무엇인지 보여준다. 우리는 반드시 긍정적이고 낙천적인 태도, 올바른 마음으로 살아가야 한다.

하버드대 심리학과의 로버트 로젠탈Robert Rosenthal은 1966년에 다음과 같은 실험을 했다.

로젠탈은 실험쥐를 A그룹과 B그룹으로 나눈 후, A그룹을 한 실험자에게 주면서 '지능이 높은' 쥐들이니 잘 훈련해야 한다고 말했다. 그리고 B그룹을 다른 실험자에게 주면서 '평균 지능의' 쥐들이라고 알렸다.

두 실험자는 각각 건네받은 실험쥐들을 훈련했다. 어느 정도 시간이 흐른 후, 로젠탈은 이 두 그룹의 쥐들을 한꺼번에 미로에 집어넣고 테스트를 시작했다.

미로를 빠져나오는 쥐는 먹이를 먹을 수 있지만, 빠져나오지 못하면 아무것도 얻을 수 없다. 하지만 그러려면 수없이 벽에 부딪혀야 했기 때문에 지능과 기억력이 좋은 쥐만이 먼저 빠져나올 확률이 높았다. 실험 결과, A그룹의 쥐들이 B그룹의 쥐들보다 훨씬 영리해서 먼저 미로를 빠져나갔다.

로젠탈은 이 실험 결과를 설명하면서 쥐들이 무작위로 나누어졌음을 강조했다. 실제로는 어떤 쥐가 더 똑똑한지 모르는 상태에서 마음대로 두 그룹으로 나누어 실험자에게 건네면서 A그룹은 지능이 높고, B그룹은 보통이라고 말했을 뿐이다.

두 실험자는 로젠탈의 암시에 영향을 받았다. A그룹을 받은 실험자는 영리한 쥐들이 훈련하는 방식으로 훈련했고, 결과적으로 A그룹의 쥐들은 실제로 영리하게 되었다. 반면에 B그룹을 받은 실험자의 의식 속에는 이미 쥐들이 영리하지 않다는 생각이 자리 잡았기 때문에 영리하지 않은 쥐를 훈련하는 방식으로 훈련했고, 쥐들은 정말 영리하지 않게 되었다.

이외에도 로젠탈은 유명한 실험을 진행했는데 그 실험 결과도 눈길을 끈다.

1968년 조교와 함께 시골 초등학교를 찾은 로젠탈은 학년별로 3개 반씩 총 18개 반을 선정해, 이 18개 반 학생들을 대상으로 언어와 추론 능력을 테스트했다. 그리고 가장 뛰어난 학생 명단을 만들어 극찬한 뒤, 교장과 관련 교사들에게 건네면서 실험의 정확성이 훼손되지 않도록 보안을 당부했다. 8개월 후, 로젠탈이 다시 이 초등학교에 와서 지난번에 테스트한 학생들을 다시 테스트했더니 명단에 이름이 있는 학생들은 모두 성적이 크게 향상되었다. 성적뿐 아니라 성격도 밝고 자신감이 강해 타인과 잘 어울리는 등 모든 면에서 수행 능력이 뛰어났다. 로젠탈은 그제야 모두에게 명단에 있는 학생들은 테스트를 통해 선발된 것이 아니라 무작위로 선발되었다는 사실을 알렸다. 전부 로젠탈의 '권위 있는 거짓말'이었던 것이다.

알고 보니 아무런 차이가 없던 두 그룹의 학생들은 로젠탈의 거짓말 때문에 다른 결과를 얻었다. 교사들은 저명한 심리학자인 로젠탈의 말을 철석같이 믿었고, 그 영향으로 학생들을 대하는 태도가 달라졌다. 그들은 '뛰어난 학생' 그룹에 대해 더 높은 기대치를 가졌으며 더 긍정적이었고, '그렇게 뛰어나지 않은 학생' 그룹에 대해서는 다소 부정적인 태도를 보였다. 그 결과, 원래 같은 수준이었던 학생들 사이의 격차는 점점 더 커졌다. 긍정적인 태도가 사람에게 얼마나 큰 영향을 미치는지 보여주는 결과다.

그렇다면 보통 사람으로서 우리는 어떻게 긍정적인 태도를 기를 수 있을까?

1. 적극적이고 능동적으로 일한다.

작가 엘버트 허바드Elbert Hubbard는 《가르시아 장군에게 보내는 메시지》에 "내가 존경하는 건 상사가 사무실에 있든 없든 알아서 열심히 일하는 사람이다. 그런 사람들은 해고될 일이 없으며 임금 인상을 위해 파업할 필요도 없다"라고 썼다. 적극적이고 능동적으로 일하는 사람은 업무 효율이 높으므로 성공할 가능성이 더 크다.

2. 목표에 대한 열망을 키운다.

열망이란 에너지를 공급하는 연료처럼 강력한 힘으로 우리를 움직이게 하는 궁극적인 에너지원이다. 한 사람의 마음에 열망이 가득하면 주변 사람들이 그가 뿜어내는 에너지를 느끼며 반응해 꿈을 실현할 수 있다.

3. 내면의 부정적인 요소를 차단한다.

현대 사회에서 사람들이 느끼는 삶의 압박감이 날로 높아지면서 열등감, 우울, 실의, 낙담 같은 부정적 감정들을 피하기 어려워졌다. 이런 부정적 감정들은 제때, 제대로 제거되지 않으면 좌절감과 압박감이 서로 원인이 되는 악순환을 형성한다. 따라서 우리는 스스로 자신을 다스려 마음의 부정적인 요소를 걷어내기 위해 최선을 다해야 한다. 예를 들어 신체 운동을 더 많이 하거나, 누군가와 대화를 하거나, 감정 배출 등의 방법을 취할 수 있다.

긍정적인 태도는 어떤 일을 처리할 때뿐만 아니라 자기감정에 대한 통제와 조절에도 꼭 필요하다. 한 고대 로마의 시인이 이렇게 말했다. "오늘을 자신의 날로 생각할 수 있는 사람, 그는 행복한 사람이며 오직 그만이 행복하다. 그는 오늘 안전하다고 느끼며 '내일이 아무리 나빠도 나는 오늘을 보낸다'라고 말할 수 있는 사람이다." 인간 본성의 가장 슬프고 한심한 부분은 창가에 조용히 피어 있는 장미를 무시하고 수평선 너머에 있는 환상의 장미정원을 꿈꾸는 것이다.

긍정적인 태도는 우리가 삶을 바른 마음으로 직시하도록 할 뿐만 아니라, 돌을 황금으로 바꾸는 마술 지팡이처럼 삶의 부정적 에너지를 강력한 긍정적 에너지로 바꾸어준다. 우리는 이 에너지가 인도하는 대로 성공의 피안을 향해 항해하며 더 빛나는 삶을 창조할 수 있다.

Harvard Emotional Quotient Lecture

11

새로운 사고방식으로
혁신과 융통의
잠재력을 일깨워라

하버드 출신이
더 쉽게 성공하는 이유

하버드대의 제23대 총장 제임스 브라이언트 코넌트James Bryant Conant
는 "대학의 명예는 건물과 사람의 수가 아니라 각 세대의 자질에 있
다"라고 했다. 하버드는 그가 이런 말을 당당히 할 수 있는 이유와 실
력을 갖춘 대학이다.

하버드라고 하면 가장 먼저 떠오르는 것이 짙은 학문적 분위기와
최고의 교수진이다. 그러나 세계 최고의 대학으로 꼽히는 하버드의
명성과 성취는 오직 학생들이 거둔 성과와 세계에 기여한 공로로 만
들어진 결과다.

하버드 졸업생 중에는 미국 대통령, 노벨상 수상자, 세계적 수준
의 학계 선구자, 사회 혁신가, 작가, 사상가 등이 두루 포진해있다. 이
외에 하버드인들은 경제 분야에서도 세계적인 주목을 받는 천재성을

드러낸다.

2012년 5월 27일, 미국의 저명한 금융경제지 〈포브스〉는 억만장자를 가장 많이 보유한 대학 14곳을 선정했는데 그중에서도 하버드가 50명으로 1위를 차지했다. 2위인 스탠퍼드 대학에 비하면 20명이나 더 많은 수다.

〈포브스〉에 따르면 미국의 억만장자 469명 중 50명이 하버드에서 공부했다. MS 창업자 빌 게이츠Bill Gates, MS CEO 스티브 발머Steve Ballmer, 뉴욕 시장 마이클 블룸버그Michael Bloomberg, 미디어 재벌 바이어컴Viacom의 창립자 섬너 레드스톤Sumner Redstone 등이 대표적인 인물이다.

억만장자가 가장 많은 대학답게 하버드는 기부금 역시 350억 달러에 달해 미국에서 가장 많은 기부금을 받은 대학이기도 하다.

하버드 졸업생 중에 경제적으로 성공한 사람이 이렇게 많은 까닭은 무엇인가? 조사에 따르면 저명한 정치 지도자, 학자, 억만장자들은 모두 유연하게 사고하고 과감하게 행동하며 격식에 구애받지 않는 사람들이라고 한다. 이는 하버드가 학생들에게 꾸준히 강조해 온 이념, 즉 관습과 관례를 벗어난 자율적 사고와 정확히 일치한다. 정리하자면 하버드 출신이 비교적 쉽게 성공하는 이유는 '발상의 전환과 혁신 정신'이 혈관 속에 녹아들었기 때문이다.

하버드의 교육 철학에 따라 모든 학생은 사고가 경쟁의 핵심이라고 배운다. 일의 시작이자 실행을 만들어내는 사고는 성공을 결정짓는 기본 요소다. 또 사고는 외부 사물을 변화시키는 원동력으로 성공하고 싶다면 반드시 사고를 바꾸는 것부터 시작해야 한다.

오늘날 사회에서 명성과 지위는 막강한 부를 전제로 해야 한다는 잘못된 인식이 있다. 사실 고도로 발전한 현대 사회에서는 유연한 사고와 예리한 감각에 부가 따라온다.

오래된 호텔의 경영자가 신형 엘리베이터를 새로 설치하기 위해 거금을 들여 국내 일류 건축가와 엔지니어를 모셔왔다.

경험이 풍부한 건축가와 엔지니어는 논의 후에 엘리베이터 설치 방법을 확정하고 호텔을 반년 동안 휴업해야 한다는 데 의견을 모았다.

이 말을 들은 경영자는 눈살을 잔뜩 찌푸리면서 말했다.

"반년 휴업이라니……, 다른 방법은 없습니까? 그러면 경제적 손실이 너무 커서……"

"이 방법 외에는 다른 수가 없습니다."

이때 가까이서 일하던 청소부가 세 사람이 하는 이야기를 우연히 듣고서 잠시 일손을 멈췄다. 그는 걱정에 싸여 주저하는 경영자와 자못 진지한 표정인 두 전문가를 바라보며 천천히 말했다.

"혹시 이런 방법은 어떠실까요?"

엔지니어는 비웃는 표정으로 "어떻게 하실 건데요?"라고 물었다.

"저라면 호텔 외부에 엘리베이터를 설치하겠습니다."

"그거 정말 좋은 방법이군!"

청소부가 제안한 파격적인 아이디어에 경영자는 반색했고, 건축가와 엔지니어는 부끄러워 자기도 모르게 고개를 숙였다.

얼마 후, 이 호텔 외부에 유리 엘리베이터가 설치되었는데 건축

역사상 최초의 전망용 엘리베이터였다.

　대부분 사람의 전통적 사고방식에서 엘리베이터는 실내 설치만 가능하고 실외 설치는 상상도 할 수 없는 일이었다. 실제로 이렇게 정해진 방식을 고수하고 규칙을 준수하는 사람들이 무척 많다. 문제는 기술 수준이나 지식의 깊이가 아니라 그들이 기존 사고의 족쇄를 깨뜨리지 못하는 데 있다. 엔지니어와 건축가는 전문 지식에 사로잡혀 제약을 받았지만, 청소부는 사고의 프레임이 많지 않아 사고 범위가 넓었기에 파격적이면서도 훌륭한 묘수를 생각해낼 수 있었다.

　지금은 지식과 사고로 먹고사는 시대다. 더 혁신적이고 효율적으로 생각하는 사람이 스스로 자신의 가치를 높이고 더 쉽게 큰 성공을 거둘 수 있다.

하나의 영감, 하나의 창의적인 아이디어가 엄청난 힘을 발휘하기도 한다. 다른 사람이 볼 수 없는 것을 봐야만 다른 사람이 할 수 없는 일을 할 수 있다.

생각을 바꾸어
높은 벽을 허물다

　　미국의 유명한 교육자인 찰스 윌리엄 엘리엇Charles William Eliot은
1853년에 하버드를 졸업하고, 1863년에 유럽으로 건너가 프랑스와
독일에서 고등교육을 공부했다. 귀국 후, 1869년부터 1908년까지 하
버드대학의 총장을 역임한 그는 하버드를 지역의 작은 대학에서 세
계 최고의 대학으로 변모시킨 인물이다.

　　엘리엇의 성공은 유연하고 기지가 넘치는 사고에서 비롯되었다고
해도 과언이 아니다.

　　1870년 하버드 총장 시절, 엘리엇은 저명한 역사가인 헨리 애덤스
Henry Adams를 찾아가 중세 역사 강의를 맡아달라고 부탁했다. 하지만
아무리 설득해도 애덤스는 승낙하지 않았고, 나중에는 "총장님, 저는
중세사에 대해 아는 게 없습니다"라고까지 했다. 이런 대답을 듣고도

하버드 감성지능 강의

엘리엇은 전혀 불쾌한 기색 없이 도리어 아주 정중하게 말했다.

"선생님보다 더 많이 아는 학자가 있었다면 제가 그분께 강의를 부탁했겠지요."

결국, 애덤스는 제안을 받아들일 수밖에 없었다.

엘리엇이 애덤스의 논리에 따라 말을 이었다면 분명히 "제가 보기에는 선생님의 연구 성과가 누구보다 뛰어납니다!"라고 말하지 않았을까? 그러면 애덤스는 재반박하며 자신은 정말 아는 게 없다고 우겨댔을 것이다. 이런 대화가 오가는 상황에서는 애덤스를 초빙하기가 어렵다. 다행히 엘리엇은 상식적인 패를 내지 않고 사고의 방향을 바꿨다. 새로운 각도로 애덤스의 학식과 연구는 대체 불가함을 강조해서 그가 거절할 이유가 없게 만든 것이다.

생각을 바꾸면 기적이 일어날 수 있다. 다음은 하버드에서 자주 언급되는 치열한 비즈니스 세계의 이야기다.

코카콜라와 펩시는 미국 음료 산업의 거물로 1902년 펩시가 창립된 이래 무려 120년 가까이 시장을 차지하기 위해 싸워왔다. 코카콜라는 펩시가 생기기 13년 전부터 이미 시장에 진출했기 때문에 수십 년 동안 치인 쪽은 펩시였다. 1950년대에는 여전히 2:1 정도로 코카콜라가 펩시를 앞섰지만, 1980년대에 들어서 양측의 격차가 줄어들면서 박빙의 승부를 펼쳤다. 펩시 그룹 회장이었던 로저 엔리코Roger Enrico가 이 치열한 경쟁에서 압박감을 이겨내고 혁신을 거듭해 시장 지위를 유지할 수 있었던 데는 다음과 같은 이야기를 읽은 영향이 컸다.

두 승려가 다른 절로 가고 있었다. 한참을 걷던 그들은 얼마 전 내린 비로 다리가 끊어진 강을 만났다. 다리는 없었지만, 물이 이미 빠진 뒤라 건너기가 그리 어려운 일은 아니었다.

그때 마침 한 아름다운 여인이 강가로 걸어왔다. 그녀는 강 건너편으로 서둘러 가야 하는데 도중에 강물에 휩쓸릴까 봐 걱정이라고 말했다.

그러자 첫 번째 스님이 즉시 그 여인을 업고 강을 건너 맞은편 기슭까지 안전하게 데려다주었다. 두 번째 스님도 무사히 강을 건넜다.

이후 두 스님은 아무 말도 하지 않고 묵묵히 걷기만 했다. 갑자기 두 번째 스님이 고개를 돌려 첫 번째 스님을 바라보며 물었다.

"승려는 절대 여색을 가까이해서는 안 되는데 아까 왜 그 여인을 업고 강을 건너 불계佛戒를 깨뜨렸습니까?"

첫 번째 스님이 담담하게 대답했다.

"저는 벌써 몇 리 전에 그 여인을 내려놓았는데, 스님께서는 지금까지 여인을 업고 계시나 봅니다!"

엔리코 회장은 이 이야기에서 큰 영감을 받아 생각의 한계를 깨고 낡은 사고의 틀에 얽매이지 않기로 했다. 덕분에 펩시는 끊임없이 혁신함으로써 코카콜라가 시장에서 우세한 상황에서도 건강하고 빠르게 성장했다. '융통'이란 당장의 사정과 형편에 맞춰 일을 처리하는 것을 말한다. 융통의 이치를 알지 못하는 사람은 설령 기회가 눈앞에 있어도 손에 쥐지 못해 성공할 수 없다. 심지어 어떤 때는 기회가 먼저 그를 반기며 다가와도 사고를 가로막은 높은 벽 때문에 본체만체하다가 성공의 기회를 허망하게 놓친다.

유명한 프랑스 소프라노 가수가 크고 아름다운 개인 정원을 가지고 있었다. 그런데 주말이면 많은 사람이 꽃과 버섯을 따러 오고, 잔디밭에서 피크닉을 즐기거나 심지어 텐트를 치고 캠핑하는 사람까지 있어 피해가 이만저만이 아니었다.

하는 수 없이 집사는 정원 주변에 울타리를 치고 '개인 정원, 출입 금지'라는 팻말을 세웠으나 효과는 미미했고 정원은 여전히 계속 어지럽혀졌다. 상황을 보고 받은 주인은 집사에게 외부에 '이 정원에서 독사에 물리면 즉시 15㎞ 떨어진 병원으로 갈 것. 자동차로 이동 시 30분 소요'라고 쓴 안내문을 붙이라고 했다. 이때부터는 아무도 이 정원에 발을 들이지 않았다.

인생에서 가장 큰 성취는 자신을 끊임없이 변화시켜 더 좋은 삶을 사는 것이다. 객관적인 것은 바꿀 수 없는 경우가 많고 우리가 바꿀 수 있는 것은 생각뿐이다. 어려움이나 새로운 상황에 부딪혔을 때, 생각을 유연하게 만든다면 문제를 해결할 수 있는 더 좋은 방법들을 많이 떠올릴 수 있다.

한번 정해졌다고 절대 바뀌지 않는 일은 그리 많지 않다. 한 방향으로 가다가 막다른 골목에 이르면 그만두고 다른 방향으로 바꿀 줄 알아야 한다. 그렇게 끊임없이 바꾸고 또 바꾸다 보면 문제를 해결할 방법을 찾아낼 수 있다.

눈앞이 막다른 골목이어도 희망이 분명히 모퉁이에 숨어 있을 테니 너무 낙심할 필요 없다. 방향 전환을 배우고, 사고를 바꾸는 법을 배우자. 다른 각도에서 문제를 사고하고 해결하는 방식은 성공을 위한 강력한 힘이 된다.

301

창의적 아이디어로
성공하다

하버드가 세계 최고의 대학이 된 데는 여러 이유가 있겠지만, 그 중에서도 가장 중요한 것은 이 대학을 더 영예롭고 특별하게 만드는 강력한 '하버드 정신'이라 할 수 있다.

하버드는 학생들에게 사고야말로 핵심 경쟁력이라고 강조한다. 사고를 통해서만이 창의적이고 실행 가능한 아이디어를 떠올릴 수 있고, 이는 곧 성공 여부와도 직결되기 때문이다.

'창의적 아이디어'의 힘은 막강하다. 그 힘을 과소평가해서 우습게 본다면 사회에서 도태될 것이다.

현대 사회에서 학력의 중요성은 날로 줄어들고 있다. 석박사 학위가 있는 직원들이 자기보다 학력이 훨씬 낮은 사장 밑에서 일하는 경우는 이미 꽤 흔하다. 이는 오늘날 사회에서는 학력이 다가 아니며 유연하고 기민하게 사고하는 사람이 수많은 사람 중에서 더 쉽게 두각을 드러낸다는 의미다.

서구의 교육은 아이들이 초등학교 때부터 사고 능력을 향상할 수 있도록 유도한다. 성적은 독립적인 사고보다 훨씬 덜 중요한 부분이다. 유명한 성공학자 나폴레온 힐Napoleon Hill은 저서《생각하라 그러면 부자가 되리라Think and Grow Rich》에서 부는 '노력'이 아니라 '사고'로 쌓는 것이라고 강조했다. 그에 따르면 가장 열심히 일하는 사람이 꼭 부자가 되는 것은 아니다. 부자가 되기 위해서는 반드시 독립적이고 창의적인 사고가 필요하다.

창의성은 고도의 기술이 아니라 훈련이나 이론적 근거가 필요 없는 어느 한순간의 반짝이는 영감이다. 누구나 이 영감을 통해 창의적 아이디어를 떠올릴 수 있고, 이는 곧 종종 놀라운 성공으로 이어진다.

일본 오카야마 호텔 소유주 시노이 마사오條井正雄는 독립적이고 창의적으로 사고하는 사람이었다.

일본 오카야마岡山에 가면 매우 아름답고 멋진 5층짜리 철근콘크리트 건물을 볼 수 있다. 이 건물이 바로 오카야마 호텔로 시노이 마사오의 소유다. 놀랍게도 이 사람은 한때 거의 무일푼이었다는데 어떻게 이런 건물을 세울 수 있었을까?

시노이는 예전에 한 은행의 대출계장으로 일하면서 주로 호텔 등의 숙박업계 대출 업무를 담당했다. 거의 10년 동안 일하면서 자기도 모르는 사이에 호텔 경영 지식을 쌓은 그는 자연스럽게 직접 호텔을 운영하고픈 마음이 생겼다. 계획을 좀 더 구체화하기 위해 오카야마 관광 현황을 면밀하게 조사한 결과, 여행객의 97%가 업무 목적으로 이 지역을 찾는 것으로 나타났다. 시노이는 다시 3개월 동안 오카야마로 들어오는 도롯가에 서서 차량 흐름을 조사했는데 매일 차량 900여 대가 평균 약 2.7명의 승객을 태우고 다녔다. 그런데 당시 오카야마 시내에는 제대로 된 주차장 시설을 갖춘 호텔이 없었다. 모든 정보를 종합적으로 분석한 시노이는 넓은 주차장을 갖춘 비즈니스 호텔을 지어야 더 많은 여행객을 유치할 수 있다고 생각했다. 다시 1년 동안 노력한 끝에 마침내 멋진 호텔의 설계 도면과 사업 계획서가 완성되었고, 시노이는 한번 부딪혀보자는 심정으로 오카야마에서 가장 큰 건설회사를 찾아갔다. 담당자는 오카야마가 가져온 서류들을 찬찬히 보더니 이렇게 물었다.

"건축 자금은 얼마나 준비하셨습니까?"

시노이는 태연자약하게 대답했다.

"지금은 한푼도 없어서 건물부터 먼저 지어주셨으면 합니다. 건축비는 호텔을 오픈한 후 할부로 갚겠습니다."

"장난하십니까? 아니면 정말 너무 순진하신 겁니까? 여기 이거 다 가지고 돌아가세요!"

"이 도면과 계획서를 만드느라 2년이 걸렸습니다. 완성도가 아주 높다고 생각합니다. 다시 자세히 검토해보신 후에 제가 다시 찾아뵙겠습니다!"

시노이는 필요한 말만 간단히 한 후에 설계 도면과 사업 계획서를 그대로 두고 나왔다.

보름 후, 기적이 일어났다! 건설회사에서 만나자고 연락이 와서

갔더니 이 회사의 이사와 사장까지 모두 참석한 자리였다. 오전 8시부터 오후 4시까지 연이어 수많은 질문이 쏟아졌는데 정말이지 긴장의 연속이었다. 결국, 건설회사는 무일푼인 시노이의 아이디어를 채택해서 먼저 2억 엔을 투자해 호텔을 짓기로 했다.

1년 후, 마침내 호텔이 완공되었고 시노이는 호텔 사장 자리에 올랐다. 창의적 아이디어만으로 일궈낸 대성공이었다.

카드 게임을 할 때, 일반적인 방식과 다른 패를 내는 사람이 최종 승리를 거두는 경우가 종종 있다. 시노이의 성공도 마찬가지다. 누구나 독립적으로 사고하는 능력이 있으니 이를 십분 활용해 자신만의 창의적 아이디어를 떠올린다면 현재의 삶이 질적으로 바뀔 수 있다. 창의적 아이디어는 가격을 매길 수 없으며 엄청난 가치를 창출한다.

특히 삶을 세심하게 관찰하고 뭔가를 꾸준하게 할 줄 아는 사람이 창의적 아이디어를 떠올리기에 유리하다. 하버드의 한 졸업생은 창업하면서 창의적 아이디어야말로 삶의 변화를 이끄는 힘이며 새롭고 기발한 사고방식이라고 말했다.

영국 런던에 아주 흥미로운 여성 전용 호텔이 있다. 이 호텔은 영업을 시작한 이래로 단 한 번도 성희롱 등의 불미스러운 일이 일어나지 않아 늘 많은 여성이 찾고 있다. 사장은 호텔을 소개하면서 이렇게 말했다.

"여성이 혼자 호텔에 묵으면 안 좋은 시선이나 억측이 따라오는 일이 많죠. 매춘부나 방탕한 생활을 하는 사람으로 오해받아 서비스도 형편없을 때가 있어요. 남녀로 북적거리는 호텔 로비가 일반 여성들에게 다소 어색하고 불편하게 느껴지기도 합니다. 그러나 우리 호텔에 머무는 여성들은 그 어떤 불쾌한 일 없이 편안함과 안정감을 느낄 수 있습니다."

이것이 바로 창의적 아이디어, 간단히 말해서 독창적인 발상이다. 창의적 아이디어는 완전히 새로운 것을 만들어내는 것이라기보다 원래의 형태를 조금 바꾸는 것이다. 이를 과소평가하지 않고 제대로 실행한다면 돌을 황금으로 바꿀 수도 있다.

창의적 아이디어는 부를 가져와 당신의 삶을 더 풍요롭게 한다. 말 한마디로 늘 주변 사람들을 박장대소하게 하는 유머러스한 사람들이 있다. 이들은 같은 이야기를 해도 남과는 다른 창의적인 어휘를 구사하며 늘 다른 각도로 문제를 생각한다.

생각이 남다른
나를 만든다

하버드에서 강의를 듣는 모든 학생은 독립적으로 생각하고, 자신만의 생각이 있어야 하며, 절대 남이 하는 대로 따라 해서는 안 된다. 어떤 상황에서든 오직 생각만이 문제를 해결하는 유일한 방법이기 때문이다.

생각은 뇌의 활동이며, 인간의 모든 행동은 뇌의 지배를 받는다. 생각은 눈에 보이지 않고 만질 수도 없으나 실재하며, 때로는 운명을 직접 결정할 수도 있다.

우리는 "온종일 너무 바빠서 생각할 시간도 없다"라는 말을 종종 한다. 하지만 대부분 사람이 그 '생각할 시간이 없어서' 성공에서 멀어진다. 평범한 사람은 그저 묵묵히 일할 줄만 알고 현명한 사람들은 항상 문제를 해결하는 가장 좋은 방법을 찾는다. 유명인의 성공과 실패를 살펴보면 그들의 초기 성공은 의외로 아주 단순한 생각에서 시작된 경우가 많다.

무역회사의 업무는 늘 긴박하고 빠른 리듬으로 진행된다. 납품 업체는 오전에 상품을 발송하고 점심쯤 팩스로 청구서를 보내 대금을 독촉한다. 이어서 각종 영수증, 운송장 등이 계속 날아든다. 거의 매일 이런 상황이 벌어지므로 회계 담당자의 책상 위는 늘 다양한 청구서로 가득하다.

전부 자기 먼저 결제해달라는데 대체 누구한테 먼저 돈을 보내야 하지? 회계 담당자는 이 생각만 하면 머리가 지끈지끈 아팠다. 사장도 마찬가지인지 매일 와서 회계 담당자의 책상을 쓱 보고는 "알아서 처리하게"라고 한마디만 던지고 갔다. 그런데 한 번은 사장이 청구서 하나를 들고 찬찬히 보더니 "여기 먼저 결제하지"라고 말했는데 이런 일은 전무후무했다.

그 청구서는 브라질에서 팩스로 온 것으로 다른 청구서와 마찬가지로 상품의 가격과 총액수가 일목요연하게 정리되어 있었다. 특이한 점은 옆쪽 넓은 여백에 아주 크게 'SOS'라는 문구가 쓰여 있었고, 그 아래에는 눈물을 뚝뚝 흘리고 있는 얼굴 그림이 있었다는 것이다. 예사롭지 않은 이 청구서는 사장과 회계 담당자의 눈길을 단번에 사로잡았다.

"남의 일 같지 않아 덩달아 눈물이 나더군요. 최대한 빨리 대금을 결제했습니다."

물론 사장과 회계 담당자는 바보가 아니다. 어쩌면 브라질 업체가 그렇게 급한 상황이 아닐 수도 있고, 급하더라도 그렇게 울고 있지는 않을 것이다. 다만 그 업체는 청구서 하나로 상대방의 관심을 끌었고, 최대한 빨리 대금을 받는 데 성공했다. 그들은 약간의 아이디어를 동원해 "어서 결제해 주세요!"라는 단순한 말을 인간미 넘치는 유머로 바꾸어 수많은 특색 없는 청구서와 차별화했다.

세계 최고의 대학인 하버드대 졸업생이라도 황금이 어디에서나 빛나는 건 아니라는 사실을 알아야 한다. 흙 속에 파묻히면 아무리 커다란 황금이라도 빛나지 않으니까 말이다. 마찬가지로 재능 있다고 전부 잘 되는 것도, 전부 부자가 되는 것도 아니다. 좋은 생각이 없으면 하늘을 탓하고 남들을 원망해봤자 다 소용없다.

어떤 문제에 부딪히면 최대한 머리를 많이 써서 자신을 위해 기회를 만드는 방법을 생각해야 한다. 생각하고, 기회를 만들고, 실행하면 성공이 눈앞에 나타날지도 모른다.

중국의 한 유명한 기업가는 "할 수 없는 일은 없고, 생각지 못한 일만 있다"라고 했다. 과감하게 생각하고, 제대로 생각할 줄 아는 사람에게는 어려움이 없다. 다만 아직 생각해내지 못한 방법만 일시적으로 있을 뿐인데, 그들은 결국 방법을 생각해낼 것이다. 생각하는 사람들에게 어려움은 더 이상 어려움이 아니며 성공은 이런 사람들을 두 팔 벌려 반긴다.

혁신력 향상법

혁신력을 향상하고 싶다면 다음의 방법이 도움이 될 수 있다.

1. 전문가가 된다.

혁신력을 향상하는 가장 좋은 방법은 해당 분야의 전문가가 되는 것이다. 주제에 대한 깊은 이해를 통해 문제를 탐구하고 혁신적인 솔루션을 더 잘 생각해낼 수 있다.

2. 온몸을 던져 전념한다.

무얼 하든 첫 단계는 '전념'이다. 노력을 포기하지 말고 목표를 설정하자. 다른 사람의 도움을 받으며 매일 시간을 들여서 자기만의 혁신적인 기능을 발전시켜야 한다.

3. 혁신 자체를 보상으로 인식한다.

자기 격려도 중요하지만, 내적 동기를 개발하는 것 역시 중요하다. 때때로 혁신의 진정한 보상은 결과물이 아니라 과정 자체에 있다.

4. 호기심을 키운다.

혁신력 향상을 방해하는 가장 흔한 장애물은 호기심을 일종의 '딴생각'으로 보는 인식이다. 어떤 일에 호기심을 느낀다면 자책하지 말고 스스로 자신에게 새로운 주제를 탐색할 기회를 주자.

5. 자신감을 기른다.

자기 능력에 대한 불신은 혁신력을 억누르므로 자신감을 기르는 것이 매우 중요하다. 이미 이룬 진전과 성취를 기록하고, 자신의 노력을 칭찬하거나 아이디어에 적절히 보상한다.

6. 위험을 감수한다.

처음에는 혁신력 향상을 위해 기꺼이 위험을 감수해야 한다. 당신의 노력이 매번 성공하지는 못하겠지만, 분명히 혁신적 재능과 미래 발전을 위한 기능을 강화한다.

7. 실패의 공포를 극복한다.

실수하거나 실패할까 봐 걱정하면 발전에 방해가 된다. 그런 느낌이 들면 실수나 실패는 과정의 일부일 뿐임을 떠올리자. 혁신의 길을 걷다가 넘어질 수도 있지만, 포기하지 않고 꾸준히 걷다 보면 결국에는 목표에 도달하게 될 것이다.

8. 부정적인 태도를 버린다.

미국 국립과학원 회보에 발표된 2006년 연구에 따르면 긍정적인 감정이 혁신적 사고력을 향상한다고 한다. 이 연구 보고서의 제1저자인 애덤 앤더슨Adam Anderson 박사는 "창의력이 필요한 일을 하는 중이거나 싱크탱크에 속해 있다면 마음 편한 곳에 머무르고 싶어진다"라고 말했다. 우리는 혁신력 향상을 방해하는 부정적 생각이나 자기비판을 없애는 데 더욱 집중해야 한다.

9. 시간을 투자한다.

혁신에 시간을 투자하지 않으면 혁신력을 향상할 수 없다. 매주 어떤 유형의 아이디어 프로젝트에 집중할 시간을 마련하자.

10. 브레인스토밍으로 새로운 영감을 얻는다.

브레인스토밍은 학계와 전문 분야에서 흔히 쓰는 기술이지만, 개인의 혁신력을 향상하는 강력한 도구로도 사용할 수 있다. 먼저 자신의 판단력과 자기비판은 제쳐두고 관련 아이디어와 실현 가능한 솔루션을 죽 써보자. 목표는 짧은 시간 안에 최대한 많은 아이디어를 생성하는 것이다. 이어서 최고의 선택에 도달하기 위해 아이디어를 명확히 하고 세분화한다.

팀워크

◆

한 사람의 힘은 언제나 한계가 있다.

Harvard Emotional Quotient Lecture

12

경쟁 에너지를
응집해
감성지능의 힘을
발휘하라

경쟁 앞에서
지름길은 없다

하버드대는 전 세계 학생들이 꿈꾸는 곳이다. 그러면 하버드 학생들은 졸업하고 학교를 떠나도 역시 사회 각계각층에서 환영과 인정을 받게 될까? 하버드 졸업장이 사회 각 분야로 진출하는 '프리패스'가 될 수 있을까? 절대 그렇지 않다. 하버드 학생들 역시 졸업 후에 치열한 경쟁을 치러야 하므로 사회에서 버티기가 녹록지 않다. 하버드를 졸업했든 독학으로 실력을 쌓았든 경쟁 앞에서는 누구나 평등하다.

다음은 하버드 교수들이 졸업생들을 추적 조사한 내용이다.

교수들은 지능, 교육, 환경 면에서 거의 같은 조건의 졸업생들을 뽑고 그들이 25년 후에 어떤 삶을 살고 있는지 조사했다. 조사 결과, 그중 3%만이 각 분야의 리더나 사회 엘리트가 되었으며, 10%는 각 분야의 전문가가 되어 대체로 중상류층으로 생활하고 있었다. 60%는 안정적으로 꾸준히 일하고 생활했으나 특별한 성과를 거두지는 못했으며, 나머지 27%는 인생이 원하는 대로 풀리지 않아서 늘 남을 탓하고 자신에게 기회를 주지 않는 세상을 원망하며 살고 있었다.

놀랍지 않은가? 이 조사 결과는 "하버드대학을 졸업하면 밝은 미래가 펼쳐질 것이다"라는 사람들의 생각을 산산조각냈다. 조사 대상자 중 무려 87%가 특별한 성과를 만들어내지 못하고 있었다. 그렇게 우수한 학력이 있으면서도 사회에서 성공하지 못한 까닭은 무엇일까?

간단하다. 지능이 높다고 해서 꼭 감성지능까지 높은 것은 아니기 때문이다. 그들은 대부분 감성지능이 낮아서 성공은커녕 변화무쌍한 사회에 적응하지 못하고 치열한 사회 경쟁을 이겨내지 못했다.

즉 경쟁은 사람의 감성지능 수준을 가늠하는 중요한 수단이 된다.

그렇다면 어떻게 경쟁에 적응할 것인가?

우선 경쟁이 유발하는 엄청난 압박감을 견디고 해소하는 법을 배워야 한다.

세계 각국의 기업계에서 중국계 미국인 왕안王安을 모르는 사람은 없을 것이다. 왕안은 80여만 명의 중국계 미국인 중에서 가장 부자로 재산이 12억 달러가 넘는다.

1944년 응용물리학을 공부하기 위해 하버드대학에 온 왕안은 각고의 노력 끝에 1948년에 박사학위를 받고 하버드 컴퓨터 실험실 연구원이 되었다. 그리고 3년 뒤인 1951년에 연구원 자리를 과감히 그만두고 직접 '왕 연구소Wang Laboratories'를 설립했다.

처음에는 너무 힘들었다. 직원이라고는 아내와 파트타임 비서뿐이었고, 첫해 매출은 1만 5,000달러에 불과했다. 이런 압박 속에서 왕안은 회사의 자금 문제를 해결하기 위해 몇몇 회사와 제휴를 시도했다. 몇 차례의 제휴는 회사의 운영 자금 문제를 해결했지만, 다른 한편으로는 회사에 막대한 손실을 입히기도 했다.

왕안은 사방에서 조여오는 듯한 압박 속에서도 물러서지 않고 전자식 데스크톱 컴퓨터, 워드 프로세싱 시스템 등을 잇달아 선보이며 굵직굵직한 사업들을 성공시켰다.

왕안의 성공 비결은 치열한 시장 경쟁 속에서 압박감을 이겨내고 시장 수요에 맞는 제품을 꾸준히 개발한 것이었다.

경쟁의 압박에 맞서 우리는 다음 두 가지 방법으로 대응할 수 있다.

1. 셀프 동기부여로 잠재력을 자극해 압박감을 물리친다.

미국 심리학자 윌리엄 제임스William James는 동기부여를 받지 않은 사람은 잠재력의 20~30%만 발휘하지만, 동기부여를 받은 사람은 80~90%까지 잠재력을 발휘한다는 사실을 발견했다. 즉 같은 사람이 동기부여를 거치면 이전보다 3~4배에 달하는 능력과 효과를 발휘하는 셈이다. 이런 의미에서 동기부여는 성공의 중요한 조건이다. 따라서 압박감에 직면하면 셀프 동기부여를 통해 스스로 자신이 80~90%의 잠재한 능력을 발휘하게 만들어야 한다!

실제로 많은 사람이 끊임없는 셀프 동기부여로 압박감을 떨치고 잠재력을 극대화할 수 있음을 증명했다. 매일 자신에게 긍정적 암시를 주고, 자신을 격려하는 습관을 들이자. 그러면 아무리 큰 압박감이라도 극복할 수 있음을 깨닫게 될 것이다.

2. 확고한 신념으로 압박감을 동력으로 바꾼다.

확고한 신념이 있다면 당신이 느끼는 모든 압박감을 신념 실현을 위한 동력으로 바꿀 수 있다.

신념의 힘은 무궁무진하며 압박감뿐만 아니라 시간과 죽음에도 맞설 수 있다. 온갖 종류의 종교가 세상에 존재하는 가장 큰 이유는 믿는 이들이 가슴 속에 품은 확고한 믿음 덕분이다.

신념이란 누구나 공짜로 얻을 수 있는 것이다. 위대한 성취를 이룬 사람들은 모두 작은 신념에서 출발했으며 겹겹이 쌓인 커다란 압박 속에서도 자신의 신념을 포기하지 않았다.

진정한 용사가 전쟁을 두려워하지 않듯, 진정으로 감성지능이 높은 사람은 언제나 경쟁에서 두각을 나타낸다.

좋은 경쟁의식을
갖춘다

하버드 교수들은 학생들에게 경쟁을 두려워하지 말고 적극적으로 뛰어들어 끊임없이 성장하고 발전할 것을 주문한다. 겨우 학생 9명으로 시작한 하버드가 세계 최고의 대학으로 발돋움할 수 있었던 것도 경쟁의식이 강하기 때문이었다.

경쟁을 두려워하며 일종의 악(惡)으로 보는 사람도 있지만, 경쟁에서 기회를 얻을 수 있기에 좋아하는 사람도 있다. 경쟁은 사람이 목표와 방향을 결정하고 에너지와 동력을 키워 능력과 목표 사이의 격차를 줄이도록 유도한다. 그렇기에 경쟁해야만 지혜와 독창성을 충분히 발휘할 수 있는 사람도 많다.

회사에서 레스비아와 슐러는 아주 절친한 동료다. 두 사람은 느슨하게 묶은 머리 모양이나 화장까지 거의 비슷하며 점심때도 늘 같이 도시락을 먹었다. 누군가 레스비아를 기분 나쁘게 하면 슐러가 가만 있지 않았고, 슐러가 누군가를 욕하면 레스비아도 맞장구를 쳤다.

그런데 얼마 전, 회사가 구조개편을 단행하면서 두 사람이 한 자리를 두고 경쟁하게 되었다. 겉으로 보기에는 예전과 다름없는 사이지만, 실제로는 둘 다 몰래 힘겨루기를 하고 있었다. 한번은 레스비아가 슐러에게 전화를 걸어 업무 이야기를 하자 슐러는 "그건 네가 알아서 해!"라고 하더니 급하게 끊어버렸다. 또 레스비아는 다른 사무실에서 사람들과 이야기하는 중에 슐러가 업무를 빨리 처리한다는 말이 나오자 대뜸 "빠르기는 한데 자잘한 실수들이 좀 있지. 아무래도 꼼꼼하지 않으니까"라고 말했다. 예전 같았으면 이런 말은 절대 레스비아의 입에서 나오지 않았을 것이다.

두 달 후, 발령이 났다. 레스비아와 슐러는 모두 자리를 옮기게 되었고, 두 사람이 경쟁하던 자리는 새로 입사한 경력직이 맡았다. 알고 보니 최근 두 달 동안 두 사람의 업무 성과가 상사의 기대에 못 미쳤기 때문으로 밝혀졌다. 이후 두 사람은 식당에서 점심을 먹을 때 같은 테이블에 앉지 않았다. 어쩌다 정면으로 마주하게 되면 항상 한 명은 왼쪽으로, 다른 한 명은 오른쪽으로 고개를 돌리고 약속이나 한 듯이 급히 발걸음을 재촉하곤 했다. 서로 마치 역병의 신이라도 피하는 듯한 표정으로 모른 척했다. 종종 레스비아의 귀에 슐러가 자신을 험담했다는 이야기가 들려왔고, 슐러도 레스비아가 자기 욕을 한다는 소리를 심심찮게 들었다.

이야기에서 레스비아와 슐러는 원래 아주 좋은 친구였다. 하지만 경쟁 관계에 놓이자 서로에 대한 '좋은 경쟁의식'을 형성하지 못한 채, 서로를 시기하고 헐뜯는 등 온갖 불건전한 행동을 일삼았다. 두 사람은 결국 '생판 처음 보는 사람보다 못한' 그런 사이가 되었고, 무엇보다 모두 원하는 자리에 오르지 못했다. 우리는 치열한 경쟁이 벌어지는 세상에서 살고 있다. 이런 세상에서 도태되지 않으려면 좋은 경쟁의식을 갖추어야만 한다.

그렇다면 어떻게 해야 좋은 경쟁의식을 형성할 수 있을까?

1. 경쟁의 목적은 남을 누르는 것이 아니라 나를 향상시키는 것이다.

경쟁할 때는 무조건 이기려는 승부욕이나 상대방을 없애려는 마음이 아니라 자신의 '진취성'을 키우는 데 집중해야 한다. 이는 경쟁에서 가장 중요한 동시에 가장 기본적인 목표다. 이 점을 혼동하면 경쟁에서 수단과 방법을 가리지 않는 바람에 본말이 전도되어서 죽기 살기로 경쟁하면서도 성장과 발전의 즐거움을 누릴 수 없다.

2. 자신을 현실적으로 평가한다.

'이상적인 자신'과 '실제 자신'의 격차를 좁히기 위해 실제 상황에 맞게 노력의 목표를 정해야 한다. 자신을 너무 과대평가하거나 과소평가하지 말고, 단기 목표와 장기 목표를 결합해 착실하게 노력하다 보면 '이상적인 자신'을 현실로 만들 수 있다.

3. 경쟁이 있으면 승자와 패자가 있음을 알아야 한다.

경쟁에서 관건은 성공과 실패를 올바르게 대하는 것이다. 이겼다고 거만하지 말고, 졌다고 낙심할 필요 없다. 승전보만 울리는 장군은 없으며, 실패는 성공의 어머니라고 했다. 이 말을 항상 되새기며 누구에게도 뒤지지 않는 진취성을 유지해야 한다.

4. 이기심과 질투를 극복한다.

경쟁 과정에서 상대방이 이룬 성과를 정확히 대우해야 한다. 특히 난관에 부딪히더라도 좋은 마음과 태도를 유지하면서 신중하게 문제를 분석하고, 적시에 문제를 해결하거나 도전을 받아들인다.

5. 강점을 극대화하고 약점을 피한다.

사람의 흥미와 재능은 다방면에 나타나므로 자신의 장점을 발휘하고 잠재력을 발굴하는 데 주의를 기울여야 한다. 그러면 앞뒤가 꽉 막힌 것 같다가도 또 하나의 새로운 국면이 펼쳐져 성공의 기회가 늘어날 것이다.

사람은 반드시 올바른 인생관과 원대한 목표, 투지가 있어야 한다. 그렇지 않으면 경쟁에서 이기기 힘들고, 무엇보다 경쟁 과정에서 끝까지 초심을 유지할 수 없다.

하려면
최고로 한다

하버드의 한 교수가 강의시간에 경쟁 우위에 관해 설명하면서 이런 이야기를 했다.

여러 대회에서 우승한 경주마가 있었다. 경주마가 대회에서 달린 시간은 다 합쳐도 1시간이 채 되지 않았으나 주인은 100만 달러가 넘는 상금을 받았다. 어느 날, 주인은 이 경주마를 팔기로 하고 함께 대회에 나가서 2등을 한 경주마보다 100배나 비싼 가격을 불렀다. 왜 이렇게 가격 차이가 크게 날까? 그건 바로 이 경주마가 최고의 말이기 때문이다. 이것이 1등과 2등의 차이다.

여러 경쟁 분야에서 우승자와 순위권자를 가르는 것이 바로 이 차이다. 어떤 경기의 최종 결과에서 우승자와 준우승자는 단 한 발짝 떨어져 있는 것 같지만, 실제로는 명예와 이익 면에서 아주 큰 차이가 있다. 오직 승리를 바라보며 그것을 위해 과감히 싸우고 최선을 다하는 자만이 최종 승자가 될 기회가 더 많다.

한 젊은 여성이 도쿄 임페리얼 호텔의 종업원으로 취직했다. 생애 첫 직장이었던 만큼 무척 설레면서도 어떤 일이라도 최선을 다하기로 다짐했다. 하지만 출근 첫날, 상사가 화장실 변기를 닦으라고 할 줄은 정말 상상도 못 했다.

희고 보드라운 손으로 행주를 들고 변기에 손을 뻗는 순간, 그녀는 속이 메스꺼워 뒤집히는 것 같았다. 토할 것처럼 구역질이 나면서도 토하지는 못하고 불편해서 죽을 판이었다. 그런데도 상사는 변기를 더 깨끗이 닦아야 한다며 그녀의 업무 수준이 기대에 미치지 못한다고 성화였다. 상사가 원하는 건 '새것처럼 깨끗하게' 닦는 것이었다!

여성은 자신이 이 일에 맞지 않는다고 생각했다. 무엇보다 그녀는 변기를 '새것처럼 깨끗하게' 닦는다는 것이 무슨 말인지 도통 알 수가 없었다.

그때 한 선배가 나타났다. 선배는 변기가 새것처럼 깨끗해질 때까지 닦고 또 닦더니 변기에 있는 물을 한 컵 가득 채워 마셨다! 선배는 아무 말도 하지 않았지만, 여성에게 스스로 변기의 물을 마실 수 있을 만큼은 되어야 '새것처럼 깨끗하게' 닦았다고 할 수 있음을 알렸다. 선배의 행동을 지켜보던 여성은 평생 화장실 변기를 닦더라도 '가장 잘 닦는' 사람이 되겠다고 생각했다

태도를 바꾸자 세상의 모든 어려움이 사소해졌다. 수십 년 후, 여

성은 한 걸음 한 걸음 성장해 일본 정부의 우정상郵政相이 되었다. 그동안 다양한 직업을 거쳤지만, 무엇을 하든 최선을 다해 최고가 되겠다는 태도를 잃지 않았기에 가능한 일이었다. 이 여성의 이름은 노다 세이코野田聖子다.

노다 세이코는 변기를 닦으면서 '가장 잘 닦는 사람'이 되겠다는 자세로 일했다. 이런 그녀가 나중에 일본 우정상의 자리에까지 오른 것은 사실 놀랄 일도 아니다. '하려면 최고로 한다'라는 정신은 노다의 인생에 연이은 성공을 가져다주었다.

마거릿 대처Margaret Thatcher 전 영국 총리 역시 스스로 자신에게 '가장 잘 해낼 것'을 요구했다.

영국의 한 작은 마을에서 태어난 대처는 어렸을 때부터 엄격한 가정 교육을 받아 어떤 일이든 최고로 잘 해내고 일류 수준을 유지해서 '항상 맨 앞줄에 서는' 습관을 갖게 되었다. 심지어 버스를 타더라도 항상 첫 번째 줄에 앉았을 정도였다. 어렸을 때부터 '나는 못 해', '너무 힘들어' 같은 말은 절대 하지 않았다.

이런 습관을 통해 대처는 자라면서 긍정적인 태도와 신념을 키울 수 있었다. 학업, 생활, 일에 있어 항상 1등을 쟁취하기 위해 노력했고 필승의 신념으로 모든 재능을 동원해 어려움을 극복했다. 매사에 최선을 다하면서 진실하게 행동해서 '항상 맨 앞줄에 선다'라는 원대한 목표를 달성했다.

대처가 다닌 대학은 학생들이 라틴어 과정을 5년 동안 배울 수 있도록 했다. 그러나 그녀는 강한 의지와 정신력으로 단 1년 만에 라틴어 과정을 모두 마쳤다. 성적도 최상위권이었다.

대처는 학업뿐 아니라 스포츠, 음악, 연설 등 여러 활동에서 항상 남보다 앞서 있었다. 총장은 그런 그녀를 두고 "개교 이래 가장 뛰어난 학생이라는 데 의심의 여지가 없다. 항상 의욕이 넘치고 야심 차며 모든 일에 최선을 다해 훌륭히 수행하는 탁월한 학생이다"라고 극찬했다.

그로부터 40여 년 후, 대처는 영국은 물론 유럽 정치권에서 전무후무한 눈부신 스타가 되었다. 4년 연속 보수당 당수로 선출되었고, 1979년에는 영국 최초의 여성 총리에 오르는 등 11년 동안 정치 무대를 휩쓸면서 세계 정치에서 '철의 여인'으로 불렸다.

'항상 맨 앞줄에 서겠다'라는 대처의 적극적인 태도는 그녀를 영국에서 가장 성공한 여성 중 한 명으로 만들었다.

반드시 승리하라, 항상 맨 앞줄에 서라. 이것이 하버드가 추구하는 올바른 경쟁 정신이다. 하버드 출신이 아니라도 우리는 반드시 이 정신을 배워야 한다. 최고로 잘 해내겠다는 마음이 있어야만 비로소 경쟁에서 승리할 수 있기 때문이다.

경쟁자를 감사와
존경으로 대한다

경쟁이 있으면 '경쟁자'가 있기 마련이다. 일반적으로 사람들은 경쟁자를 이야기하면서 "그가 없으면 이렇게까지 힘들지는 않을 거다"라고 말할 정도로 불편한 감정을 내비친다. 그런데 만약 정말 경쟁자가 사라진다면 당신의 삶은 어떻게 될까? 장담하건대 투지와 도전정신이 부족하고 위기의식을 잃어 발전하기 어려울 것이다. 우리는 경쟁자가 없으면 안 된다.

남아프리카공화국에서 가장 긴 강인 오렌지강Orange River 유역에는 많은 영양이 무리를 지어 살고 있다. 어느 날 한 동물학자가 강 양쪽에 사는 영양을 연구하기 위해 왔다. 그는 영양을 관찰하다가 강 동쪽에 사는 영양들은 번식 능력이 강하고 빠르게 달리는 반면, 강 서쪽에 사는 영양들은 훨씬 약하다는 사실을 발견했다. 양쪽의 생존 환경과 먹이 공급원이 다르지 않고 영양의 속屬도 같은데 왜 이런 차이가 발생했을까?

동물학자는 그 이유를 알기 위해 강 양쪽에서 각각 영양 10마리를 잡아 반대쪽에 데려다놓았다. 1년 동안 관찰한 결과, 서쪽에서 동쪽으로 옮겨진 영양 10마리는 14마리가 되었는데, 동쪽에서 서쪽으로 옮겨 놓은 영양 10마리는 점차 게으르고 병약해져 단 3마리만 살아남았다.

이 동물학자는 마침내 강 양쪽에 사는 영양들의 생존 능력이 왜 그렇게 차이 나는지 알아냈다. 알고 보니 동쪽에 사는 영양들은 근처에 사는 늑대들을 경계하느라 항상 긴장을 풀지 않고 언제든지 도망칠 준비를 하고 있었다. 반대로 서쪽에 사는 영양들은 늑대의 위협을 받지 않기 때문에 잡아 먹힐까 봐 걱정하거나 도망치려고 준비할 필요가 없었다. 이런 상황이 오래 계속되면서 생존 능력이 점점 약화한 것이다.

천적의 존재는 종을 무한히 번성시키지만, 천적이 없으면 종은 멸종 위기에 놓인다. 이런 현상은 자연계뿐 아니라 인류 사회에서도 마찬가지다. 경쟁자가 있기에 잠재능력을 최대한 발휘하며 놀라운 결과를 만들 수 있다. 따라서 경쟁자를 대할 때는 비방이나 저주가 아니라, 있어서 다행이라고 생각하고 따뜻한 박수를 보내며 감사와 존경을 표해야 한다.

우리 삶에는 항상 주변에 경쟁자가 존재한다. 학교에 다닐 때는 동급생들과 성적이나 역할을 놓고 경쟁하고, 직장에 들어가면 직위를 놓고 경쟁하며, 중년이 되면 사회적 지위나 금전적 이익을 놓고 치열한 경쟁을 벌일 수 있다. 친한 친구 사이에서도 감정적 경쟁이 있을 수 있고, 자녀나 부모님을 두고 생기는 사소한 경쟁들도 있다. 결국, 경쟁자와 경쟁하는 일은 그야말로 어디에서나 항상 존재한다. 그렇다면 어떤 태도로 경쟁자를 상대해야 할까?

결론부터 말하자면 맹목적으로 서로 비난하기보다 먼저 존중해야 한다.

펠레Pele는 어렸을 때부터 축구를 좋아하고 기량도 뛰어난 또래 아이 중에서 실력이 최고였다.

한번은 아버지가 축구 경기를 보러 왔다가 아들이 눈에 띄지 않는 작은 꼼수를 써서 상대 선수를 넘어뜨리고 득점 기회를 잡는 것을 보았다. 이 방법으로 펠레는 여러 번 골을 넣었지만, 아버지는 화를 참지 못하고 경기장에 뛰어들어 아이를 호되게 나무랐다.

당시 경기를 보던 사람들이 모두 깜짝 놀라 멍하니 쳐다만 봤다. 경기장에는 펠레의 아버지가 "축구는 기술로 하는 거지 교활한 잔재주를 쓰면 안 된다! 어떤 경우에도 상대를 존중하고 너도 존중받는 사람이 되어야 해!"라고 엄하게 꾸짖는 소리만 쩌렁쩌렁 울렸다.

이후 펠레는 경력 내내 '상대방에 대한 존중'이라는 말을 절대 잊지 않았다. 한번은 그가 상대 선수의 무리한 반칙으로 경기를 뛰지 못하게 되자 기자가 이렇게 만든 상대방을 증오하지 않느냐고 물었다. 그러자 펠레는 "그 일을 갚아주는 가장 좋은 방법은 다시 골을 넣는 거죠!"라고 말했다.

이처럼 펠레는 상대방을 존중하는 태도로 마침내 '축구 황제'의 자리에 올랐다.

펠레가 상대방에 대한 존중으로 자신을 이룬 것이야말로 '좋은 경쟁'이라 할 수 있다. 그렇다면 우리 같이 평범한 사람들은 경쟁에서 상대를 어떻게 대해야 할까?

1. 긍정적으로 바라본다.

가능한 한 경쟁자에게 화내지 않도록 한다. 그가 나의 실수나 결점을 알아차리고 비난하더라도 나에게 관심을 표시하는 방법이라고 생각하자. 그런 식으로 문제를 이해하고 해결하는 편이 끝없이 논쟁하기보다 훨씬 낫다. 경쟁자의 말에 가시가 있어도 걸러내면 그 말 속에 숨은 긍정적 요소를 찾아낼 수 있을 것이다. 내게 긍정적 요소를 찾아냈다면 핏대를 세워가며 반박할 필요가 없고 적대감이 사라질 것이다.

2. 강점과 능력을 인정한다.

나의 '경쟁자'로 불린다면 이는 곧 상대방이 나에 필적할 만한 실력이 있음을 의미한다. 뛰어난 관찰력을 발휘해서 그의 옷차림, 취미 생활, 업무 태도, 행복한 가정 등 스스로 가장 자랑스러워하는 부분을 찾아내고 가벼운 인정과 찬사를 보내자. 이렇게 해서 그가 나에게 보이는 적대감을 줄일 수 있다.

3. 올바른 의견을 수용한다.

대부분 사람은 일단 상대방에게 질책이나 비난을 당하면 자신에 대한 부정이라고 여기고 인정하지 않거나 되받아치려고 혈안이 된다. 실제로 적대적 관계가 형성되는 것은 지나치게 예민해 다른 사람의 올바른 의견을 수용하지 못하기 때문인 경우가 많다. 바늘을 바짝 세운 고슴도치가 될 필요는 없다. 때로는 과감하게 실수나 잘못을 인정하는 용기로 상대방의 입을 다물게 할 수도 있다.

> 경쟁자와 가장 잘 지내는 방법은 그를 존중해 친구로 만들고, 경쟁과 동시에 협력해 서로 '윈-윈'하는 것이다.

하버드 감성지능 강의

변화하는 세상에 도전한다

　이 세상에서 유일하게 불변하는 것은 변화뿐이다. 삶은 늘 다양한 도전으로 가득 차 있고, 우리는 살면서 계속해서 어려운 문제에 직면하게 될 것이다. 과감하게 도전해서 정상에 오르면 산 전체의 풍경을 내려다볼 수 있다. 그러나 물러서면 산기슭에 서서 산 위의 풍경을 상상하거나 정상을 경험한 사람들이 풍경에 대해 하는 이야기를 들을 수밖에 없다.

　이 변화무쌍한 세계에서 과감하게 도전하는 사람들은 의심할 여지 없이 감성지능이 높은 사람들이다. 물론 정상까지 오르지 않아도 길을 따라 경치를 즐기며 만족할 수 있다. 하지만 두려워서 도전을 포기한다면 평생을 후회하게 될 것이다. 불가능해 보이는 일에 도전하든 권위에 도전하든, 심지어 자신에게 도전하더라도 도전해야만 더 주목받고 빛나는 삶을 살 수 있다.

우리는 모두 언제 어디서든 찾아올 도전에 대비해야 한다. 유비무환有備無患은 도전에도 잘 어울리는 말이다. 도전이 닥쳤을 때, 준비되어 있다면 이 도전은 당신에게 쉽게 얻을 수 없는 기회가 될 것이다.

잭 마이어Jack Meyer는 하버드대의 기금 운영사인 하버드 매니지먼트Harvard Management의 전 CEO다. 그가 재임한 15년 동안 하버드의 자산은 260억 달러로 급증했다.

마이어는 매우 조용하고 차분한 사람이나 경쟁력만큼은 누구에게도 뒤지지 않았다. 1980년대 말부터 1990년대 초까지 이어진 강세장에서 대다수 기부금 펀드가 국내 주식, 채권, 현금에 많이 투자할 때, 마이어는 주식 시장과 같이 움직이지 않는 다른 자산 프로젝트에 과감히 투자했다.

이 전략은 금융위기로 금융시장 전체가 붕괴한 이후 그 전략적 의미를 드러냈다. 2000년부터 2003년까지 S&P 500 지수가 33%p 하락하는 동안 하버드의 기부금 펀드는 동기간 9%p 증가했다.

마이어의 투자 방식은 '유비무환'이라는 말이 딱 맞다. 금융위기는 수많은 기업을 흔들었지만, 마이어는 물러서지 않고 침체한 금융시장 속에서 하버드 기부금 펀드를 지켜냈다.

세상은 변화 속에서 진보하고, 변화는 구태의연한 패러다임을 개혁한다. 변화는 시시각각 일어나고 있으니 두려워해서는 안 된다.

끊임없이 변화하는 삶에서 우리는 모두 다양한 가능성에 직면해야 하며 이러한 변화에 적응할 수 있는 충분한 마음의 준비가 필요하다. 변화의 속도는 너무 빨라서 자칫 기회를 놓치기 쉽다. 생각이 둔하고 동작이 느린 사람은 알아차리기도 어렵다.

영국의 과학자 존 돌턴John Dalton은 어머니를 위한 크리스마스 선물로 '갈색 양말' 한 켤레를 샀다. 하지만 어머니는 양말을 보고 색이 너무 화려하다며 "내가 이렇게 진한 체리색 양말을 어떻게 신겠니?"라고 말했다.

돌턴은 도무지 이해할 수가 없었다. 무슨 말씀이시지? 분명히 갈색인데, 왜 체리색이라고 하시는 거야? 당황한 그는 양말을 들고 동생과 주변 사람들에게 몇 번이고 물어봤지만, 동생과 자신만 갈색이라고 하고 다른 사람은 전부 체리색이라고 말했다. 아무리 생각해봐도 이해할 수 없었던 돌턴은 이 문제를 끝까지 연구해보기로 했다.

신중한 분석과 비교 끝에 돌턴은 자신과 동생의 색각色覺이 다른 사람들과 다르다는 사실을 알게 되었다. 알고 보니 두 사람은 '색맹'이었다. 이렇게 해서 생물학자도 의학자도 아닌 돌턴은 최초로 색맹을 발견한 사람이자 첫 번째 색맹 환자가 되었다.

영어로 색맹을 '돌터니즘Daltonism'이라고도 부르는 까닭이다.

돌턴이 인류 최초의 색맹 환자는 아닐지 모르지만, 그는 색맹을 최초로 발견한 사람으로 기회를 포착하여 인류 역사에 이름을 남겼다.

변화도 도전도 무서운 것이 아니다. 진짜 무서운 것은 변화에 맞서는 용기도, 도전할 배짱도 없다는 것이다.

팀워크가
최고의 경쟁력이다

개인의 힘은 항상 한계가 있으므로 팀, 즉 집단에 들어가야 재능을 더 많이 발휘하고, 자신과 팀 전체가 경쟁력을 갖출 수 있다. 하버드 교수들은 팀워크와 관련하여 '개미 탈출' 이야기를 자주 한다.

한 늙은 농부가 황무지를 개간하려고 산에 올랐다. 땀을 뻘뻘 흘리며 빽빽한 잡초와 가시덤불을 베어내던 그는 가시나무 가지 위에 있는 바구니 크기의 개미집을 발견했다. 바로 그때 가지가 부러지고 개미집이 터지면서 수많은 개미가 쏟아져 나왔다. 이를 본 늙은 농부는 얼른 베어낸 잡초와 가시덤불을 둥글게 빙 둘러놓고 불을 붙였다. 불씨는 마침 불어온 바람에 훨훨 타올라 순식간에 '불 고리'를 만들었다. 개미들은 사방으로 흩어져 도망갔지만, 어느 쪽으로 가더라도 이 불 고리에 막혔다. 개미들이 차지한 공간은 화염에 휩싸여 점점 작아지고 곧 전부 타죽을 판이었다.

그 순간 기적이 일어났다. 갑자기 어디에선가 검은 공 하나가 툭 떨어진 것이다. 주먹 크기의 공이었는데 개미들이 하나둘씩 올라타면서 나중에는 농구공만큼 커졌다. 눈 깜짝할 사이에 땅 위에 있던 모든 개미가 서로 껴안고 맹렬한 불길을 향해 굴렀다. '개미공'의 바깥쪽에 있는 개미들이 불에 그을려 떨어져 나가면서 작아진 공은 결국 불 고리를 넘어 산비탈로 굴러 내려갔다. 이렇게 개미들은 전멸의 위기에서 벗어났고, 늙은 농부는 까맣게 탄 개미를 멍하니 바라보았다.

적자생존의 법칙으로 움직이는 자연계에서 작은 곤충에 불과한 개미는 불굴의 팀워크에 의지해 살아남았다. 개미에게도 전체의 생존을 위해 죽음을 마다치 않고 희생하는 용기가 있다니, 그 강인하고 굳건한 팀워크가 정말 감동적이지 않은가?

한낱 미물이라 불리는 개미조차 팀워크가 생존의 기반임을 알고 있으니 인간인 우리는 팀워크를 더 확고히 다져야 한다. 현대 사회의 가치 지향이 이익으로 바뀌면서 사람들은 점점 차갑고 이기적으로 변하고 팀에서는 갈등이 자주 발생하게 되었다. 이런 사람들은 이야기 속 개미의 용감한 행동 앞에 부끄러움을 느껴야 한다!

화합과 이해가 부족한 팀은 팀이라 할 수도 없다. 팀 구성원들이 서로 관심을 가지며 돌보고 언행이 일치할 때 구성원 개인의 가치가 극대화된다.

늘대 무리가 설원을 지날 때 가장 흔한 대형은 '일렬종대'로 보통 무리의 우두머리 늘대가 선두에 선다. 우두머리 늘대는 이동하면서 먹이를 찾는 동시에 다른 천적의 공격을 경계하느라 긴장을 늦추지 못한다. 게다가 끝도 없이 쌓인 눈을 계속 밀어내느라 체력까지 많이 소모해야 한다.

맨 앞에서 길을 트는 우두머리 늘대는 체력이 어느 정도 소진되었다고 느끼면 지친 몸을 이끌고 대열 옆으로 이동해서 뒤따르는 늘대에게 선두 자리를 내어준다. 이어서 다시 속도를 조금 늦춰 대열 끝으로 가 긴장을 풀고 에너지를 재충전한다. 이런 식으로 선두 자리를 계속 바꾸기 때문에 늘대 무리는 먼 길을 이동하면서도 앞으로 생길지 모르는 위험에 대처할 수 있을 만큼 최대한 체력을 비축한다.

늘대는 매번 행동할 때마다 충분히 파악하고 확신한 후에 실행한다. 설원에서 자기보다 크거나 강한 먹잇감을 만나면 늘대들은 재빨리 대형을 바꿔서 무리 지어 적을 공격한다. 그 과정에서 모든 늘대는 혼신의 힘을 다해 포기하지 않고 끝까지 싸운다.

한번은 늘대 6마리가 이동 중에 사향소 떼와 마주쳤다. 그들은 곧바로 대형을 바꿔 소 떼를 포위해 고지대 방향으로 몰아갔고 소들이 산꼭대기에 이르자 총공격을 시작했다. 먼저 가장 서쪽의 늘대 2마리가 우두머리의 신호를 받아 맹렬하게 돌진하고 다른 늘대들이 그 뒤를 따랐다. 가장 날카롭고 섬뜩한 송곳니를 드러내며 사향소 떼를 향해 달려가는 늘대들은 흡사 고속으로 잠입하는 어뢰 같았다.

늘대들은 3면을 에워싸고 한 방향만 열어두는 방법을 썼고 결국 산을 차지해서 포위망을 형성했다. 이어진 공격은 마치 세 발의 동시

출격 신호탄과도 같았다. 늑대 여섯 마리는 힘차게 풀숲에서 뛰어올라 각각 동쪽, 서쪽, 북쪽에서 울부짖는 소리 한번 없이 동시에 소 떼를 향해 돌격했다.

깜짝 놀란 사향소들은 겁에 질려 사방으로 도망갔고, 늑대들은 미친 듯이 무력한 소들을 향해 달렸다. 모든 과정은 매우 빠르게 진행되어 한 늑대가 바짝 뒤쫓으면 다른 늑대가 앞에서 막고 있고 또 다른 늑대가 옆에서 재빨리 달려왔다. 위협적인 늑대 무리 앞에서 대부분 사향소는 어찌할 바를 몰랐다. 특히 무리에서 벗어난 후에는 아무것도 하지 못하고 가만히 앉아 죽기만을 기다릴 수밖에 없었다.

사향소 떼에 비교하면 늑대 무리의 규모는 너무 작지만, 늑대들은 팀워크와 협력의 중요성을 알았기에 사향소를 배불리 먹을 수 있었다. 반면에 늑대 무리의 갑작스러운 공격에 당황해서 쏟아진 모래처럼 순식간에 흩어진 사향소는 늑대의 먹잇감이 될 수밖에 없었다.

서로 더 밀접하고 끈끈하게 연결된 현대 사회에서 완전히 고립된 사람은 생존하기 어렵다. 협력이란 하나의 일을 함께 성취하기 위해 서로 힘을 모으는 것을 의미한다. 혼자서는 할 수 없는 일을 다른 사람과 협력하면 해낼 수 있고, 혼자서도 할 수 있는 일이라도 다른 사람과 협력하면 더 완벽하게 해낼 수 있다.

오늘날 우리 사회에서 더 강한 경쟁력을 갖추려면 반드시 다른 사람들과 협력할 줄 알아야 한다.

팀워크 향상법

다음은 팀워크를 효과적으로 향상하는 방법이다.

1. 한 사람, 한 사람을 존중한다.

존중에는 우열의 구분, 지위의 차이, 경력과 서열의 다름이 없다. 존중은 팀 안에서 구성원들이 상호작용할 때의 평등한 태도다. 서로 평등하게 사람을 대하고 예의를 갖추며 상대방을 존중하면서도 자기 개성을 최대한 유지하는 것은 팀워크의 기본 중 하나다.

2. 팀 구성원에게 감사한다.

구성원 한 명, 한 명을 칭찬하고 감사하면 팀에 힘을 실어주고, 자신의 부족함을 개선하면 팀의 약점을 없앨 수 있다. 팀 구성원에게 감사하는 태도는 곧 그들, 특히 당신의 '경쟁자'의 긍정적 자질을 찾아 배우는 것으로 자신의 단점을 극복하고 개선하는 데 큰 도움이 된다.

3. 관용으로 사람을 대한다.

관용은 팀워크를 위한 최고의 윤활유로 팀 내 갈등과 다툼을 없앤다. 관대한 마음으로 서로를 대하면 구성원들은 서로 존중하고 포용하며 화합해서 마음 편히 협력의 즐거움을 경험할 수 있다.

4. 성실함을 유지한다.

성실함은 사람으로서 지켜야 할 기본원칙이자 무엇보다 팀 구성원으로서 가져야 할 기본가치. 성실함이 없으면 좋은 이미지를 형성할 수 없으며 팀 구성원들의 신뢰를 얻지 못해 다른 사람과 경쟁할 때 아무런 지원을 받지 못한다.

5. 동등하게 대우한다.

모든 구성원이 같은 출발선에 있으면 거리감이 느껴지지 않는다. 이런 사람들이 협력하면 더 암묵적이고 긴밀한 관계를 형성해 팀의 효율성이 극대화한다.

6. 소통하고 또 소통한다.

구성원들 사이의 효과적인 의사소통은 팀의 활력을 유지하기 위한 필수 조건이다. 또 개인으로서 팀에서 성공하려면 소통 능력이 가장 기본이다. 의사소통 능력은 팀 구성원이 직위를 얻고 효율적으로 관리하며 일을 성공시키고 경력을 쌓는 데 꼭 필요한 기술 중 하나다.

7. 타인을 신뢰한다.

신뢰는 협력의 초석으로 신뢰가 없으면 협력도 불가능하다. 신뢰는 일종의 동기이자 힘이다.

8. 책임감을 가진다.

여기서 책임감이란 잘못이나 자신에 대한 것일 뿐 아니라 팀 구성원에 대한 책임, 그리고 그 책임의 정신을 일과 생활의 모든 세부적인 부분까지 실천하는 것을 의미한다. 팀워크에 무책임한 사람은 자신감이 없는 사람이며 행복의 진정한 의미를 모르는 사람이다.

9. 자신의 특기를 고수한다.

팀워크는 개성을 소멸하고 독립적 사고를 억압하는 집단주의가 아니다. 좋은 팀은 구성원이 자신의 능력을 최대한 발휘하도록 격려하고 올바르게 이끌어준다. 팀 구성원 개인의 능력을 최대한도로 발휘하게 하는 것은 개인 영웅주의의 극치다.

10. '짧은 나무판'을 돕는다.

'짧은 나무판'이란 전체 중에 가장 부족한 한 부분을 가리킨다. 팀 구성원으로서 팀에서 가장 짧은 나무판을 열심히 도와 그가 긴 나무판만큼 높아질 수 있도록 돕는다. 모든 나무판이 '충분히 높은' 높이를 유지해야 팀워크를 제대로 발휘할 수 있다.

11. 팀의 이익을 출발점으로 삼는다.

팀워크는 개성을 반대하지 않지만, 개성은 반드시 팀의 행동과 일치해야 한다. 전체를 생각하는 마음과 전반적인 상황을 보는 눈이 있어야 하며, 팀 전체의 필요를 고려해서 목표를 위해 협력하려는 노력을 아끼지 않아야 한다.

12. '우리'라는 말을 더 많이 한다.

자격을 갖춘 리더나 좋은 구성원이 되려면 팀 안에서 1인칭을 사용하지 않는 습관을 들여야 한다. 팀에서 한 모든 일은 대부분 다른 구성원들과 함께 하는 것으로 '우리'가 공동으로 하기 때문이다.

13. 자신을 초월하는 팀워크를 기른다.

구성원들이 팀에 강한 소속감을 느끼고 내가 팀의 일원이란 사실을 실감해야 즐겁게 팀의 일에 전념하고 일의 중요성을 깨달을 수 있다.

카리스마

◆

감성지능으로 영향력을 키우다.

Harvard Emotional Quotient Lecture

─ 열 세 번 째 수 업 ─

감성지능이
높은
매력적인
사람이 돼라

성공하려면
사람됨이 먼저다

살다 보면 부족함이 없고 외모도 준수하고 성격까지 착해 보이는데 수단과 방법을 가리지 않고 물질을 추구하며 사익을 위해 친구까지 팔아먹는 사람을 적잖이 만난다. 이런 사람은 가진 돈으로만 따지면 성공했다고 할 수 있을지 모르나 아마 대부분 사람이 동의하지 않을 것이다. 사람으로서 본분을 어기고 됨됨이가 형편없으니 성과를 올려도 세상의 질타를 받는 것이 당연하다.

하버드는 학생들에게 뭔가를 이루고 싶다면 먼저 사람됨을 배워야 한다고 가르친다. 이와 관련해 하버드에 다음과 같은 이야기가 전해진다.

미국 대공황 시기에 일자리를 찾던 마샤는 간신히 고급 보석점에서 판매원으로 취직했다. 크리스마스 이브, 30대 남자 손님이 가게로 들어왔다. 단정한 차림새에 예의 바른 모습이었지만, 그 역시 실직의 타격을 입은 불행한 사람이었음이 분명했다.

가게에는 마샤만 있었고, 다른 판매원들은 모두 나가고 없었다.

마샤가 맞이하자 남자 손님은 부자연스럽게 웃으며 황급히 시선을 피했다. 마치 "나한테 신경 쓸 필요 없어요. 그냥 보러만 온 거니까"라고 말하는 것 같았다.

이때 전화벨이 울렸고, 마샤는 전화를 받으러 가다가 실수로 카운터에 놓여 있던 쟁반을 엎어버렸다. 그 바람에 쟁반 위에 있던 정교하고 아름다운 금반지 6개가 전부 땅으로 떨어졌고 마샤는 급히 반지를 줍기 시작했다. 5개는 쉽게 찾았는데 나머지 1개는 아무리 찾아도 보이지 않았다. 난감해하며 허리를 펴고 고개를 들자 아까 그 남자 손님이 입구 쪽으로 걸어가는 모습이 보였다. 그 순간, 마샤는 문득 깨닫고 "잠시만요, 고객님!"이라고 부드럽게 불렀다.

남자가 돌아섰고, 두 사람은 말없이 거의 1분 동안 서로 쳐다보았다. 마침내 남자가 먼저 입을 열었다.

"무슨 일이시죠?"

마샤는 두근거리는 마음을 진정시키려고 애를 쓰면서 용기를 내어 말했다.

"고객님, 오늘은 제 첫 출근 날이에요. 요즘 일자리 구하기가 얼마나 힘든지 아실 거예요……"

남자는 어색한 표정으로 마샤를 보다가 한참 후에 아주 옅은 미소를 지었다. 마샤도 마침내 진정되었고 미소 띤 얼굴로 그를 바라보았다.

"네, 그렇죠."

남자의 얼굴 근육이 떨렸다.

"나는 당신이 이곳에서 아주 잘 해낼 거라고 믿어요."

말을 마친 남자는 마샤에게 다가와 손을 내밀며 "내가 당신을 축복해도 될까요?"라고 물었다.

마샤는 재빨리 고개를 끄덕이며 남자와 악수했다. 잠시 후, 남자는 몸을 돌려 천천히 가게를 나섰다.

마샤는 떠나는 그를 한참 바라보다가 카운터로 돌아가 손에 든 여섯 번째 반지를 제자리로 되돌려 놓았다.

타인에 대한 존중은 사람됨의 가장 기본적인 준칙이다. 이 이야기에서 마샤는 이해와 관용, 존중의 자세로 반지를 가져간 남자와 부드럽게 소통했고, 잃어버린 반지를 되찾는 데 성공해 일자리를 지켰다.

복잡한 유기체인 사회는 셀 수 없이 많은 개체로 구성된 거대한 네트워크다. 우리 각 개인은 이 네트워크 안에서 하나의 교차점이며 다른 사람들과 이어진 천만 갈래의 연결 고리가 있다. 따라서 정상적인 사회인이라면 다른 사람들과의 교류를 피할 수 없으며 그 과정에서 반드시 지켜야 할 가장 기본적인 원칙은 바로 상호 존중이다.

타인에 대한 존중은 영화관에서 큰 소리로 떠들지 말 것, 버스를 탈 때 옆자리에 가방이나 물건을 놓지 말 것, 지하철에서 냄새가 심한 음식을 먹지 말 것 등 간과하기 쉬운 작은 일부터 시작해야 한다.

존중의 핵심은 우리가 타인의 존재를 소중히 여기고, 타인의 욕구에 주의를 기울이며, 그들의 이익을 인정하는 것이다. 모든 사람은 자신이 추구하는 이익이 있고, 그것이 합리적이고 합법적이기만 하다면 마땅히 타인으로부터 존중받아야 한다.

타인의
'내 편'이 된다

감성지능이 높은 사람은 언제 어디서나 거부감 없이 받아들여지며, 다른 사람들에게 이른바 '내 편'으로 여겨지기 쉽다. 상대방이 일단 당신을 자기 편으로 여기면 당신이 하는 말을 더 많이 신뢰하고 받아들이게 될 것이다. 따라서 누군가의 지지를 얻고자 한다면 그의 '내 편'이 되는 것이 좋다.

어떻게 하면 타인의 '내 편'이 될 수 있을까? 〈포브스〉에 실린 '좋은 인간관계를 위한 처방전'이라는 글에 "말 중에 가장 중요한 말은 '당신'이다"라는 내용이 있다. 이 개념을 좀 더 확장해보면 말 중에 두 번째로 중요한 말은 '나'가 아닐까?

미국의 자동차 엔지니어이자 포드Ford Motor Company를 설립한 기업가 헨리 포드Henry Ford는 가장 싫어하는 것을 이야기하면서 이렇게 말했다.

"입에 '나'를 달고 사는 사람, 말에 온통 '나'밖에 없고 언제 어디서나 '나'를 말하는 사람은 아무 데서도 환영받지 못합니다."

한 조사에서 24시간 동안 사람들이 하는 말을 관찰했더니 매일 가장 많이 사용하는 단어가 바로 '나'였다는 결과가 나왔다. 왜 그렇게 많은 사람이 늘 '나'라는 말을 입에 달고 살까? 이유는 대부분 사람이 자신에 관해 이야기하기를 좋아하기 때문이다. 하지만 그렇다고 상대방이 어떻게 느끼든 말든 항상 '나'를 이야기할 수는 없다. 그래야만 서로 경쟁을 피하고 상대방을 존중하며 원하는 것을 얻을 수 있다.

아이들의 인지 수준에서는 '나'가 욕구의 표현이자 감정 표현의 수단이지만, 어른이 되어 사회에 발을 들여놓은 후까지 그렇게 항상 자기중심적으로 자신의 욕구와 감정만 주절주절 늘어놓아서는 안 된다. '나'와 '내 것'이 아니라 '우리'와 '우리 것'을 이야기해보자. 그러면 사람과 사람 사이의 거리가 가까워지고 상대방이 당신이 하는 말을 더 쉽게 받아들이며 당신을 '내 편'으로 대할 것이다.

이외에 타인의 '내 편'이 되려면 다음에 주의해야 한다.

1. 진심으로 상대방을 인정한다.

데일 카네기는 "다른 사람이 당신에게 관심을 갖도록 노력하는 2년보다 당신이 다른 사람에게 관심을 갖는 두 달 동안 훨씬 더 많은 친구를 사귈 수 있다"라고 말했다. 상대방이 당신의 진심을 느끼면 그도 당신에게 진심으로 보답할 것이다. 이렇게 상대방이 심리적 방어를 풀면 자연스럽게 그의 '내 편'이 될 수 있다.

2. 자화자찬하거나 남을 얕보지 않는다.

대등한 교제만이 오래도록 계속될 수 있다. 사람을 사귀는 과정은 일종의 상호작용의 과정이다. 상대방을 가르치는 듯한 얼굴로는 그에게 좋은 인상을 주기 어렵고 당연히 그의 '내 편'이 될 수도 없다.

3. 개성을 강화한다.

성실, 친절, 정직, 실무 능력 등의 자질은 인간적 매력을 만들어낸다. 이런 자질을 갖춘 사람은 누구에게나 환영받고 상대방의 '내 편'이 되기 쉽다.

4. 남다른 재능을 발굴한다.

재능 있는 사람은 항상 매력적이다. 특히 독보적인 재능이 있는 사람은 누구나 사귀기를 원하는 대상이 된다. 당신의 재능은 주변에 사람을 끌어들이고, 그들이 당신에게 감탄하며 더 가까이 다가가게 만든다. 상대방의 '내 편'이 되어 그 효과를 누리고 싶다면 자신의 재능을 발굴하고 개발하는 데 더 주목해야 한다.

타인이 나를 받아들이게 하는 대인관계 기술은 여러 가지가 있지만, 결국 하나로 귀결된다. 나 자신을 더 눈부시고 훌륭하게 만들어 시선을 끌어야 한다.

소통은 경청으로부터
시작된다

　적게 말하고 많이 듣는 것은 감성지능이 높은 사람들이 타인과 교제하는 비결 중 하나다. 서양 속담에 "말은 은이요, 듣는 것은 금이다"라는 말이 있다. 고대 그리스에도 "현명한 사람은 경험을 빌려 말하고, 더 현명한 사람은 경험에 따라 말하지 않는다"라는 말이 있었다.

　경청은 남에게 친절하고 평온하며 겸손하고 신중한 자세다. 그저 다른 사람의 말을 잘 듣기만 해도 그의 눈에 '훌륭한 사람'으로 비칠 것이다. 또 경청은 일종의 테크닉으로 이 테크닉을 확실히 익힌다면 성공을 향한 발걸음이 빨라질 수 있다.

　우리 주변에는 끊임없이 자기 장점을 과시하면서 끝없이 이야기하는 사람들이 있다. 이런 행동은 비웃음을 살 뿐이다. 지혜로운 사람은 늘 과묵하고 언행에 신중하다.

미국의 유명한 성공학자 나폴레온 힐은 다음과 같은 일화를 소개했다.

어느 날, 비서가 힐에게 한 여성이 만나기를 원한다고 알렸다.

"미리 약속을 했던가요?"

"아뇨. 약속은 하지 않았어요. 저도 방금 이름을 들었습니다. 길가에 있는 간판에서 선생님의 성함을 봤대요. 자기는 '긍정적인 사고'를 하는 사람인데 지금 괴로운 일이 생겼고, 어쩌면 선생님이 도와줄 수 있을 것 같아서 찾아왔다고 합니다."

"그래요? 들어오시라고 해요. 한번 이야기를 나눠보죠."

잠시 후, 그 여성이 힐의 사무실로 걸어들어왔다.

"약속도 하지 않고 무작정 찾아왔는데 만나주셔서 감사합니다. 간단히 말씀드리고 의견을 주시면 바로 갈게요."

힐은 여성이 쾌활하게 말하고 있지만, 사실은 마음에 많은 고민이 쌓여 있음을 알아차렸다. 이 여성은 긍정적인 마음가짐으로 살려고 열심히 공부했다고 한다. 하지만 많은 문제와 어려움이 연이어 찾아왔고, 여전히 열심히 일고 있지만, 삶에 대한 실망감 때문에 긍정적인 태도가 거의 소진되었다고 말했다.

"그 무거운 실망감을 이겨낼 수 있다면 스트레스가 사라지고 예전의 모습으로 돌아갈 수 있을 것 같아요."

"좀 더 자세히 말씀해 주시면 제가 도와드리겠습니다. 지금 마음을 괴롭히는 문제를 전부 알려주세요. 아마 좋은 해결책이 나올 겁니다."

여성은 담담히 자신의 문제를 털어놓았다.

30분이 지나고, 여성은 시계를 보더니 깜짝 놀라며 말했다.

"어머, 제가 너무 많은 시간을 빼앗았네요. 죄송합니다. 정말 많은 도움이 되었어요. 모르는 사람에게 이렇게 친절하게 대해주시다니 영원히 기억하겠습니다."

말을 마친 여성은 들어올 때와 마찬가지로 빠른 걸음으로 사무실을 나갔다.

사실 힐은 아무것도 하지 않았기에 대체 뭐가 고맙다는 건지 궁금했다. 그는 한참 뒤에야 자신이 조용히 듣기만 한 것으로 여성을 도왔다는 사실을 깨달았다. 그녀는 마음속에 담아두었던 말을 모두 털어놓아서 한결 홀가분함을 느끼고 사무실을 떠날 수 있었다.

경청은 이해, 존중, 수용, 기대, 나눔, 행복을 공유하는 것으로 단순히 상대방에게 마음껏 말할 기회를 주는 것 이상의 의미가 있다. 경청의 본질은 듣는 사람이 장막을 걷어내고 말하는 사람을 따뜻한 미소로 바라보며 교감과 소통을 강화함으로써 그의 사랑과 신뢰를 얻는 데 있다.

소크라테스는 "신은 우리에게 귀와 눈을 두 개씩 주었지만, 입은 하나만 주셨다. 나는 더 많이 듣고 보고, 덜 말하고 싶다"라고 했다. 고대 그리스 철학자의 이 말은 '경청'이 얼마나 중요한지를 깊이 있게 설명한다. 훌륭한 말솜씨를 지닌 사람은 끝없이 말하는 사람이 아니라 잘 듣는 사람이다.

이렇게 중요한 경청을 할 때는 어떤 점에 조심해야 할까?

355

1. 말을 끊지 않는다.

세상에 방해받기를 좋아하는 사람은 없다. 상대방의 말이 아무리 지루하고 허점이 많아도 참을성을 발휘해 끝까지 듣고 난 후에 의견을 이야기해야 한다.

2. 요점을 파악한다.

상대방이 하는 말에서 재빨리 요점을 파악하는 능력을 길러야 한다. 상대방이 말을 끝냈을 때, 당신이 그 요점을 다시 이야기하면 무척 기뻐할 것이다. 당신이 그의 말을 주의 깊게 들어서 많은 말 중에 핵심을 잘 이해했기 때문이다.

3. 적시에 의견을 표시한다.

응답하고 소통해야 비로소 '대화'라고 할 수 있다. 즉 이야기 중에 적당히 오고 가는 것이 있어야 한다. 상대방의 말을 끊지 않으면서 적시에 의견을 표현함으로써 그에게 귀담아듣고 있다는 암시를 줄 수 있다. 반대로 경청한답시고 멍하니 바라보기만 하면 상대방도 답답함을 느끼고 대화를 계속하는 데 흥미를 잃을 것이다.

4. 긍정한다.

상대방의 말을 들으면서 긍정의 뜻을 전달하는 편이 좋다. 설령 그의 대부분 관점에 동의하지 않더라도 아주 작게 반짝이는 부분을 포착해 즉시 긍정을 표시한다. 누구에게나 말하기의 본래 의도는 타인으로부터의 '긍정'임을 잊지 말자.

5. 표정과 몸짓으로 표현한다.

말로 긍정하기 어려운 상황이라면 표정과 몸짓으로도 말하는 사람과 대화할 수 있다. 긍정의 미소나 끄덕임 등의 몸짓은 모두 상대방이 말을 계속하도록 격려하는 효과적인 메시지이며 종종 소리 언어보다 더 효과적이다.

6. 거짓으로 반응하지 않는다.

드문 상황이기는 하나, 상대방의 말을 듣기 싫거나 너무 바빠서 들을 겨를이 없는데 상대방이 전혀 눈치채지 못할 때도 있다. 이런 경우에 상대방이 말을 제대로 하기도 전에 짜증스럽게 "알겠습니다", "그래요", "알아들었어요" 같은 말로 문제를 해결하려는 사람이 많다.

이는 매우 위험한 태도로 상대방은 자신과 자신의 말이 완전히 부정당했다고 생각할 것이다. 그러므로 대화를 하기 어렵다면 진심을 담아 그에게 알려야 한다. 거짓으로 대충 둘러대거나 하면 오히려 인간관계에 해만 된다는 사실을 기억하자.

자세를 낮추고 겸손하게 경청하는 사람이 되자. 자신을 향한 타인의 비난과 질책까지 묵묵히 들으며 받아들이는 것은 감성지능이 높은 사람만이 갖출 수 있는 자질이다.

경청은 세상에서 가장 아름답고 감동적인 언어다. 우리는 경청을 통해 소통과 교류를 강화하고 상대방의 사랑과 신뢰를 얻을 수 있다.

자신을 드러내고
새로운 모습을 보인다

감성지능이 높은 사람은 슈퍼맨이다. 뭐든지 할 수 있고, 필요하면 얼마든지 능력을 발휘하며, 늘 다른 사람들에게 신선하고 놀라운 느낌을 준다. 새로운 느낌을 주고 기분 좋게 놀라게 하는 이 '슈퍼맨' 정신이야말로 치열한 경쟁이 이어지는 이 사회에서 꼭 필요한 것이다.

어떤 사람은 공부를 많이 하는데도 재주와 능력이 대단하다고 느껴지지 않는다. 또 어떤 사람은 읽은 책이 몇 가지에 불과하고 경험한 일도 많지 않지만, 오히려 사람들에게 현명하고 박학다식하다는 인상을 준다. 왜 그럴까? 지금처럼 빠른 속도로 변화하는 시대에 천천히 시간을 들여 당신의 능력을 파악하고자 하는 사람은 없다. 스쳐가는 기회를 놓치지 않고 자신을 평가하고 장점을 드러내자. 적절한

때에 다른 사람들이 나를 새롭게 느끼게 하자. 그래야만 재능을 마음
껏 펼쳐 헛되지 않게 할 수 있다.

정형외과 의사 장원은 병원에서는 친절한 의사지만, 퇴근한 후에
는 열정적인 비보잉 댄서이며 집에 돌아와서는 건축학 서적을 즐겨
읽는 사람이다.

동료들과 이야기할 때, 장원은 《수호전水滸傳》에 등장하는 인물이
108호걸 중 몇 번째인지, 현재 어떤 책이 베스트셀러인지, 가장 유행
하는 패션 아이템은 무엇인지까지 술술 이야기할 수 있다. 이뿐 아니
라 그래프를 보고 주식 시장을 척척 분석하고 전망하기도 한다. 주변
의 많은 사람이 장원의 광범위한 지식에 반해 엄지를 치켜들고 찬사
를 보낸다. 장 선생님은 정말 대단해요, 어떻게 그렇게 하죠? 책을 많
이 읽어서인지 그와 대화를 나누면 항상 즐거워요, 장 선생을 보면
나는 아직도 배울 게 많다니까……. 정형외과 과장 역시 "자네는 정
말 우리를 놀라게 하는군! 앞으로가 정말 기대되는 친구야!"라고 칭
찬을 아끼지 않았다.

심리학 연구에 따르면 타인에게 업무 외적인 부분에서 자신의 능
력을 보여주면 아직 개발되지 않은 잠재력이 있다는 인상을 줘서 호
감을 얻을 수 있다고 한다. 이는 정형외과 과장이 장원에게 한 칭찬
에서도 알 수 있다.

자신을 보여주는 데 정해진 규칙은 없으며 언제 어디서든 가능하
다. 이야기의 장원처럼 알고 있는 것을 편하게 말하기만 해도 모두를

놀라게 할 수 있다. 다음은 타인에게 새로운 느낌을 줄 수 있는 구체적인 방법이다.

1. 좋은 말들을 인용한다.

책을 많이 읽어본 사람만이 좋은 글귀나 명언을 편하게 말할 수 있다. 이야기할 때 이런 좋은 말들을 자주 인용하면 사람들은 당신을 깊이 있는 사람이라고 생각할 것이다. 타인에게 새로운 느낌을 줄 수 있을 뿐만 아니라 이미지를 보완하고 호감을 얻는 방법이다.

2. 주제를 살짝 바꾼다.

예를 들어 누군가가 당신에게 어떤 영화에 대해 어떻게 생각하느냐고 물었다고 하자. 만약 당신이 전혀 모르는 영화라면 "나는 그 감독의 이전 작품을 더 좋아해요. 더 감동적이라서요" 혹은 "나는 그 감독의 차기작이 더 기대됩니다. 더 성숙한 느낌일 것 같아요"라고 말해 주제를 살짝 바꾸면 좋다. 이렇게 하면 상대방의 주의를 돌려 더이상 질문하지 못하게 해서 어색한 상황을 피하는 동시에 그에게 당신이 잘 모른다는 인상을 주지 않을 줄 수 있다.

3. 세세한 부분까지 명확히 말한다.

사람의 에너지, 인식, 지식은 모두 한계가 있으므로 작고 하찮은 일들을 간과하거나 잊어버리기 쉽다. 이런 사소한 일들을 정확하게 말한다면 상대방은 당신을 무척 새롭게 바라보고 아는 것이 많다고 생각할 것이다. 예를 들어 어느 도시의 인구가 301만 2,000명이라고 말한다면 이렇게 상세한 수치를 이야기하는 것만으로 당신의 지성과 꼼꼼함에 놀랄 것이다.

4. 남다르게 말한다.

대화 중에 독특하고 독창적인 아이디어를 말하거나 모두가 좋아할 만한 관점을 제시하면 상대방이 더 귀담아듣게 할 수 있다. 그들은 깜짝 놀라 속으로 엄지손가락을 치켜들고 당신을 현명하다고 생각하면서 다시 볼 것이다.

감성지능이 높은 사람은 가지고 있는 '재주'를 단번에 전부 보이지 않고 드문드문 '조금씩' 드러내 늘 신선하고 뜻밖이라는 느낌을 준다. 사람들은 그런 사람을 보기 드문 특별한 사람이라 여기고 가까이하고 싶어 한다.

미소는
최고의 프리패스다

미소는 인간의 가장 기본적인 표정이다. 미소는 마음속의 증오를 녹이고 영혼을 씻어내며, 일어난 일을 돌이킬 수는 없으나 슬픔과 분노를 기쁨으로, 좌절을 도전으로 바꿀 수 있다. 미소는 따뜻한 우유 한 잔처럼 활력을 주고, 봄바람처럼 상쾌하게 기운을 북돋운다. 시원한 샘처럼 더위를 식히고, 칭찬처럼 자신감을 키우며, 열쇠처럼 문을 열어 소통하게 한다. 미소는 제우스의 무기처럼 신성하고 헤아릴 수 없는 힘을 지녔다. 돈 한 푼 들지 않으면서도 무엇보다 가치가 높은 미소는 우리 삶에서 가장 귀한 것이다.

힐튼호텔의 창업주 콘래드 힐튼Conrad Hilton은 "내 호텔에 일류의 설비만 있고, 일류 웨이터의 미소가 없다면 따뜻한 햇볕이 들지 않는 것과 같으니 무슨 즐거움이 있겠소?"라고 말했다. 힐튼은 미소의 참 뜻과 가치를 제대로 아는 사람이었다.

미소는 언어로 기분을 표현하기 어려운 상황에서 선택할 수 있는 가장 적절한 표현 방식이다. 실제로 사교활동에서 미소의 역할은 무시할 수 없다. 감성지능이 높은 사람은 처세에 미소를 효과적으로 활용한다. 미소는 그들의 일과 생활에 더 많은 도움을 주며 성공에 일조한다.

한 작은 도시에 '좌절한 남자'가 살고 있었다. 그는 투자 실패로 하루아침에 회사, 대저택, 고급 차, 예금 등 가진 것을 모두 잃고 엄청난 빚까지 지게 되었다.

실패는 그를 완전히 무너뜨렸다. 어느 날 그는 한 다리 위를 배회하며 자살을 생각하고 있었다. 내가 죽으면 아내와 아이들은 어떻게 될까?

이때 네 살쯤 된 어린 여자아이가 그를 향해 걸어오고 있었다. 소녀는 손에 작은 병을 들고 계속 비눗방울을 불고 있었다. 둥실 떠오른 비눗방울들은 햇빛을 받아 각양각색으로 반짝였다. 잠시 후, 주위가 온통 비눗방울로 가득해지자 소녀는 마치 동화 속에 사는 아이처럼 보였다. 눈앞의 장면을 본 그 '좌절한 남자'는 순간 멍해졌다.

소녀가 점점 더 가까이 다가왔다. 누군가 자신을 쳐다보는 것을 느낀 아이는 천진난만한 표정으로 잠시 그를 조용히 바라보더니 환하게 웃기 시작했다. 밝게 빛나는 태양 아래에서 소녀의 순진한 작은 얼굴은 마치 성스러운 빛이 나는 것 같았다.

'좌절한 남자'는 눈 앞에 펼쳐진 광경에 감동했고, 마음속 근심도 사라졌다. 세상이 이렇게 아름다운데 내가 왜 목숨을 포기해야 해? 처음부터 다시 시작하자, 넘지 못할 장애물은 없어!

돌아가는 길에 그의 발걸음은 힘찼고, 가슴은 설렘으로 벅차올랐으며, 머릿속은 미래에 대한 희망과 기대로 가득했다. 자신의 어린 딸도 아까 그 소녀처럼 환하게 웃게 하겠다고 다짐했다. 괜히 나쁜 마음을 먹어 딸이 어린 나이에 아버지를 잃게 할 수는 없었다. 재기를 위한 계획을 세우고 방안을 마련하는 데는 그리 오랜 시간이 걸리지 않았다. 이후 그는 모든 계획을 하나씩 실현해 원래의 자리를 되찾았다.

한편 그가 다리 위에서 우연히 만났던 그 소녀는 어느덧 많이 자라 초등학생이 되었고, 매일 아침 책가방을 메고 친구들과 등교했다. 지금은 부자가 된 예전의 그 '좌절한 남자'는 온갖 수단을 동원해 이 소녀를 찾았다. 한달음에 만나러 갔을 때, 소녀는 학교 앞 가로수길에서 친구들과 놀고 있었는데 환하게 웃는 얼굴이 여전했다.

그는 소녀가 학업을 마칠 때까지 비용을 지원했고, 졸업 후에는 자신이 운영하는 광고 회사에서 일하게 했다. 소녀의 미소는 '좌절한 남자'에게도 기적을, 그리고 자신에게도 기적을 안겨줬다.

이야기에서 어린 소녀는 '좌절한 남자'에게 진심 어린 미소를 지었을 뿐이지만, 이 미소로 그는 희망을 되찾고 성공을 위해 노력했다. 미소의 힘은 이렇게 강력하다! 소크라테스는 "이 세상에 햇빛, 공기, 물, 미소 외에 또 무엇이 필요한가!"라고 말했다. 그렇다. 미소는 인간이 지을 수 있는 가장 아름다운 표정이며 타고난 자연스러운 능력이다. 우리는 어떠한 후천적 노력 없이도 신이 주신 이 선물을 기쁘게 누릴 수 있다.

미소는 분위기 반전에 도움이 되며, 우호의 징표이자 화합의 다리다. 많은 상황에서 이런저런 말을 많이 할 필요 없이 그저 미소 하나만으로 선의와 친절을 느낄 수 있다. 미소는 그야말로 최고의 의사소통 도구다. 미소는 전쟁을 평화로 바꾸고, 인간관계를 조화롭게 하며, 더 우호적인 인간관계를 만들어준다.

비행기가 곧 이륙하기 직전, 한 승객이 승무원에게 약을 먹어야 하니 물 한 컵을 가져다 달라고 부탁했다. 승무원은 정중하게 "안전을 위해 잠시만 기다려주시겠습니까? 이륙 후에 비행이 안정권에 들어서면 곧 가져다드리겠습니다"라고 말했다.

15분이 지났고, 비행기는 이미 안정적으로 비행하고 있었다. 하지만 승무원은 승객이 물을 가져다 달라고 한 일을 까맣게 잊어버렸다. 기다리다 못한 승객이 서비스 호출 벨을 누르자 그제야 방금 있었던 일이 기억났고, 벨을 누른 사람이 아까 그 승객임을 확인한 후에 급히 물 한 잔을 가져왔다.

"손님, 제 부주의로 약을 드셔야 하는 시간이 지체되어 정말 죄송합니다."

승객은 손목에 찬 시계를 보더니 "어떻게 된 겁니까? 서비스를 이렇게 해도 되나요?"라고 말했다.

승무원은 손에 물잔을 든 채로 난감한 표정을 지었지만, 해명은 아무 소용이 없었다. 보아하니 이 승객은 승무원의 실수를 그냥 넘어가지 않을 태세였다.

이후 비행 내내 승무원은 자신의 잘못을 만회하기 위해 다른 승객에게 서비스하러 갈 때마다 일부러 이 승객에게 가서 물이나 다른 도움이 필요한지 미소를 지으며 물었다. 하지만 승객은 용서할 수 없다는 듯이 계속 화난 표정과 비협조적인 태도로 대꾸도 하지 않았다.

목적지에 도착하기 전, 승객이 '서비스 평가서'를 요청했는데 이 승무원에 대해 불만을 쓸 것이 분명했다. 승무원은 무척 속상했으나 그래도 프로다운 자세로 예의 바르게 "손님, 다시 한 번 진심으로 사과드립니다. 어떤 의견이라도 기꺼이 받아들이겠습니다"라고 말하며 미소 지었다. 승객은 무슨 말을 하려는 듯 표정이 굳어졌지만, 끝내 아무 말도 하지 않고 서비스 평가서를 쓰기 시작했다.

비행기가 무사히 착륙한 후, 승객들이 하나둘 떠나고 승무원은 큰일 났다는 심정으로 한숨을 쉬며 서비스 평가서를 집어 들었다. 천천히 글을 읽던 승무원은 깜짝 놀라고 말았다. 알고 보니 승객이 서비스 평가서를 쓴 것은 서비스에 대한 불만이 아니라 승무원을 칭찬하는 내용이었기 때문이다.

이 까다로운 승객이 불만 제기를 포기한 이유는 무엇일까? 그가 쓴 글에서 힌트를 얻을 수 있다.

"비행 내내 승무원님이 진심을 담아 사과해 주셨습니다. 특히 그 열두 번의 미소에 나는 깊이 감동했습니다. 저는 불만 제기가 아니라 칭찬의 편지를 쓰려고 합니다! 이렇게 훌륭한 서비스를 제공받다니 다음에도 기회가 있다면 꼭 이 항공사 비행기를 타려고 합니다!"

하버드 감성지능 강의

승객의 분노와 질책에도 승무원은 반격하지 않고 미소로 정중하게 서비스를 제공했다. 승객은 승무원의 진심이 담긴 사과와 서비스에 감동했고, 이로써 두 사람 사이의 갈등이 해소되고 신뢰를 쌓았다.

진심 어린 미소는 어떤 식으로 표현해도 호감을 얻을 수 있으며 인간관계의 좋은 출발점이 된다. 말보다 행동이 더 설득력 있는 법이다. 미소를 띤 사람은 말 한마디 하지 않아도 상대방에게 호감이 있으며 사귀고 싶다는 마음을 전달할 수 있다. 미소는 좋은 관계를 구축하고 성공으로 가는 길을 더 순조롭게 만들어주는 귀중한 보물이다.

미국의 유명한 심리학자인 윌리엄 제임스는 이렇게 말했다.

"행동과 감정은 병행하는데 행동은 의지가 직접 통제할 수 있지만, 감정은 그렇지 않다. 그러므로 반드시 먼저 행동을 조정하고 그 후에 감정을 간접적으로 조정할 수 있다. 우리는 뛰어내렸기 때문에 무섭고, 웃었기 때문에 즐거워지며……"

감정이 행동과 분리되면 어떤 형태로 표현되든 거짓되고 공허하게 보일 것이다. 미소는 좋은 감정을 불러일으키는 행동이다.

다른 사람을 칭찬할 때, 미소는 당신의 칭찬에 무게감을 준다. 다른 사람에게 간청할 때 짓는 미소는 거절하지 못하게 하며, 다른 사람의 도움을 받을 때 짓는 미소는 감사의 말을 배가시킨다. 실수로 다른 사람에게 상처를 주었을 때, 미소는 당신의 호의를 전하고 상대방의 고통을 덜어줄 것이다. 인간관계에서 미소로 진지하고 친절한 감정을 전달하면 효과를 증폭시킬 뿐만 아니라 인간관계 측면의 감성지능을 향상한다. 진실한 미소는 봄바람처럼 마음을 적시므로 굳이 큰 힘을 들이거나 노력하지 않아도 쉽게 기분이 좋고 편안해질 수 있다. 사람을 만났을 때 친절하게 미소 짓는 습관을 기르기만 해도 좋은 인연을 얻고 일이 순조롭게 풀릴 것이다.

칭찬은 얼어붙은
관계를 녹이는 온기다

미국의 심리학자 윌리엄 제임스는 "인간 본성의 가장 심오한 원리는 타인이 자신을 알아주고 높이 평가해주기를 바라는 것이다"라고 말했다. 그의 말처럼 실제로 누구나 칭찬을 원하고 칭찬받기 좋아한다. 칭찬할 줄 아는 사람이 어디서나 사랑받는 까닭이다.

하루는 데일 카네기가 뉴욕 우체국에 편지를 부치러 갔는데 등기 우편을 담당하는 직원이 너무 의욕이 없어 보였다. 카네기는 속으로 '이 사람을 기분 좋게 해야 일이 빨리 끝나겠는걸'이라고 생각했다. 어떻게 해야 할까? 가장 좋은 방법은 역시 칭찬이었다. 카네기는 직원을 바라보며 곰곰이 생각하다가 '칭찬할 점'을 찾아냈다.

"헤어스타일이 정말 멋지시군요!"

카네기가 진심을 담아 말하자 직원은 깜짝 놀란 표정으로 고개를 들었다. 그는 이내 숨길 수 없는 미소를 보이며 겸손하게 말했다.

"무슨 그런 말씀을, 예전보다 훨씬 볼품없어졌어요."

카네기는 냉큼 말을 이어갔다.

"진짜 멋져요. 요즘 젊은 사람들이 하는 머리잖아요!"

카네기의 적절한 칭찬에 직원은 반색했다. 그는 카네기와 즐겁게 대화를 나누면서 우편 업무를 척척 처리했다.

우리도 카네기처럼 칭찬의 힘을 활용할 수 있다. 진심으로 타인의 장점을 발견하고 적절한 칭찬을 건네면 그는 기꺼이 당신을 받아들일 것이다. 인간관계를 시작하는 출발점으로 칭찬보다 더 좋은 건 없다.

1923년 캘빈 쿨리지John Calvin Coolidge가 미국의 새로운 대통령이 되었다. 쿨리지는 '침묵의 칼'이라고 불릴 정도로 말수가 적은 것으로 유명하지만, 때로는 사람을 깜짝 놀라게 하는 말을 하기도 했다.

쿨리지의 비서는 업무 능력이 나쁘지 않았지만, 꼭 자잘한 실수를 저질렀다. 어느 날 아침, 쿨리지는 사무실로 들어오는 비서를 보고 "오늘 아주 멋지게 차려입었군. 자네에게 잘 어울려!"라고 말했다.

'이런 말을 하실 분이 아닌데…….' 비서는 어안이 벙벙했다.

쿨리지는 계속 말을 이어갔다.

"그래도 너무 우쭐하지는 마, 오늘 자네가 처리하는 서류도 자네만큼이나 흠잡을 데 없이 멋지겠지만 말야!"

과연 그날부터 비서는 서류 업무에서 실수가 거의 없었다.

이 이야기를 들은 쿨리지의 친구가 물었다.

"어떻게 그렇게 좋은 방법을 생각해냈나?"

쿨리지가 의기양양해서 대답했다.

"간단해! 이발사가 왜 면도하기 전에 비눗물을 바르겠나? 면도할 때 아프지 말라고 바르는 거지!"

칭찬의 힘은 사람들의 기대를 훨씬 뛰어넘는다.

어떻게 하면 칭찬을 이용해 인간관계의 물꼬를 틀 수 있을까?

1. 상대방 입맛에 맞춘다.

칭찬도 상대방이 좋아할 만한 거로 골라서 해야 한다. 낚시할 때 우리가 좋아하는 음식이 아니라 물고기가 좋아하는 것으로 미끼를 던지는 것처럼 말이다. 이는 상대방의 호감을 얻는 가장 효과적인 방법이다. 예를 들어 음악을 좋아하는 사람이면 그의 음악적 조예를 칭찬하고, 여행을 좋아하는 사람이면 그가 찍은 풍경 사진을 칭찬한다.

2. 과장한다.

칭찬은 인간관계를 더 돈독하게 하는 힘이 있다. 칭찬할 때는 어느 정도 과장을 섞어야 한다. 승진한 사람에게는 많은 사람 앞에서 새로운 직책으로 불러주면 기뻐할 것이다. 칭찬 대상이 특히 신경 쓰고 있는 부분에 주목해야 한다. 예컨대 중년 여성이라면 본인보다 그녀의 완벽한 가정과 잘 나가는 남편, 똑똑한 아이를 칭찬하는 식이다.

3. 구체적으로 칭찬한다.

일반적인 칭찬은 딱딱하고 진심이 느껴지지 않는다. 반면에 구체적인 칭찬은 진정성을 보여주므로 훨씬 효과적이다. 상대방의 외모를 칭찬할 때도 "참 예쁘네요!"보다는 "눈이 정말 크고 아름답게 빛나네요!"라고 하는 편이 좋다.

4. 인사를 잘한다.

인사는 가장 기본적인 예의이지만, 잘 안 하는 사람이 생각보다 많다. 사실 인사를 잘 안 하는 사람이 인간관계가 좋지 않은 건 이상한 일도 아니다. 주의 깊게 관찰해보면 일이 잘 풀리고 이른바 잘 나가는 사람일수록 인사를 잘한다는 사실을 알 수 있다. 타인에게 냉담하고 무관심한 사람들은 늘 제자리에서 맴돌고 발전이 없다. 앞으로는 윗사람이건 아랫사람이건 앞장서서 인사해보자. 한 달만 해보면 사람들이 보는 눈이 달라질 것이다.

5. 먼저 부정한 후에 긍정한다.

이 칭찬법은 상대방에게 다른 사람을 먼저 칭찬한 다음, 칭찬할 사람을 칭찬해서 그가 더 큰 우월감을 느끼게 할 수 있다. 예를 들어 "나는 평생 두 명을 존경했습니다. 한 사람은 ×××이고, 다른 한 사람은 바로 당신입니다"라고 말하는 식이다. 물론 이 방법은 상대방이 해당 분야에서 어느 정도 명성이 있어야 하며, 그렇지 않으면 기대한 효과를 낼 수 없다.

6. 타인의 변화에 주목한다.

누군가의 작은 변화를 알아챘다면 그만큼 관심이 크다는 뜻이다. 타인의 관심을 받는 건 매우 기쁜 일이므로 상대방 역시 당신에게 우호적으로 대할 것이다. 업무 파트너가 새 옷을 입고 왔다면 때맞춰 칭찬을 건네어 꽉 막힌 업무 교착 상태를 해결할 수 있다.

7. 상대방에게 의미 있는 날을 기억한다.

상대방의 생일, 그 가족의 생일 등 상대방에게 특별한 의미가 있는 날을 기억했다가 필요할 때 말을 꺼내서 깜짝 놀라게 해보자. 물론 당장 하기는 힘들고 어느 정도 시간이 흘러야 가능한 방법이므로 어딘가에 기록해두는 편이 좋다.

8. 돌려서 칭찬한다.

비판하는 것처럼 보이지만 사실은 칭찬을 건네는 방법이다. 예를 들어 친구에게 "너는 사람이 너무 착한 게 큰 단점이야!"라고 말하는 식이다. 친구는 틀림없이 당신의 말을 기꺼이 받아들일 것이다.

우리는 칭찬이라는 좋은 습관을 길러야 한다. 당신이 던진 칭찬 하나로 상대방은 온종일 기분이 좋고 미소로 화답할 것이다. 그 미소는 다시 당신을 크게 만족시킬 테니 얼마나 아름답고 행복한 일인가!

마음이 넓은 사람은
돕는 사람이 많다

　세계 최고의 대학인 하버드는 영리하고 현명하며 성실할 뿐만 아니라 무엇보다 마음이 넓은 인재를 길러내고자 한다.

　넓은 마음은 생활 속 여러 면으로 드러난다. 마음이 넓은 사람은 계산적이지 않고 남의 잘못을 따지고 드는 편이 아닌 이른바 '뒤끝이 없는' 사람이다. 다음은 넓은 마음으로 타인을 용서해서 새로운 기회를 얻은 이야기다.

　허들은 집이 가난해서 생계를 유지하기 위해 매일 일해야 했다. 어느 날 그는 나무를 베는 일을 했는데 베어낸 나무 수만큼 돈을 받기로 했다. 점심시간에 잠깐 쉬는 동안, 허들은 누군가 자신이 잘라 놓은 나무를 훔치고 있는 것을 발견했다. 가서 보니 어린아이들 몇

하버드 감성지능 강의

명이었는데 힘이 없어서 잘린 나뭇가지를 몰래 줍고 있었다. 보아하니 집에 가져가서 땔감을 하려고 그러는 것 같았다.

옆에서 같이 일하던 동료들은 허들에게 아이들을 붙잡아 엄하게 혼내고 손해 본 만큼 일을 시키라고 부추겼지만, 허들은 아이들을 바라보며 아무 말도 하지 않고 고개를 저었다. 모두 너무 허름한 옷을 입은 그 아이들은 집이 가난하지 않았다면 절대 도둑질을 하지 않았을 것이다.

오후에도 허들은 열심히 일했다. 해가 뉘엿뉘엿 저물어갈 무렵, 중년의 남자가 아이들 몇 명을 데리고 왔다. 아이들 얼굴에는 눈물 자국이 남아 있었고, 남자는 다리가 불편한 듯 절뚝거렸다. 그는 아이들이 땔감을 훔칠지 전혀 몰랐다며 허들에게 정중하게 사과했다. 자신은 가난하지만, 아이들이 남의 것을 훔치는 일은 절대 용납할 수 없다고 했다. 이때 허들은 모두가 전혀 예상하지 못한 말을 했다.

"잘못 알고 계시네요. 아이들이 땔감을 훔친 것이 아니라 제가 주었습니다."

허들의 말을 들은 아이들은 깜짝 놀랐고, 그 남자는 계속 고맙다고만 했다.

수년이 흐른 후, 허들은 나이가 많다는 이유로 일자리를 잃었다. 하루는 길거리에서 일감을 구하는데 한 청년이 그의 앞을 가로막으며 말을 걸었다.

"선생님, 제 회사에 직원이 한 사람 필요한데 혹시 관심 있으신가요?"

며칠이나 일거리가 없어 허탕을 쳤던 허들은 뜻밖의 제안에 반색

하며 연신 고맙다고 말했다. 아마 그는 이 청년이 예전에 베어놓은 나뭇가지를 훔쳐 간 아이 중 한 명이라는 사실을 꿈에도 생각하지 못했을 것이다. 지금 그는 내로라하는 큰 회사를 운영하는 기업가였다.

한 발짝 양보하면 자신을 위한 길이 하나 더 생기는 것과 같다. 넓은 마음을 가진 사람들은 주변에 사람이 많아서 어려움이 닥쳤을 때 항상 많은 이의 도움을 받는다.

반면에 속이 좁은 사람들은 남이 성공하면 속 쓰려 하고, 자기가 실패하면 남 탓으로 돌리기 때문에 주변에 사람이 거의 없다. 혹시 지금 자신이 이런 사람이라 당황스러운가? 그래도 크게 걱정할 필요 없다. 마음도 훈련을 통해 점점 넓어질 수 있기 때문이다.

1. 시야를 넓힌다.

사람이 생활 속의 사소하고 번잡한 작은 일에 관심을 쏟다 보면 시야가 좁아질 수밖에 없다. 작은 일에 연연하지 말고 정치, 경제, 문화, 예술, 요리 등 새로운 지식을 습득하는 데 시간을 쏟는 편이 좋다. 지식의 폭이 넓어지면 다른 세계가 보이고 그동안 알지 못했던 아름다움을 발견하게 될 것이다.

2. 이기심을 버린다.

이기적인 사람은 항상 남의 미움을 산다. 사람들과 어울리면서 늘 자기 이익만 챙기거나 시시콜콜 따지면 분명히 소외된다. 인간관계에서는 얻는 것도 있어야지만, 그만큼 내놓기도 해야 한다. 먼저 일을 해야 돈을 받을 수 있는 것처럼 감정의 교류도 먼저 베풀어야 보답받을 수 있는 법이다. 또 어떤 사람들은 돈으로 감정의 크기를 가늠하려고 하는데 이런 사람들은 사람 사이의 가장 순수한 감정을 절대 알지 못한다.

3. 무리에 어울린다.

종종 자신이 주변 사람들과 너무 맞지 않는다고 느끼는가? 당신의 색이 너무 짙거나 제멋대로라면 사람들은 당신이 가시로 뒤덮여 있다고 생각해 접근하기 힘들 것이다. 무리에 잘 녹아들어 어울리려면 적당히 칼끝을 숨기고 진심을 다해 친구가 되려고 해야 한다.

4. 관용을 베푼다.

사람은 누구나 실수를 저지르므로 남이 잘못했을 때 너그러운 마음을 대하는 것이 좋다. 문제가 생기면 누가 책임져야 하는지 판단하기보다 피해를 최소화할 방법을 먼저 고민해야 한다.

도를 아는 자는 남을 더 많이 돕고, 도를 모르는 자는 돕지 않는다고 했다. 감성지능이 높은 사람들은 넓은 마음의 중요성을 잘 알기에 어려움이 닥쳤을 때 도움의 손길을 뻗는 사람 하나 없는 처지로 전락할 일이 없다. 넓은 마음은 바다와 같아서 사방에서 흘러들어오는 물을 담을 수 있고, 좁은 마음은 작은 웅덩이와 같아서 결국 말라버리고 만다.

다양한 성격의 사람들과 잘 지내는 방법

1. 오만하고 무례한 사람: 가능한 한 말을 아낀다.

거만하고 안하무인이며 독선적인 사람을 좋아하는 사람은 없다. 하지만 살다 보면
어쩔 수 없이 이런 사람들과도 상대해야 하는데 그럴 때는 불필요한 말을 하지 않아
야 한다. 하더라도 꼭 필요한 말만 간결하고 힘있게 말한다.

2. 고지식한 사람: 흥미를 불러일으킨다.

먼저 정중하게 인사를 건네도 별 반응을 보이지 않고 냉랭하게 구는 사람들이 있다.
이런 사람들은 당신이 하는 말에 주의를 기울이지 않으며 원하는 반응을 보이지도
않는다. 내 말을 제대로 듣고 있는지 궁금해질 정도다. 이런 사람을 만나면 처음에는
다소 불편하고 불안할 수 있다.
알다시피 누구에게나 관심을 보이거나 신경 쓰고 있는 부분이 있다. 당신이 그 부분
을 살짝 건드리기만 해도 상대방은 끝도 없이 말할 테니 그 사람의 성격과 심리 상태
를 잘 파악하고 활용해야 한다.

3. 폐쇄적인 사람: 더 많이 신경 써서 관찰한다.

누구에게나 주변에 이런 사람이 꼭 한둘씩 있다. 이들은 남에게 속마음을 쉽게 드러
내지 않고 말할 때 벽이 느껴진다. 진짜 중요한 문제가 나오면 가타부타 말이 없고
계속 생각만 하고 있다.

사실 이런 태도는 일종의 위장 수단으로 대부분 경우에 자신의 약점을 드러내기를 꺼리는 행동이다. 따라서 이런 사람을 대할 때는 더 많이 신경 써서 관찰해야 한다. 사전에 준비한 자료를 보여주고 제공한 자료에 근거해 그가 스스로 최종 결정을 내리게 하면 좋다.

4. 과묵한 사람: 단도직입적으로 이야기한다.

입을 잘 열지 않는 사람과 말하기란 참으로 어렵다. 도무지 말을 안 하니 생각이나 의견을 알 수도 없고, 나에게 호감이 있는지도 알 수 없다.

이런 사람에게는 처음부터 단도직입적으로 말하는 편이 좋다. '예' 또는 '아니오', '좋아요' 혹은 '싫어요'를 명확하게 표현하도록 유도하고 우회적인 대화는 피한다.

5. 너무 멍청한 사람: 되도록 피한다.

무슨 말을 하면 알아듣지 못하고 항상 애매모호한 태도를 보이면서 똑부러지지 않은 사람이 있다. 대부분 자기반성을 모르거나 이해력이 떨어지거나 둘 중에 하나다.

이런 사람들과는 최대한 접촉을 자제하는 편이 좋으니 되도록 멀리하자.

6. 성급한 사람: 차근차근 설명한다.

이런 사람은 얼핏 보면 반응이 빠르고 과감해 보인다. 하지만 실상은 한창 협상이 하이라이트에 달했는데 느닷없이 결단을 내리는 식이라 '벼락치기'라는 느낌을 지울 수 없다. 대체로 지나치게 불안한 기질이 있고, 자신이 얼마나 '결단력' 있는지 보여주려고 일을 대충 처리하는 경우가 많다.

이런 유형의 사람을 만나면 화제를 몇 가지로 나누어서 하나씩 짚고 넘어가는 방법이 좋다. 한 가지를 다 이야기했으면 바로 그의 의견을 붙고 동의하면 다음으로 넘어간다. 이렇게 해야 실수도 없고 불필요한 문제도 피할 수 있다.

7. 느려터진 사람들: 인내심을 발휘한다.

어떤 사람들은 천성적으로 모든 것이 느리다. 말과 행동이 느린 사람들과 이야기할 때는 인내가 필요하다.

8 고집불통인 사람들: 적당히 하다가 그만한다.

고집이 센 사람은 대처하기가 힘들다. 무슨 말을 해도 듣지 않고 자기 의견만 고집해서 끝까지 우겨댄다. 이런 사람들과 싸우고 논쟁해봤자 지치고 시간만 낭비할 뿐이다. 결과도 좋을 리 없으니 괜한 헛수고다. 따라서 이런 사람을 상대할 때는 적당히 하다가 그만하는 것이 최선이다. 더 많이 오래 이야기해봤자 그럴수록 마음만 더 불편해진다.

고집불통인 사람을 설득해보겠다고 많은 시간과 에너지를 허비할 필요 없다. 그냥 상황에 따라 몇 마디 얼버무리고 일찍 도망쳐도 좋다.

9. 이기적인 사람: 비위를 맞춰 준다.

세상에는 이기적인 사람들이 너무 많아서 누구나 한 번쯤 만났고 앞으로도 만날 수 있을 것이다. 이런 사람은 무슨 일이든 자기 이익이 최우선이고 절대 자신에게 불리한 일을 하지 않는다.

어쩔 수 없이 이기적인 사람을 상대해야 한다면 혐오감을 억누르고 그의 비위를 맞춰 주자. 그는 자기 이익만 확실하면 만족하며 다른 말을 하지 않을 것이다. 필요한 일이 끝나면 즉시 멀리하는 것이 좋다.

약속 이행

◆

'말한 대로 행동하고, 행동으로 성과를 만들어'

품격 있고 매력적인 사람이 된다.

Harvard Emotional Quotient Lecture

14

─ 열네 번째 수업 ─

나만의
아우라로
영향력을
키워라

말과 행동으로
신뢰를 얻는다

　감성지능이 높고 '아우라'가 있는 사람은 타인의 신뢰를 얻기 쉽고, 이를 바탕으로 많은 일을 해낼 수 있다. 그렇다면 어떻게 해야 신뢰를 얻을 수 있을까? 하버드는 학생들에게 "믿음이 없으면 바로 서지 못한다. 이는 수천 년 동안 한 번도 변한 적이 없는 인간의 기본이다"라고 강조한다. 신뢰를 얻으려면 먼저 성실하게 약속을 지킬 줄 알아야 한다. 정직하고 믿음직스러운 사람은 많은 이의 신뢰와 존중을 얻어 남다른 영향력을 갖는다.

　뉴욕에 갔는데 미국 자연사 박물관American Museum of Natural History을 방문하지 않는다면 크게 후회할 일이다. 이 박물관은 100개 이상의 국영 및 민영 재단, 200여 개의 대기업 및 50만 명이 넘는 회원들이 전

폭적으로 지원하는 사설 기관이다.

박물관 가이드는 관람객들이 오면 1층 모건 기념관으로 데려가 투명하게 빛나는 각종 보석을 소개한다. 이때 가이드는 갑자기 입고 있던 재킷을 재빨리 벗어서 무게가 수백 킬로그램에 달하는 커다란 바위의 구멍을 덮은 후, 방문객들에게 외친다.

"여러분, 이쪽을 보시죠! 이건 아주 평범한 바위인데요. 앞에 계신 여성분 이쪽으로 와주시겠어요?"

지목된 여성이 다가가면 가이드는 마치 마술사처럼 재킷을 치운다. 그러면 여성이 목을 쭉 빼고 구멍 안을 들여다보고서 "아!"하고 감탄을 내뱉는다.

그 소리를 들은 다른 관람객들은 궁금증을 참지 못하고 너도나도 앞으로 달려와 무슨 일이지 보고는 역시 탄성을 자아낸다. 놀랍게도 바위 안에 눈부시게 빛나는 자수정이 있었기 때문이다. 이어진 가이드의 설명은 다음과 같다.

"이 바위에는 아주 감동적인 사연이 있습니다. 원래는 어느 주택의 뒷마당에 버려진 평범한 바위였는데요. 어느 날 주인은 이 돌이 마당의 미관을 해친다고 생각해서 사람을 불러 없애려고 했어요. 그런데 바위를 트럭에 옮겨 싣다가 실수로 땅에 떨어뜨려 금이 가는 바람에 안에 있는 자수정이 보였고 아까 여러분처럼 깜짝 놀랐죠. 하지만 주인은 담담하게 '나는 원래 이 바위를 버리려고 했습니다. 아주 귀중한 자수정이지만, 신은 다른 선한 의도가 있으시겠지요. 그러니 나는 바위를 박물관에 보내 많은 사람이 볼 수 있게 하겠습니다'라고 말했어요. 그 주인이 자신과 한 약속을 지킨 덕분에 우리가 지금 이 아름다운 자수정을 볼 수 있는 거죠."

타인의 신뢰를 얻으려면 반드시 언행일치, 즉 말한 대로 행동해야 한다. 약속을 지키고 믿음을 저버리지 않는 사람은 타인의 존중을 받을 수 있다. 사람들은 그가 말한 대로 지키는 사람임을 알기에 그가 도움이 필요할 때 기꺼이 손을 내밀어 돕는다. 역사적으로 걸출한 인재라면 모두 신뢰라는 미덕을 지녔다. •

기원전 4세기, 시칠리 시라쿠사에 피디아스라는 청년이 왕을 모욕한 죄로 교수형을 선고받고 처형을 며칠 앞두고 있었다.

피디아스는 죽기 전에 고향에 계신 어머니를 마지막으로 만나 죄송하다는 마음을 전하게 해달라고 왕에게 요청했다. 이에 왕은 고향에 다녀와도 좋지만, 그동안 누군가 대신 옥살이를 해야 한다는 조건을 내걸었다. 만약 피디아스가 돌아오지 않는다면 그 대리인이 대신 처형될 것이다.

단순한 이야기처럼 들리지만 사실 불가능에 가까운 조건이다. 누가 죽을 위험을 무릅쓰고 피디아스를 위해 자기 발로 감옥에 들어가겠는가? 하지만 피디아스에게는 친구 다몬이 있었다.

다몬은 친구를 위해 기꺼이 감옥에 들어갔고, 피디아스 반드시 돌아오겠다고 약속하고 고향으로 떠났다. 며칠이 지나 처형의 날이 다가오는데 피디아스는 돌아올 기미가 보이지 않았다. 사람들은 다몬이 피디아스에게 속았다고 이러쿵저러쿵 말이 많았다.

마침내 처형 날이 왔다. 비가 추적추적 내리는 날씨에 형장으로 끌려가는 다몬을 보고 몇몇 구경꾼들은 그의 어리석음을 비웃었다. 그러나 수레에 탄 다몬은 두려워하거나 후회하는 기색이 전혀 없었다.

천천히 교수대의 올가미가 다몬의 목에 걸렸다. 구경꾼들은 겁에 질린 나머지 눈을 질끈 감았고, 마음씨 좋은 사람들은 친구를 속인 피디아스를 저주하며 다몬의 운명을 안타까워했다. 바로 그때, 이 절체절명의 순간에 피디아스가 빗속을 달려와 소리쳤다.

"멈춰요! 내가 왔습니다! 내가 돌아왔어요!"

모두가 깜짝 놀랐다.

이 소식은 날개가 달린 듯 사방에 전해져 곧 왕의 귀에까지 들어갔다. 왕은 도무지 믿기지 않아 직접 형장으로 달려가 두 사람을 보았다. 피디아스와 다몬의 믿음과 우정에 감동한 왕은 피디아스를 묶은 밧줄을 풀어주라 명령하고 즉시 그를 사면했다. 왕은 나라에 이렇게 믿음직하고 충성스러운 백성이 있어서 행복하고 자랑스럽다고 말하며 "저런 친구가 있다면 나의 모든 부를 다 주어도 아깝지 않을 것이다"라고 감탄했다.

이 자리에서 왕은 수많은 백성을 향해 자신이 믿음으로 나라를 세웠고, 믿음으로 나라를 다스리겠다고 선언했다. 그러고는 약속을 목숨처럼 지키고 신뢰의 미덕을 보여준 피디아스와 다몬이 자기 곁에서 통치를 돕도록 했다. 두 사람은 왕의 높은 기대를 저버리지 않고 정직과 성실을 바탕으로 왕의 통치를 보좌해서 시라쿠사 역사상 가장 찬란한 전성기를 만들었다.

피디아스와 다몬의 이야기는 신뢰의 힘이 생명을 지키고 역사까지 만들었음을 보여준다. 피디아스와 다몬이 나라를 훌륭히 다스릴 수 있었던 것은 그들의 말과 행동에 감동한 수많은 백성이 그들을 신뢰했기 때문이다.

세계적으로 이름을 날리고 유명한 사람들은 대부분 감성지능이 높으며 말과 행동으로 다른 사람들의 신뢰를 얻는다. 그 사람들처럼 되고 싶다면 오늘부터라도 반드시 약속을 지키자. '말한 대로 행동하고, 행동으로 성과를 만들어' 품격 있고 매력적인 사람이 되어야 한다.

하버드 감성지능 강의

감성지능이 만든
'리더의 아우라'를 뿜어내라

혹자는 삶이란 내가 다른 사람을 이끌거나, 다른 사람을 따르는 두 가지라고 말한다. 만약 스스로 자신을 뛰어넘고 싶다면, 원대한 이상이 있다면, 진정으로 성공한 사람이 되고 싶다면, 반드시 리더십이 필요하다. 그렇지 않으면 바다의 물 한 방울처럼 물거품을 만들 기회조차 없이 삼켜지고, 사막의 모래 한 알처럼 바람이 불면 아무도 모르는 땅 밑바닥에 잠기게 될 것이다.

하버드는 학생들의 리더십 함양을 매우 중요하게 생각해서 입학 첫날부터 하버드가 지향하는 목표는 '지도자 양성'이라고 못 박는다. 실제로 여러 재계 지도자와 CEO가 하버드 경영대학원을, 많은 정치 및 공공부문 지도자가 하버드 로스쿨과 케네디스쿨을, 교육 분야의 여러 명사가 하버드 교육대학원을 졸업했다. 이들은 모두 성공한 인사들로 명실상부 각 세대의 리더들이다.

하버드의 한 교수는 "리더십을 갖춘다는 것은 다른 사람들은 불가능해 보이는 일을 가능케 하고, 대담한 상상과 시도를 장려하는 것이다"라고 말했다.

하버드의 한 연구소가 내놓은 보고서는 리더십이 다음과 같은 측면을 모두 포함한다고 밝혔다. 즉 일에 대한 집중과 열정, 성실, 정직, 관용, 원대한 이상의 실현을 위한 기대와 노력, 어울리는 말과 행동, 단정한 옷차림, 높은 품격, 명확한 목표, 확고한 의지, 위축되지 않는 당당함, 여가를 이용한 단련, 대중의 의견을 맹목적으로 따르지 않음, 신비감 유지 등이다.

미국 국방산업대학교Dwight D. Eisenhower School for National Security and Resource Strategy는 워싱턴에 있는 미국 국립 군사국방참모대학교다. 이 학교에 입학하는 모든 학생은 연방 정부에서 선발한 고위급 군인 및 민간인으로 매우 우수하고 상당한 지위와 명망이 있어야 한다.

이 학교는 최고의 엘리트를 선발하기 위해 최종 입학 수락 전에 입학 대상자의 부하, 상사, 동료에게 여러 리더십 평가서를 보내 대상자에 대한 익명 평가를 요청한다. 이 세부 평가서는 총 21개 부문 125개 문항으로 대상자의 리더십과 협동심, 인성, 행동 및 사고방식 등의 내용을 포함한다. 이 평가에서 높은 점수를 받은 사람만 입학할 수 있다.

어느 해에 이 대학에서 115명을 대상으로 실시한 평가 995건 중 리더십 항목은 5점 만점에 평균 4.32점으로 전체 항목 중에 1위를 차

하버드 감성지능 강의

지했다. 그중 한 학생은 리더십 항목에서 모든 부하 직원으로부터 만점을 받았다. 이는 부하들이 그가 뛰어난 리더십을 갖춘 리더라는 데 동의한다는 의미였다.

이 학생의 외모는 평범했다. 키도 크지 않고 얼굴도 평범해서 딱히 특별한 점이 없었다.

그는 성공의 비결을 묻자 "다른 분들이 제가 성공했다고 말하는 까닭은 그들 대부분이 제가 리더십이 뛰어나다고 생각하기 때문입니다"라고 말했다.

리더십은 내재 재능이자 축적된 지식의 외재적 표현이며, 여기에 후천적 훈련까지 더해 달성되는 개인의 종합적 소질이다. 리더십이 있는 사람은 타인으로부터 인정받으며 지도 환경의 변화에 따라 끊임없이 새로운 환경에 적응한다. 리더십은 타고나는 것이 아니라 길러지는 것이다. 그렇다면 우리는 어떤 노력을 해야 할까?

■ 감정 제어

자신의 감정을 제어해 타인의 능력에 효과적으로 영향을 미치는 능력이다.

■ 감화력

구두 의사소통 능력뿐만 아니라 행동으로 보여주는 능력을 말한다. 미국의 흑인 해방 운동가 마틴 루터 킹Martin Luther King은 연설을 통해 사람들을 감화시켰고, 인도의 지도자 마하트마 간디Mahatma Gandhi는 실천으로 모범을 보였다.

■ 조직력
정보를 구성하고 인원을 조직하는 능력이다.

■ 판단력
어떤 상황에서 행동하거나 멈출지 결정하고, 적재적소에서 모든 일을 올바르고 적절하게 처리하는 능력이다.

■ 소통력
포괄적이고 정확하게 자신을 표현함으로써 타인의 이해와 지지를 얻는 능력이다.

■ 창의력
고정관념을 깨고 남들이 생각하지 못하는 아이디어를 떠올려 신속하게 반응, 대처하는 능력이다.

감정 제어, 감화력, 조직력, 판단력, 소통력, 창의력의 측면에서 자신을 충분히 인식하고 다른 사람의 성공적인 경험에서 더 많이 배우자. 실천으로 교훈을 얻고 스스로 끊임없이 다듬고 향상한다면 '리더의 아우라'를 더 크고 짙게 키울 수 있다. 이런 사람이야말로 감성지능이 높다고 할 수 있다.

높은 감성지능으로
영향력을 확대한다

감성지능이 높은 사람은 대체로 영향력이 큰 사람이다. 왜 그럴까? 감성지능과 영향력의 관계는 어떻게 형성되고 서로 영향을 미칠까?

이와 관련해서 한 하버드 교수는 다음과 같은 이야기를 했다.

도슨은 일찍이 미국을 떠나 일본 도쿄로 기공을 공부하러 갔다. 어느 날 오후, 집으로 가는 지하철에 술에 진탕 취해서 음울한 분위기를 풍기는 건장한 남자가 나타났다. 아무나 붙잡고 시비를 걸며 행패를 부리려는 것이 분명했다.

그 남자는 지하철을 타자마자 비틀거리면서 큰소리로 욕을 퍼붓고, 아기를 안고 있던 여성을 밀쳐 넘어지게 했다. 옆에 있던 노부부는 벌벌 떨면서 다른 칸으로 허겁지겁 도망갔고, 다른 사람들도 무서워서 감히 제지할 엄두를 내지 못했다.

취객은 이 사람 저 사람 건드리면서 말썽을 부리다가 너무 취해서인지 객차 한가운데 있는 철제 기둥을 꽉 잡더니 고함을 치며 뽑으려고 안간힘을 썼다.

도슨은 평소 기공을 연마했기에 체력이 좋았다. 상황을 보고 있던 그는 더 이상 가만히 있다가는 무고한 승객이 더 많이 다치겠다고 생각해 벌떡 일어났다.

술에 취한 그 남자는 도슨을 보자마자 "뭐야, 외국 사람이잖아! 내가 일본의 예절을 좀 가르쳐 주지!"라더니 몸을 움직여 달려들려고 했다.

그 순간, 누군가 뒤에서 유쾌하게 "이봐!"라고 불렀다.

목소리만 들으면 꼭 오랜만에 재회한 친구처럼 반가워하는 것 같았다. 취객이 깜짝 놀라 돌아보니 기모노를 입은 왜소한 70대 노인이 있었다. 노인은 만면에 웃음을 띠며 "이리 와보게!"라면서 손짓했다.

취객은 성큼성큼 걸어가 "왜 오라 가라야?"라고 소리쳤다.

도슨은 취객을 예의주시하며 상황이 심상치 않으면 곧바로 뛰어갈 태세로 있었다.

노인이 빙그레 웃으며 취객에게 물었다.

"무슨 술을 먹었나?"

"사케를 마셨소. 무슨 상관이요?"

취객은 쩌렁쩌렁 소리쳤지만, 노인은 여전히 미소를 잃지 않고 말했다.

하버드 감성지능 강의

"잘됐구먼! 아주 좋아! 나도 사케를 좋아해서 매일 밤 아내와 함께 작은 병으로 하나 데워서 마시지. 정원의 나무 걸상에 앉아 따뜻한 사케를 마시면서……"

노인은 집 뒤뜰에 있는 감나무 이야기까지 하다가 문득 이렇게 물었다.

"부인도 잘 계시지?"

"아니, 먼저 죽었어요……"

취객은 눈물을 흘리며 아내와 가족, 직장을 잃은 슬픈 사연을, 남보다 못한 삶을 사는 부끄러움을 이야기했다.

도슨은 노인의 위로를 받으며 마음속에 감추고 있었던 이야기를 전부 쏟아내는 취객을 멍하니 보았다. 그는 의자에 비스듬히 기대어 머리를 노인의 가슴에 파묻고 있었다.

누구에게나 감정이 있고, 알 수 없는 인생은 종종 감정의 동요를 일으키곤 한다. 이야기에 나오는 술 취한 남자는 처음에 화를 참지 못하고 아무에게나 성질을 부렸다. 하지만 노인이 마음속 이야기를 하도록 유도하자 이내 잠잠해졌다.

이 취객은 감정에 쉽게 휩쓸리는 것으로 보아 아마 감성지능이 상당히 낮은 사람일 것이다. 감성지능이 낮은 사람들의 공통된 특징 중 하나는 타인의 말에 쉽게 휘둘린다는 것이다. 반면에 노인은 분명히 감성지능이 높은 사람이다. 노인은 자칫 위험할 수도 있는 상황에서 평온한 감정을 유지하면서 취객의 기분에 영향을 미쳤을 뿐만 아니라 그가 마음속 분노를 잠재울 수 있게 도왔다.

이 이야기에서 우리는 감성지능의 수준이 타인에게 영향을 미치느냐, 아니면 타인에게 영향을 받느냐를 결정함을 알 수 있다. 사실상 감성지능은 영향력을 직접적으로 결정한다.

인생은 통제와 반통제의 게임이다. 영향력이 크며 그 범위가 넓고 깊은 사람이 성공을 거머쥐며 주도권을 장악한다.

영향을 받는 사람은 영향력을 거부할 수 없을 뿐만 아니라, 영향력을 미치는 사람도 영향력 행사를 그만둘 수 없다.

마틴 루터 킹은 20세기 가장 영향력 있는 미국인 중 한 명이다. 그런 그도 자신을 투쟁하게 만든 사람은 재키 로빈슨Jackie Robinson이며 그로부터 긍정적인 영향을 받았다고 말했다. 흑인 야구의 선구자인 돈 뉴컴Don Newcombe에게 "아마 모르시겠지만, 당신과 재키 로빈슨, 그리고 로이 캄파넬라Roy Campanella가 제 꿈을 이루게 했습니다"라고 말하기도 했다.

중국 삼국시대에 주유周瑜라는 인물이 있었다. 잘생긴 외모에 머리가 좋고 병법에 뛰어나 전쟁을 할 줄 알아서 일찍이 대도독大都督의 자리에 올랐으니 그야말로 앞날이 창창했다. 그러나 이렇게 대단한 인재가 제갈량諸葛亮을 향한 분노 때문에 젊은 나이에 죽고 말았다.

처음 제갈량에게 화가 치밀어 오른 건 주유가 조인曹仁과 혈전을 벌일 때, 제갈량은 힘들이지 않고 먼저 남군南郡을 얻더니 형주荊州를 습격하고 다시 양양襄陽을 취하여 세 성을 연속으로 차지했기 때문이었다. 독화살을 맞고 전쟁을 포기한 주유는 '군과 성을 얻지 못하였으니 무엇을 위하여 싸웠단 말인가!'라며 끓어오르는 화를 못 참고 가슴을 쳤다.

두 번째 화가 난 일은 주유가 손권의 여동생 손상향孫尚香으로 유비劉備에게 미인계를 쓰려 했는데 일을 그르쳐 손상향이 정말로 유비에게 시집을 간 일이었다. 손상향을 내어주고 군사까지 잃었으니 죽을 만큼 부끄러웠다.

마지막 화는 주유가 서천西川을 치고 형주를 취하려 했는데 제갈량이 이미 먼저 알고 몇 군데 병사를 매복해 주유를 잡았기 때문이었다. 하나의 수로 대적하기 어렵고, 여러 번 계책을 세워도 허사가 된 셈이었다. 주유는 패하여 화를 못 이기고 죽으면서 하늘을 향해 외쳤다. 이미 주유가 태어났거늘, 어찌하여 제갈량을 태어나게 하십니까?

이때 주유의 나이가 36세이니 한창 전성기로 더 큰 공을 세우고 승승장구했어야 했다. 하지만 그는 잘 될 때 거들먹거리고, 잘 안 되면 일시적인 실패를 받아들이지 못해 분통을 터트리다가 결국 스스로 비극을 초래했다.

감성지능이 낮으면 남에게 조종되기 쉽고, 심한 경우에는 경력과 목숨까지 잃을 수도 있다. 따라서 설령 천성적으로 세속의 성공에 무관심하고 원치 않더라도 감성지능 향상이 꼭 필요한 일임을 명심해야 한다. 높은 감성지능은 당신이 세상의 고통과 타인의 농락을 벗어나는 데 힘이 되어줄 것이다.

어떤 영향력은 신앙이라고 부를 정도의 힘을 발휘한다. 그런 영향력을 미치는 사람이 얼마나 대단한 인간적 매력이 있을지, 그들의 감성지능은 얼마나 높은지 짐작할 수 있다.

날카로운 칼끝을 숨겨야 인정받을 수 있다

하버드 학생들은 개성이 중요하나 개성을 관리하는 것은 더 중요하다는 사실을 잘 알고 있다. 학생들은 조만간 졸업하면 사회에 진출해 집단의 일원이 되고, 이후 리더로 발돋움할 가능성이 크므로 개성을 다스리는 법을 배운다.

젊은 사람들은 개성을 마음껏 드러내는 편을 더 선호하지만, 현실에서는 그 날카로운 칼끝을 살짝 다듬는 편이 남들과 어울리기에 유리하다.

그러려면 우선 자제할 줄 알아야 한다. 이런 의미에서 자제력은 일종의 적응력이며 성공을 이루기 위한 필수 불가결한 자질이다.

대부분 하버드 교수들은 개인 수양의 수준이 높은데 이는 단지 그들이 타고나기를 점잖고 온화하기 때문만은 아니다. 누구나 그만의 독특한 개성이 있고 교수들 역시 예외가 아니지만, 그들은 스스로 자제할 줄 안다. 오직 수양이 부족한 사람만이 날카로운 칼끝을 드러낸다.

　　미국 제25대 대통령 윌리엄 매킨리William McKinley는 인사이동을 발표한 후, 많은 정치인의 반발을 샀다. 한 의원은 거친 목소리로 대통령을 사납게 비판했는데 매킨리는 눈을 감은 채 아무 말도 하지 않고 가만히 있었다. 그러다 그 의원이 잠잠해지자 그제야 완곡한 어조로 말을 시작했다.

　　"이제 화가 좀 가라앉았습니까? 사실 의원님은 제게 이렇게 추궁할 권리가 없지만, 그래도 저는 자세히 설명해 드리려고 합니다."

　　매킨리의 차분한 말 몇 마디는 그 의원을 진정시켰을 뿐만 아니라 부끄럽게 만들었다. 의원은 매킨리가 설명을 다 마치기도 전에 대통령의 대담함과 기개에 깊은 인상을 받았다. 어쩌면 매킨리가 '성질을 부릴 줄 모르는' 사람이라고 생각할 수도 있지만, 사실 그는 꽤 성격이 괄괄한 사람이었다. 다만 그는 성격보다 더 강한 자제력이 있어서 일시적으로 성질을 누를 수 있었다.

　　사람마다 성격이 다르므로 살다 보면 갈등이 생기기 쉽다. 이때 양측 모두 자제할 줄 모르는 사람이라면 작은 다툼이 종종 몸싸움으로까지 번지곤 한다. 현실에서 성취하고 성공에 빨리 다가가는 사람은 부정적 감정을 바로 거둬들일 줄 아는 사람이다. 그들은 자신을 억제하고 가다듬어 저항력을 조력으로 바꿀 줄 안다. 덕분에 위기에서 벗어나고 위험을 없애며 조화와 화합을 이룬다.

독일의 대문호 요한 볼프강 폰 괴테Johann Wolfgang von Goethe는 "사람은 자신을 방임해서는 안 된다. 반드시 자제해야 하며 벌거벗은 본능만 가지고는 안 된다"라고 말했다.

미국의 4성 장군 조지 패튼은 뛰어난 군사 지도자였으나 강한 성격 때문에 큰 손해를 봤다.

1943년 8월 10일, 패튼은 제93군 후방병원을 찾아 부상자를 위문했는데 당시 전투에서 패해 기분이 무척 좋지 않았다.

병원에 도착한 패튼은 부상자들과 인사하면서 앞으로 이동하다가 다친 데가 없는 병사 한 명을 발견했다. 이 병사는 폴 베넷으로 일종의 '포탄 트라우마'에 시달리고 있었다. 패튼이 주시하자 베넷은 두려워 온몸을 벌벌 떨면서 앞뒤도 맞지 않는 소리를 했다.

"저……, 저는 신경에 이상이 있어서……, 포탄이 날아가는 소리는 들리는데, 터지는 소리가 들리지 않아서 지금……"

패튼은 나약하고 군인의 풍모가 전혀 보이지 않는 베넷을 보고 있자니 화가 치솟아 참을 수가 없었다.

"이런 겁쟁이 같으니라고!"

그러더니 아직도 분이 풀리지 않는지 따귀까지 한 대 갈기면서 "너는 연합군의 수치야! 당장 전투에 나가서 총에 맞아봐야 정신을 차리지. 아니 그냥 내가 총살하는 편이 낫겠군!"이라면서 고래고래 소리쳤다.

나중에 패튼은 병원에서 있었던 일을 곰곰이 생각하면서 아무래도 자신이 그 병사를 너무 몰아붙였다고 생각했다. 속으로는 죄책감을 느꼈지만, 전쟁이 계속되는 중이어서 달리 염두에 두지는 않았다.

하지만 패튼이 병사를 구타했다는 소식은 삽시간에 미7군에 퍼졌고, 언론까지 파헤치고 나섰다. 당시 대통령이던 아이젠하워Dwight David Eisenhower는 개인적으로 패튼에게 편지를 써서 그의 비열한 행동을 신랄하게 비판하고 피해자와 현장에 있던 의료진, 부상자들에게 직접 정중히 사과하고, 미7군 전체에도 사과 성명을 발표하라고 명령했다.

얼마 후, 패튼이 진심으로 사과하고 중재 과정을 거쳐 관련자들 모두 그를 용서했지만, 패튼은 이 일로 집단군 사령관을 맡을 기회를 놓쳤다. 무엇보다 '포악하고 충동적이며 욱하는 성질이 있다'라는 부정적인 평가를 받았다.

패튼의 전투 지휘 능력은 의심할 여지가 없었지만, 애석하게도 그는 자기 성격 하나 제대로 관리하지 못해 '장군'에 그쳤을 뿐, '덕장德將'이라는 소리를 듣지는 못했다.

자제는 사람의 위대한 지혜로 앞으로의 여정에서 만나게 될 잠재적 위기를 제거하는 데 큰 도움이 된다. 감성지능이 높은 사람에게 자제는 설정한 목표를 실현하고 더 큰 성공을 거두는 출발점이다. 칼끝이 너무 예리한 사람은 좋은 칼이 될 수 있을지는 모르나 널리 인정받기 어렵다.

감성지능의
최고 경지

하버드에서 한 교수가 학생들에게 감성지능의 최고 경지는 무엇일지 물었다. 세상을 지배한다거나, 대통령이 된다거나, 예술가가 된다는 답이 쏟아져 나왔다. 그러나 교수는 모두 아니라며 고개를 저었다.

이 교수는 궁금해하는 학생들에게 고대 중국의 사상가 노자老子가 주장한 '귀진반박歸真反璞'을 이야기했다. 즉 아무리 어렵고 복잡한 일도 궁극에 이르면 아주 단순해 보인다는 의미였다. 감성지능도 마찬가지다. 사람의 마음을 꿰뚫어 보고 세상을 끝까지 들여다보는 것은 가장 순수한 마음을 가진 사람만이 할 수 있는 일이다. 이런 사람들이야말로 정치 지도자보다 더 영향력 있으며 세상을 바꾸고 기적을 일궈낼 수 있다.

교수는 학생들의 이해하기 어렵다는 표정을 보고 다음과 같은 이야기를 했다.

라이언 레작Ryan Hreljac은 캐나다 국가 명예훈장을 받고 '북미의 10대 젊은 영웅'으로 선정되었으며 한때 '캐나다의 영혼'으로 불린 청년이다. 그가 얻은 이 모든 영예는 뜻밖에도 '우물'에서 비롯되었다.

1998년 6살이었던 라이언은 유치원 선생님으로부터 아프리카의 많은 어린이가 깨끗한 물을 마시지 못해 목숨을 잃는다는 이야기를 듣고 깜짝 놀랐다. 선생님은 70CAD(캐나다 달러)를 기부하면 아프리카에 우물 하나를 만들 수 있다고 말씀하셨다. 라이언은 아프리카 친구들이 깨끗한 물을 마실 수 있도록 그 돈을 기부하고 싶었다.

집에 돌아온 라이언은 엄마에게 이유를 설명하고 70CAD를 달라고 했다. 그러자 엄마는 "네가 직접 일해서 돈을 모으는 게 어떨까? 방 청소, 쓰레기 버리기 같은 걸 하면 엄마가 돈을 줄게"라고 말했다. 라이언은 잠시 어리둥절했지만, 흔쾌히 동의하고 직접 돈을 벌기 시작했다.

처음 엄마에게 받은 '일감'은 카펫 청소로 라이언은 2시간 넘게 일하고 2CAD를 받았다. 며칠 뒤에는 창문을 2시간 정도 닦고 다시 2CAD를 벌었다. 그렇게 4개월이 흘러 마침내 70CAD가 모였다. 의기양양해진 라이언은 엄마와 함께 관련 기관에 돈을 기부하러 갔지만, 70CAD은 펌프 하나 가격이고 실제로 우물 하나를 파려면 2,000CAD가 필요하다는 사실을 알게 되었다. 겨우 6살인 라이언은 낙담하거나 포기하지 않고 오히려 더 열심히 해서 꼭 아프리카 친구들이 깨끗한 물을 마실 수 있도록 해야겠다고 생각했다.

시간이 흐르면서 주변 사람들도 모두 라이언의 목표를 알게 되었고 기꺼이 돕고자 했다. 아빠는 라이언이 시험에서 좋은 성적을 받자 용돈을 주었고, 할아버지는 솔방울을 주워달라고 해서 돈을 보탰다. 눈보라가 지나간 뒤, 이웃들은 라이언에게 떨어진 나뭇가지를 줍는 일을 맡겼다. 라이언은 이렇게 번 돈을 전부 낡은 쿠키 상자에 넣었다.

라이언의 이야기는 점점 퍼져나가 한 기자의 관심을 끌었고 언론에 보도되었다. 하룻밤 사이에 라이언의 이름이 캐나다 전역에 알려지면서 그를 응원하는 사람들이 계속 수십에서 수백 CAD를 보내주었다. 그러던 어느 날, 라이언의 가족은 집 우편함에서 봉투 하나를 발견했다. 그 안에는 30만 CAD짜리 수표 한 장과 '너와 아프리카 아이들을 위해 많은 도움이 되기를 바란다'라고 적힌 편지가 있었다.

이 수표를 받은 후로 2개월도 안 돼서 라이언의 꿈을 응원하는 수천만 CAD가 송금되었다.

2001년 3월, '라이언의 우물' 재단이 공식적으로 설립되었다. 어린 라이언의 꿈은 수만 명이 참여하는 사업이 되었다.

나중에 한 기자가 라이언을 인터뷰하면서 "그때 왜 그런 생각을 했죠?"라고 물었다.

라이언은 "이유는 없어요. 아이들이 깨끗한 물을 마시기를 바랐을 뿐이죠"라고 담담하게 대답했다.

이유는 없다니! 맞다, 오염되지 않고 순수한 동심이 선량함과 사랑의 부름을 따랐을 뿐이다.

순수한 마음을 가진 사람들은 자신의 영적 잠재력을 더 쉽게 깨운다. 그들이 품고 있는 아름다운 꿈과 끈질긴 신념은 주변 사람들을 자극하고 감염시키는 강력한 아우라를 형성한다.

공적이나 이익을 바라지 않고 순수한 마음으로 일하는 사람은 언제나 강한 인격적 매력으로 사람들을 감화시키는데 이는 그의 독특한 매력이자 높은 감성지능의 발현이라 할 수 있다.

한 심리학자가 같은 주제에 대해 사람마다 어떤 심리적 반응을 보이는지 알아보기 위해 대성당 건설 현장을 찾았다. 그곳에는 한창 바쁘게 일하는 채석 노동자들이 많았다.

"실례합니다만, 지금 무슨 일을 하십니까?"

첫 번째 노동자는 그를 노려보면서 무뚝뚝하게 대꾸했다.

"당신은 눈이 없소? 지금 뭐 하냐고? 나는 엄청나게 무거운 쇠망치를 들고 이 빌어먹을 돌들을 부수고 있소. 이 돌들은 너무 단단해서 손이 아파 죽을 지경이지. 이건 정말 사람이 할 일이 아니야."

심리학자는 앞으로 가서 두 번째 노동자에게 말을 걸었다.

"지금 무슨 일을 하시나요?"

두 번째 노동자는 인상을 찌푸리며 "내 노동력을 팔아서 돈을 벌고 있지! 일당 50달러를 위해서 말이요. 가족들은 음식과 옷이 필요하니까 돌을 깨뜨리는 고된 일을 할 수밖에요!"

심리학자는 앞으로 더 가서 세 번째 노동자에게 질문했다.

"무슨 일을 하고 계신가요?"

세 번째 노동자는 환하게 미소 지으며 말했다.

"이 웅장하고 화려한 대성당 건설에 참여하고 있습니다. 완공되면 많은 사람이 이곳에 와서 기도를 드리겠지요. 돌을 깨는 일은 쉽지 않지만, 내 땀 한 방울, 한 방울이 앞으로 수많은 사람이 방문할 성스러운 곳에 흘러 들어가리라 생각하면 자부심이 듭니다. 뿌듯하고 감사한 마음으로 가슴이 벅차답니다. 아, 저는 이 일이 너무 좋아요!"

세 노동자는 같은 환경에서 같은 일을 하지만, 태도가 달라서 완전히 다른 세 가지 심리적 반응을 보였다.

우선 첫 번째 노동자는 희망이 없었다. 일터가 지옥 같다고 생각하는 그는 앞으로도 사장의 환심을 사거나 동료의 존중을 받지 못할 것이다. 머지않아 어떤 일자리도 얻지 못할 것이며 심지어 삶을 포기할 수도 있다. 이런 비관론자들은 부정적 에너지가 가득하므로 어디에서든 환영받지 못한다.

두 번째 노동자는 책임감과 명예가 없었다. 현실 속 대부분 월급쟁이에게서 쉽게 볼 수 있는 모습이다. 그는 존재감이 약하고 상사와 동료가 보기에 그리 믿을 만한 사람이 아니다. 쉽게 말해서 있어도 그만, 없어도 그만인 사람인 것이다. 열정과 의욕이 부족하므로 승진이나 임금 인상 대상자가 되기도 쉽지 않다.

마지막으로 세 번째 노동자는 의심할 여지 없이 가장 전도유망한 사람이다. 그는 어떠한 불평과 짜증도 없으며 책임감과 창조력이 뛰어나다. 자신이 하는 일의 기쁨과 영예를 충분히 누리고 있으며 긍정적 에너지를 발산해 주변 사람들을 감화한다. 이런 사람들은 매력이 넘쳐 상사와 동료, 가족과 친구들에게 모두 사랑받는다.

결국, 감성지능의 최고 경지는 자연스러운 아우라를 형성해 인간적 매력으로 주변의 많은 사람에게 영향을 주는 것이다. 아우라는 당신을 어디서나 환영받는 사람으로 만들고, 당신에게 영향을 받은 사람을 더 좋은 방향으로 이끌며, 나아가 세상 전체를 더 좋게 만들 수 있다.

수양을 통해 자신만의 아우라를 만드는 법

'수양'이란 문화, 지혜, 친절, 지식으로 표현되는 포괄적인 미덕이다. 고귀한 내면의 힘이자 탁월한 취향과 가치의 외적 표현이며 매력을 만드는 원천이다.
어떻게 하면 수양을 쌓고 자신만의 아우라를 만들 수 있을까?

■ 자기관리 – 규율을 따르고 스스로 단속한다.

우리는 일상생활, 일, 학업에서 상응하는 규율과 구체적인 규칙을 따라야 한다. 그런데 이런 피동적인 환경에서는 발전하기가 쉽지 않으므로 반드시 스스로 단속하고 강하게 밀어붙여야 한다. 도스토옙스키Dostoevskii가 "세상을 제패하려면 스스로 자신을 이겨내야 한다"라고 말했듯이 피동적인 태도를 능동적으로 바꿔 자신을 위해 더 큰 자유를 쟁취해야 한다. 다음은 그 구체적인 방법이다.

(1) 해야 할 일을 정리하고 순서대로 처리한다.

하고 싶은 대로만 하거나 일시적인 편의를 도모하기 위해 일하는 사람은 타인의 존중이나 존경은 고사하고 절대 성공할 수 없다. 계획을 세우고 그 계획을 따르는 것은 자기관리의 기본이다.

(2) 자기관리 생활 방식을 확립하고 장기적인 목표로 삼는다.

대부분 성공한 사람들은 자기관리가 일시적인 것이 아니라 삶의 방식이다. 가장 좋은 방법은 스스로 시스템과 루틴을 개발, 확정하는 것이다. 특히 장기적인 성장과 성공 추구에 중요하다고 여기는 지표 항목을 만들면 좋다.

(3) 남이 주는 보상은 멀리하며 핑계 대지 말고 도전한다.
자기관리가 안 되는 사람은 종종 일을 하기도 전에 보상부터 따진다. 이런 사람은 외적인 힘에 쉽게 휘둘려 자신이 앞으로 나아갈 방향을 찾지 못한다. 또 끊임없이 핑계를 찾는 사람이 있는데 이는 곧 방종이다. 자기관리를 제대로 하려면 우선 핑계를 만드는 습관부터 버려야 한다.

(4) 결과에 주목한다.
일의 난이도 자체에 관심을 두면 자기 연민에 빠지기 쉽다. 그러면 괜히 이리저리 빠져나가거나 지름길을 찾을 궁리만 하게 되는데 이런 사람은 성공하기 어렵다.

■ 책임감 – 자신을 사회와 긴밀하게 결합한다.

하버드대학은 학생을 선발할 때, 성적 수준뿐 아니라 그가 사회적 책임을 얼마나 성실히 수행할 수 있는가를 본다.
누구나 책임을 져야 하며, 책임감이 없는 삶은 공허하다. 사람이 자신의 가치를 실현하려면 특정한 사회 규범에 따라 행동해야 하며, 그의 행위는 반드시 타인과 사회에 대한 책임을 져야 한다.

■ 집중 – 지금 눈앞의 일에 집중한다.

집중하는 사람은 자신이 하고 싶은 일에 시간, 에너지, 지혜를 쏟아 열정, 적극성, 창의성을 극대화함으로써 목표를 실현하려고 노력한다. 이탈리아 출신의 음악가 아르투로 토스카니니Arturo Toscanini는 "지금 내가 하는 일은 교향악단을 지휘하든, 오렌지 껍질을 벗기든 내 인생에서 가장 큰 일이다"라고 말했다. 집중력은 성공을 추구하는 사람이라면 누구나 갖춰야 할 탁월한 자질이다.
과학적으로 인간의 뇌는 한 가지를 지속적으로 처리할 때 최대의 효과를 발휘한다고 한다. 즉 한 가지 일에 전념해야만 최상의 효과를 얻을 수 있다는 이야기다. 한 가지 일에 몰두하다 보면, 설령 그것이 오렌지 껍질을 까는 일이라도 탁월한 성과를 거둘 수 있다. 지금 눈앞의 일이 인생에서 가장 큰 일이기 때문이다.